名古屋の江戸を歩く

溝口常俊 編著
Tsunetoshi Mizoguchi

風媒社

はじめに

「古地図で楽しむまち歩き」が各地で楽しまれている。

本書出版の風媒社では『古地図で楽しむなごや今昔』（2014）を皮切りに、名古屋、美濃・飛騨（2015）、三重、三河（2016）、尾張、金沢、近江（2017）、駿河・遠江、伊予（2018）、岐阜、京都、信州、神戸（2019）、富士山、横浜、長崎（2020）を対象にした17冊を上梓し、地図散歩を勧めている。歴史学、地理学を中心とした研究者に加え郷土史家、学芸員の方々が、時間と空間に眼を向け、文化景観史をわかりやすく伝えようと執筆されている。それゆえに、読者を書物に記された現場にタイムトラベルしてみようかという気にさせてくれる。

この度、この流れに沿いつつ、更に興味深く地元の再発見をしようとの目的で、時代を江戸時代に絞り企画されたのが、本書『名古屋の江戸を歩く』である。この書への執筆と編集依頼があった際、第二次世界大戦でほぼ全焼した名古屋のまちで江戸時代のなごりなど見いだせないのでは、という思いであった。一晩考えて、文科省科研費での「災害列島日本」を調査中で、東北大震災10周年、伊勢湾台風60周年という節目の年であったこともあり、名古屋の江戸時代の災害についてなら寄稿できそうということで、編集もお引き受けすることにした。

そして2020年年末に執筆者各位の原稿が出そろって、拝読したところ、こんな名古屋があったのかという驚きの連続であった。古地図に加えて、風景画、日記、紀行文などの新発見があり、実際に現在の寺町や老舗に江戸時代がみられることを知った。

詳細は目次にあるが、4章分のタイトルとその内容の一部を紹介しておくと、第1章「江戸の風景を求めて」では錦絵の鳥瞰図を見ながら鳴海から熱田を経て佐屋までの景勝が楽しめる。また、『尾張名所図会』分析では虫眼鏡で見ないとわからないような人物にまで目をやり、当時の習俗が語られている。第2章「江戸時代の地名さんぽ」では江戸時代の150余りの村のうち現在に引き継がれなかったのは15カ村だけであるという事実が語られ、城下碁盤割地区と農村部の町村について残った町村名と消えた町村名が図と写真で示されているので、これなら地名で名古屋の江戸歩きができると思わせてくれる。第3章「古地図に江戸を読む」では、名古屋に残されている主要な古地図の解説とは一味違って、従来紹介されることのなかった町場や寺社の風景が読み解かれ、更には伊勢御師の檀家廻りや御朱印巡りを追体験させてくれる。そして第4章「江戸時代の災害地に立つ」では、太平の世と思われていた元禄時代にこんなにも地震・雷・火事・風水害があったのかが示され、筆者を被災地の現場に向かわせている。

以上、簡単な紹介ではあったが、名古屋に関心がなかった方のみならず名古屋通の方でも、きっと新発見があると思うので手に取り読んでいただければ幸いです。

溝口常俊

［目次］

名古屋の江戸を歩く

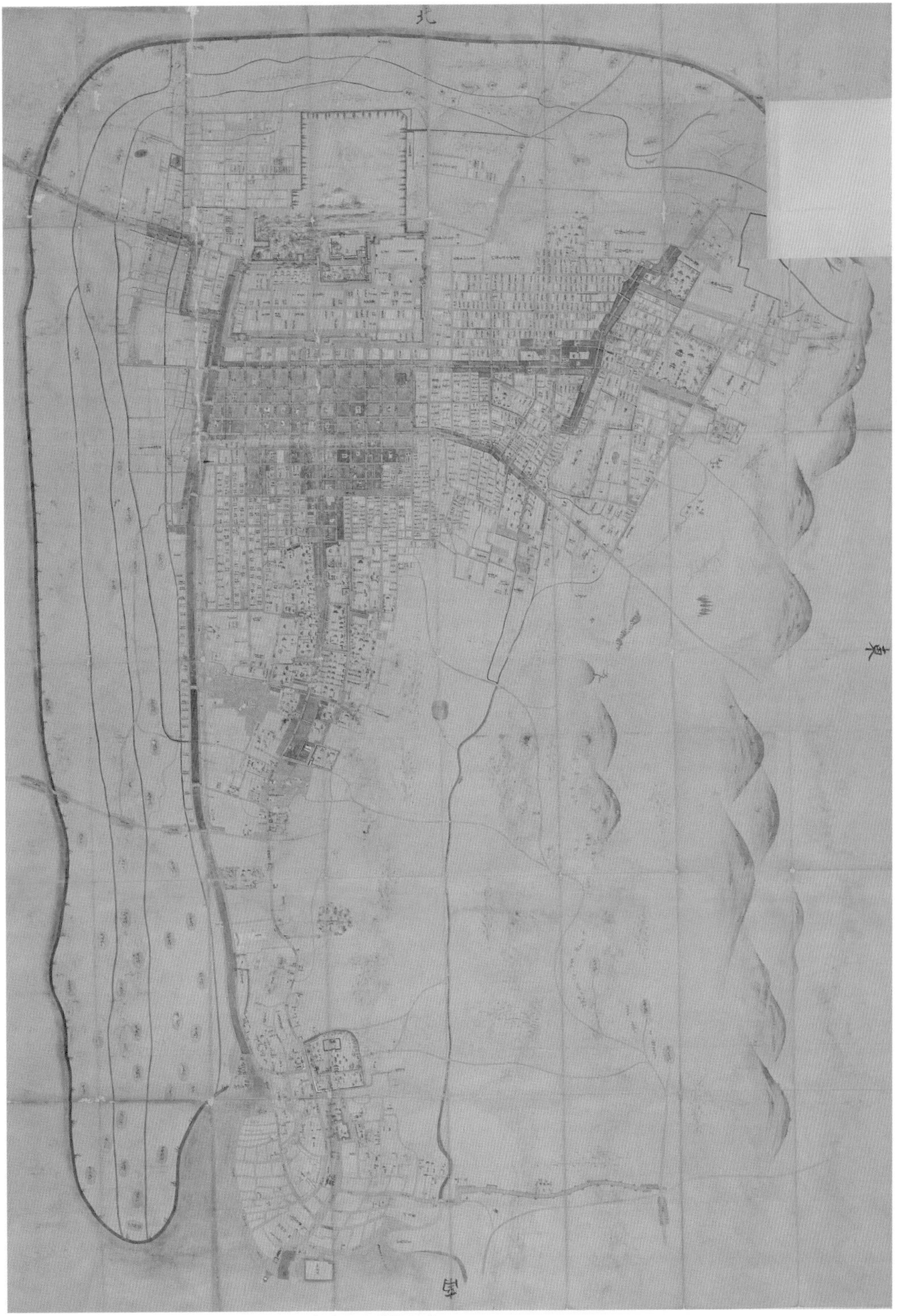

「名護屋図」 1748 年～ 1763 年頃　名古屋市博物館蔵

【解説】名護屋図　304 x 214cm　寛延元～宝暦13年（1748-1763）頃

名古屋市博物館蔵

現在の名古屋市域のほぼ全貌を描いた18世紀中期の「名護屋図」（絵図の全体は前ページに掲載）。

絵図の中央に名古屋城から熱田神宮につながる城下町が描かれており、その西端に堀川が築かれている。城下町は北部に名古屋城と上級武士の居住地の三の丸があり、その南に碁盤割の住民居住地区が濃く塗られて続いている。その方形区画の随所に空き地が四角く描かれているが、それは名古屋城下町特有の会所といわれ、寺院も建てられていた。この町屋の東部と南部が中・下級武士の居住地になっており、短冊形の敷地に武士名が記されている。

東部武家地区の東には数十カ寺が集まる寺院地区があり、その北東に尾張徳川家の菩提寺にあたる建中寺が、お堂の図入りで広く描かれている。寺院地区は城下町南部の大須にもあり、ともに城下を守る防御の役割を果たしていた。

これら武士・町人・寺院の集まる城下町の外に出ると、絵図で北東から北西、そして90度回って南下する庄内川にかこまれた地区に、細長丸内に村名が記された農村部が展開していた。堀川と庄内川の間に3本の河川が南流しているが、右から、江川、笈瀬川（後の中川運河）、荒子川である。各村の村絵図によると島畑を点在させた豊かな水田地帯であった。これに対して絵図の東部には、城下を過ぎたすぐのところに幾重にも連なる山が描かれている。現在の名古屋市域の東半分は「山」の世界であった。川が1本描かれているが、これは精進川で、後に流路を変え新堀川に生まれ変わった。

絵図の南端には熱田の町が広がっており、その先に桑名へ向かう七里の渡しの常夜灯がある。常夜灯の東に四角く記されているのが尾張藩祖・義直が造営した東御殿で、将軍や公卿、大名などのための迎賓館であった。なお、常夜灯の北には魚市場あり、その賑わいが『尾張名所図会』にも描かれている。

この絵図には主要道路が黄色い線で描かれている。城から宮に向かう本町通が中央にあるが、城下から外部に出る主要街道を示しておこう。城下の京町筋を東に進み建中寺手前で北に向かうのが大曽根口経由の善光寺街道である。京町筋を西にカギ型の道で進むのが枇杷島口経由の美濃路、そして本町通を南下して熱田口経由で西に向かうのが佐屋路、熱田口からさらに南下して東に向かうのが東海道である。庄内川を渡る善光寺街道、美濃路、佐屋路のなかで橋がかけられていたのが美濃路の枇杷島橋のみで、あとは渡し船であった。

南北に直線的な道路が多い中で、目を引くのが城下から南西へ斜めに延びる駿河街道（現在の飯田街道）である。別名岡崎街道ともいわれている。自説であるが、家康が息子の義直に、何か困ったことがあったら、熱田経由の東海道では遠回りになるから、この道で「我が生誕の地の岡崎に駆け付けよ」との思いで都市建設をおこなったのではなかろうか。（溝口常俊）

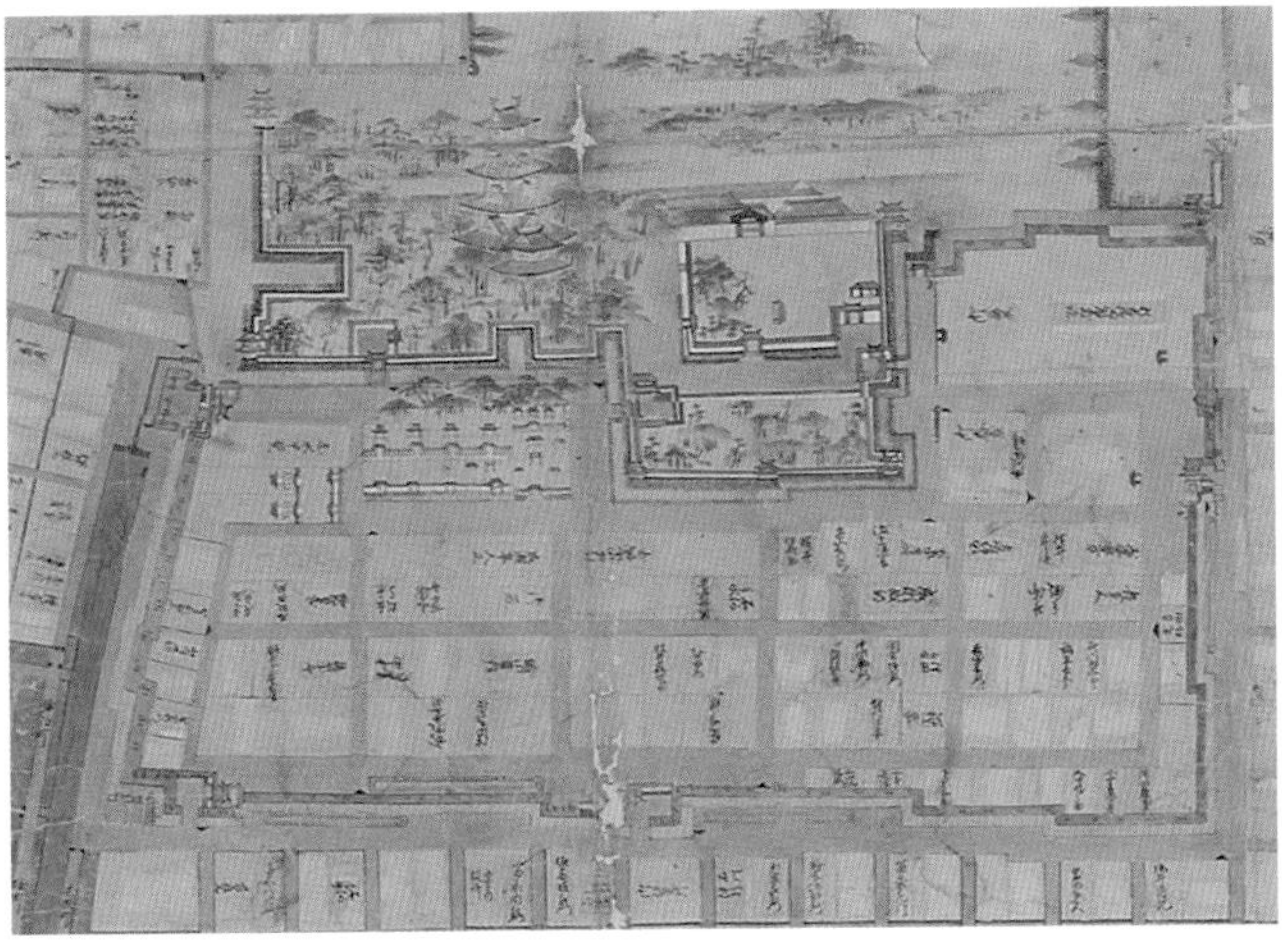

図1 「名護屋図」名古屋城周辺
天守閣が描かれた地区が本丸で、2018年に本丸御殿が復元された。その東隣に二の丸地区があり、両者は堀で囲まれている。本丸と二の丸の南部に広がる三の丸地区は、当時は上級武士の居住地であり、現在は名古屋市のCBD（Central Business District 中心業務地区）になっている。江戸時代、名古屋城は北部・西部が崖という熱田台地上にあり、かつ2重の堀に守られた鉄壁の城であった。

図2 「名護屋図」東部寺町
深緑で塗られた町屋の中を西から東、そして北へと延びるのが善光寺街道。その街道の北部と東部が中・下級武士の居住地になっており、武士名が短冊形区画内に記されている。この名前入りの区画の中に屋根付きの家屋が描かれているのが寺院で南西部と東北部に多くみられる。その中でもひときわ広く描かれているのが尾張徳川家菩提寺の建中寺である。

図３　「名護屋図」熱田神宮周辺
図の中央に熱田神宮の御本社があり、その正門から南に数百メートル行くと、図の右手から延びてきた東海道と交差する。そこからやや西に回った道をさらに数百メートル進むと行き止まりとなり、目の前一面が海となる。ここが熱田の港となり、桑名までの七里の渡しの出発点となった。港の東には海に突き出して造成された尾張徳川家の迎賓館である東御殿が大きく描かれている。
この図で目立つのは、当時まだ新田開発が進んでおらず、堀川の南部の川幅が広く、熱田神宮のすぐ西まで海が入り込んでいることである。そこまで木曽の山から切り出された大量の木材が運び込まれていたことがわかる。鳥居が描かれた川沿いの道に「材木町」、「白鳥下町」と記され、「御材木場」や「御船蔵」も設けられていた。伊勢湾に南流する細い川が3本描かれているが、左端が笈瀬川（現在の中川運河）、堀川の西を流れるのが江川（現在市街地）、右端が精進川（現在の新堀川）である。

第1章

江戸の風景を求めて

塩村耕

「東海道五十三駅勝景」から

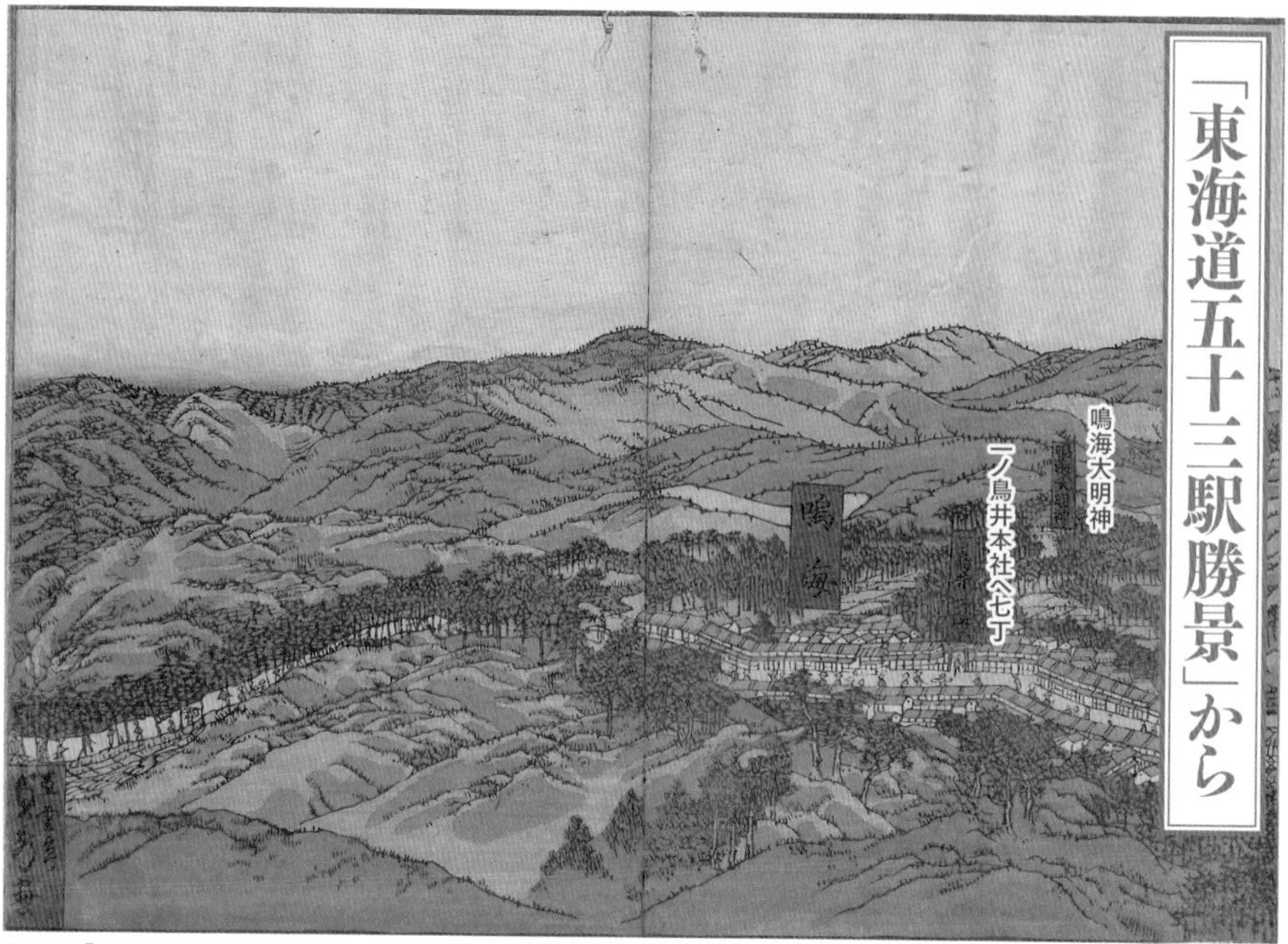

図1　『東海道五十三駅勝景』のうち「鳴海駅風景第一図」　西尾市岩瀬文庫蔵

錦絵の鳥瞰図を貼り込んで仕立てた『東海道五十三駅勝景』の尾張の部が、西尾市岩瀬文庫に所蔵されている。

同書は東海道の全部が刊行されたらしいが、全貌は見たことがない。早稲田大学蔵の1本に江戸より駿河府中までの21図、別の1本に浜松より二川までの6図を収め、また複製本（羽衣出版、1992年）に箱根山中より白須賀までの31図を収めている。総じて東海道の資料として価値が高いのに、伝本の少ないものではないかと思う。

1860年（万延元）冬、横浜絵や名所の鳥瞰図をよく描いた五雲亭貞秀の作。宝善主人方富すなわち主版元である江戸馬喰町二丁目角の書肆、丸屋徳造の序文によれば、「元禄年間、遠近道印《おちこちどういん》、没後に残し置きたる東海道五十三駅の草稿を取り出し得て原本とし」たという。1690年（元禄3）刊『東海道分間絵図』の草稿か写本を粉本としたらしい。道印の図は一分《ぶ》五間《けん》（約3千分の1）で描かれた道中鳥瞰図なので、本図でも景物に乏しい道中に紙面を割く。ただし、遠近法を強調した画面で、自在にデフォルメを加えて遠方の景までを描いている。

図は全7枚、東から順に見てゆこう。

◉〔図1〕

鳴海宿は鳴海大明神（式内社の成海神社のこと）と鳥居が描かれるだけで、淋しい。宿場の周辺は、現在名古屋市で最大の人口を擁する緑区であるが、延々と緑の野山の広

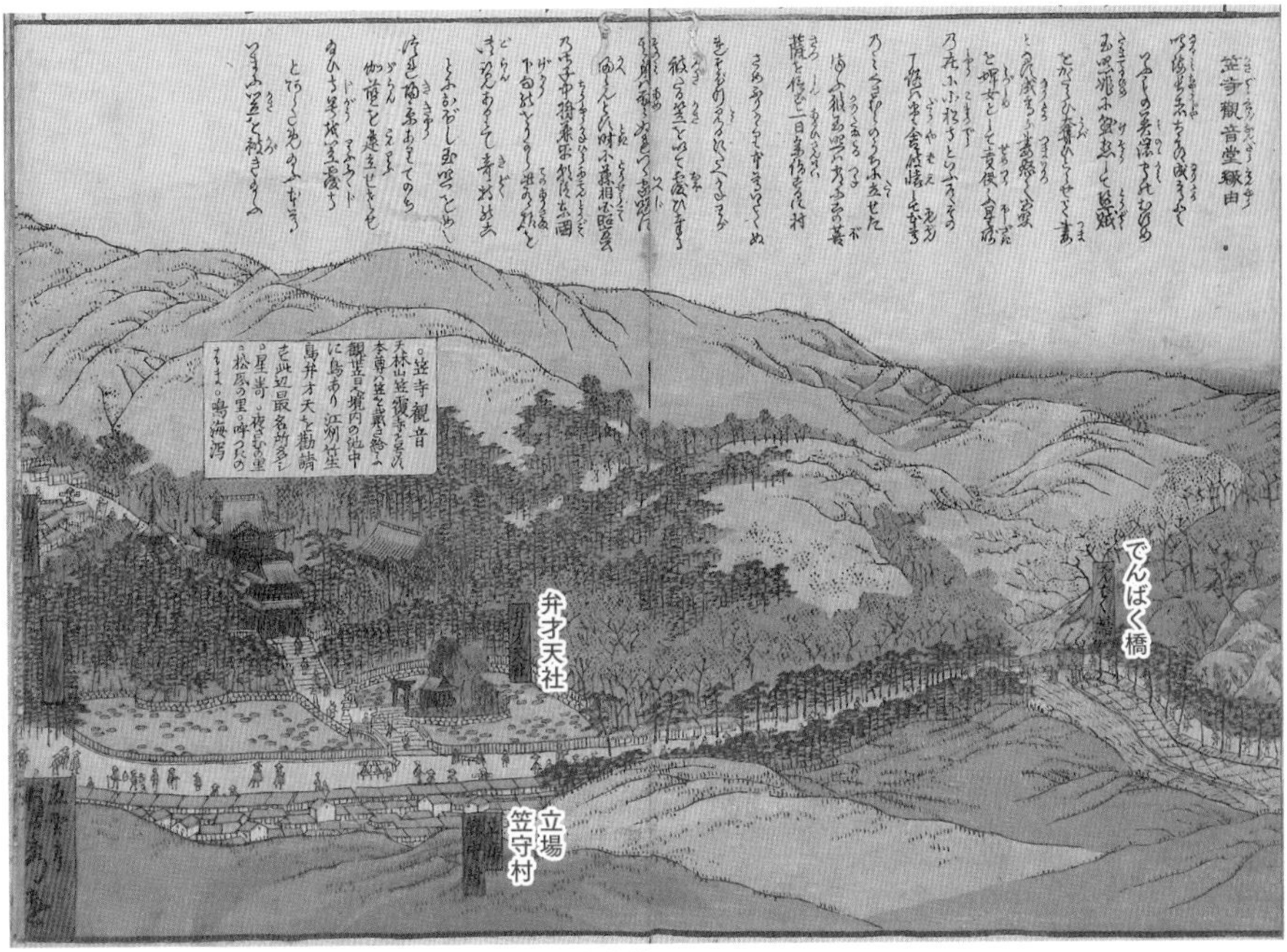

図２　「鳴海駅第二図笠寺之風景」　西尾市岩瀬文庫蔵

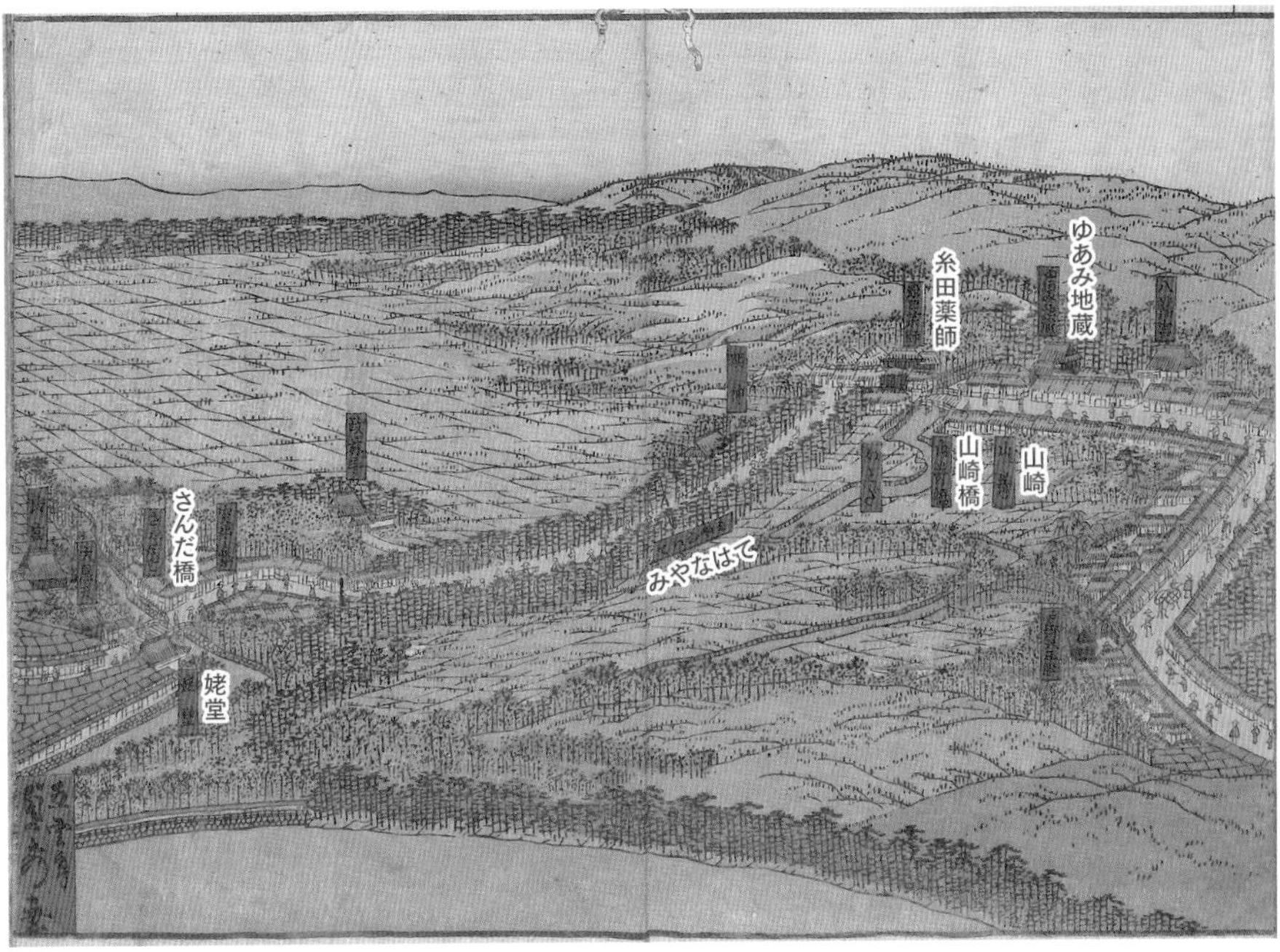

図３　「鳴海之駅風景第三図」　西尾市岩瀬文庫蔵

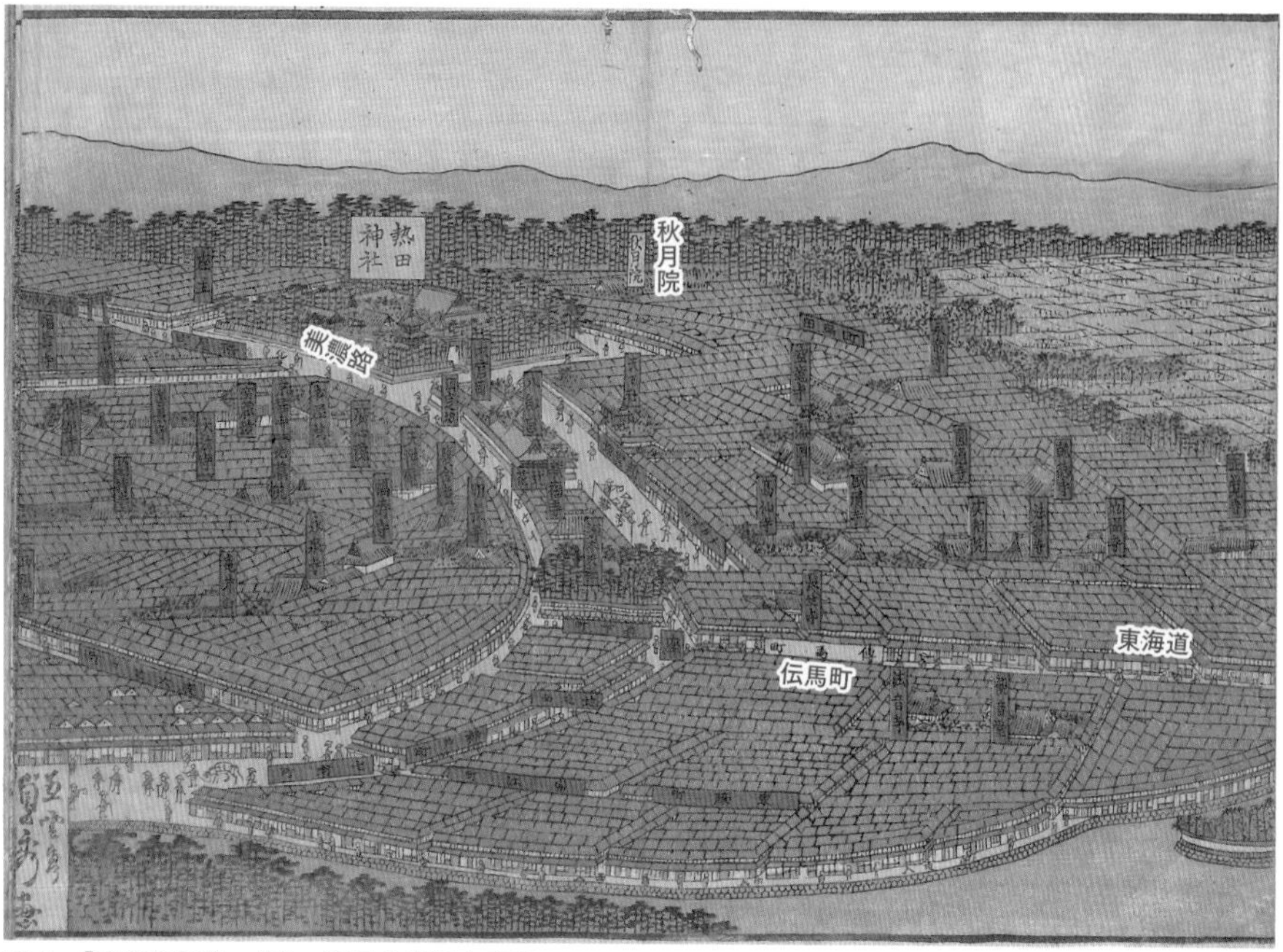

図４　「宮駅風景第一版」　西尾市岩瀬文庫蔵

がる往年の姿を見せている。

◉〔図2〕

南区に入り、笠寺観音、笠覆寺を中心に描く。寺と池の景観は現在もさほど変わっていない。街道の手前に「立場、笠守村」とあるのは、笠寺村の誤刻。

◉〔図3〕

山崎村（南区）に入り右手に「ゆあみ地蔵」（呼続三丁目、地蔵院）がある。海中より出現したという鋳鉄製の地蔵で、湯を掛けて祈願したという。山崎川に架かる山崎橋を渡り、右手奥に「糸田薬師」つまり井戸田《いどた》の薬師、龍泉寺《りょうせんじ》（瑞穂区井戸田町四丁目）が見える。西に曲がり、宮縄手の松並木を経て、「さんだばし」とある裁断橋を渡り、姥堂の前を通って宮宿伝《てん》馬《ま》町《まち》に入ってゆく。

◉〔図4〕

名古屋城下に向かう美濃路との分岐点から左に折れて神戸町《ごうどまち》に入る。この三叉路の東北角には、今も旧東海道の道標が残っている。左奥に宏壮な熱田神宮、その右手には大寺の秋月院が見えるが、こちらは戦前に瑞穂区大喜町に移転した。この辺りから瓦屋根の建物に、社寺の名が夥しく注記される。

◉〔図5〕

中央奥に名古屋の城下、手前に七里の渡しの船が発着する熱田浜の様子が細かく描かれる。下端に鯱の付いた建物の屋根だけがちらっと見えているのは、尾張藩の御茶屋御

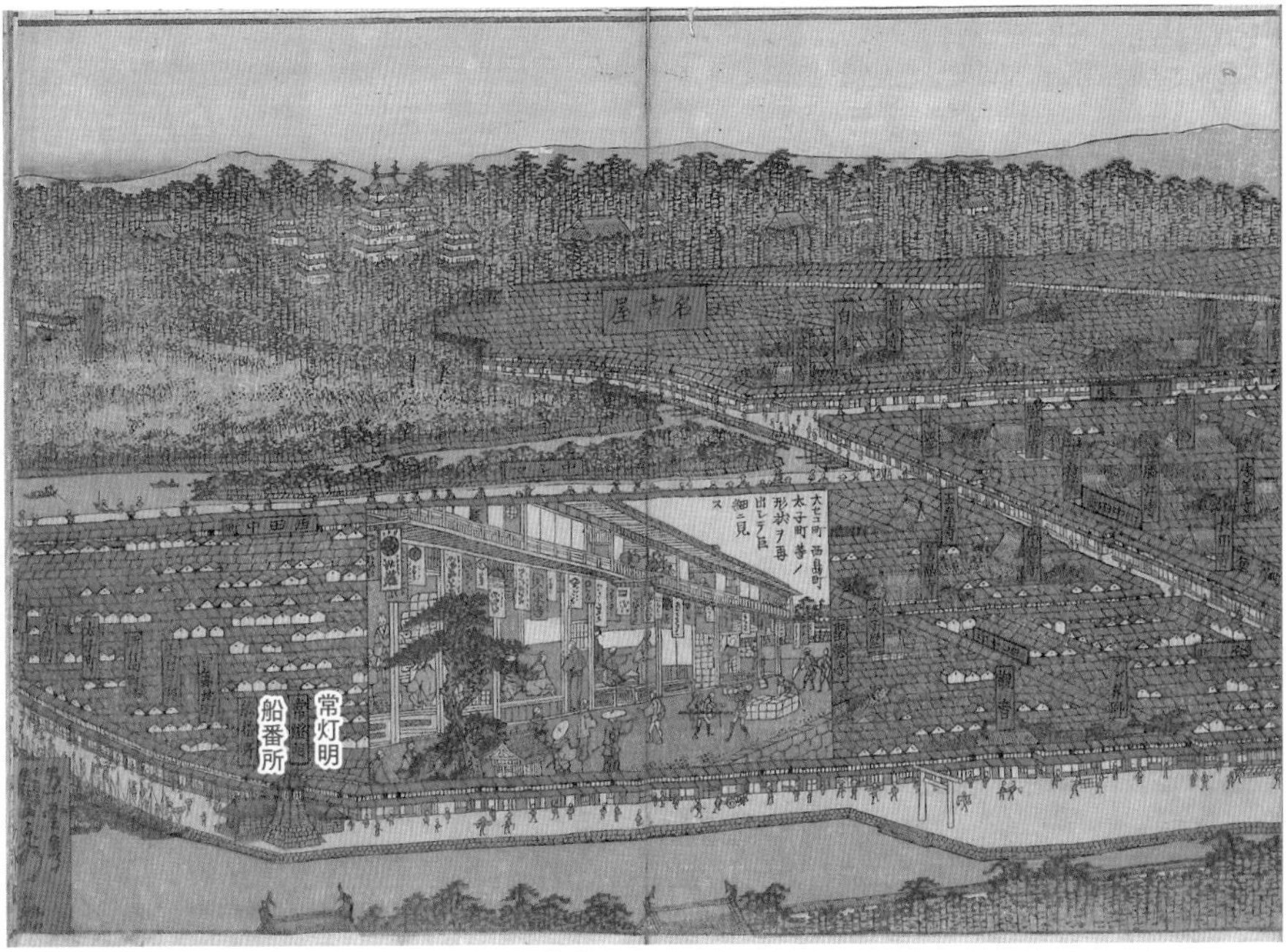

図５　「宮駅第二版及名護屋遠景」　西尾市岩瀬文庫蔵

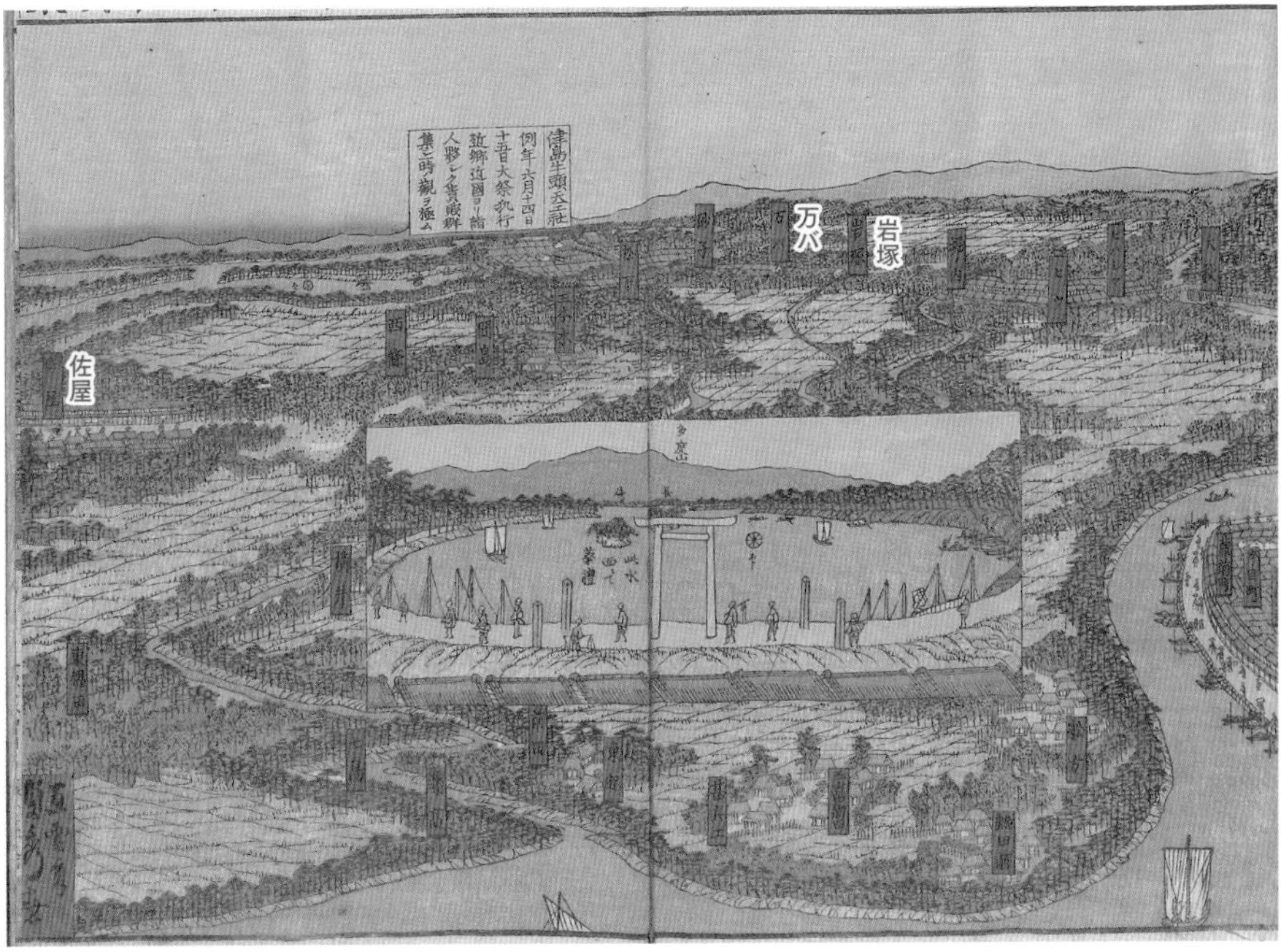

図６　「佐屋回駅路及津島神社真景」　西尾市岩瀬文庫蔵

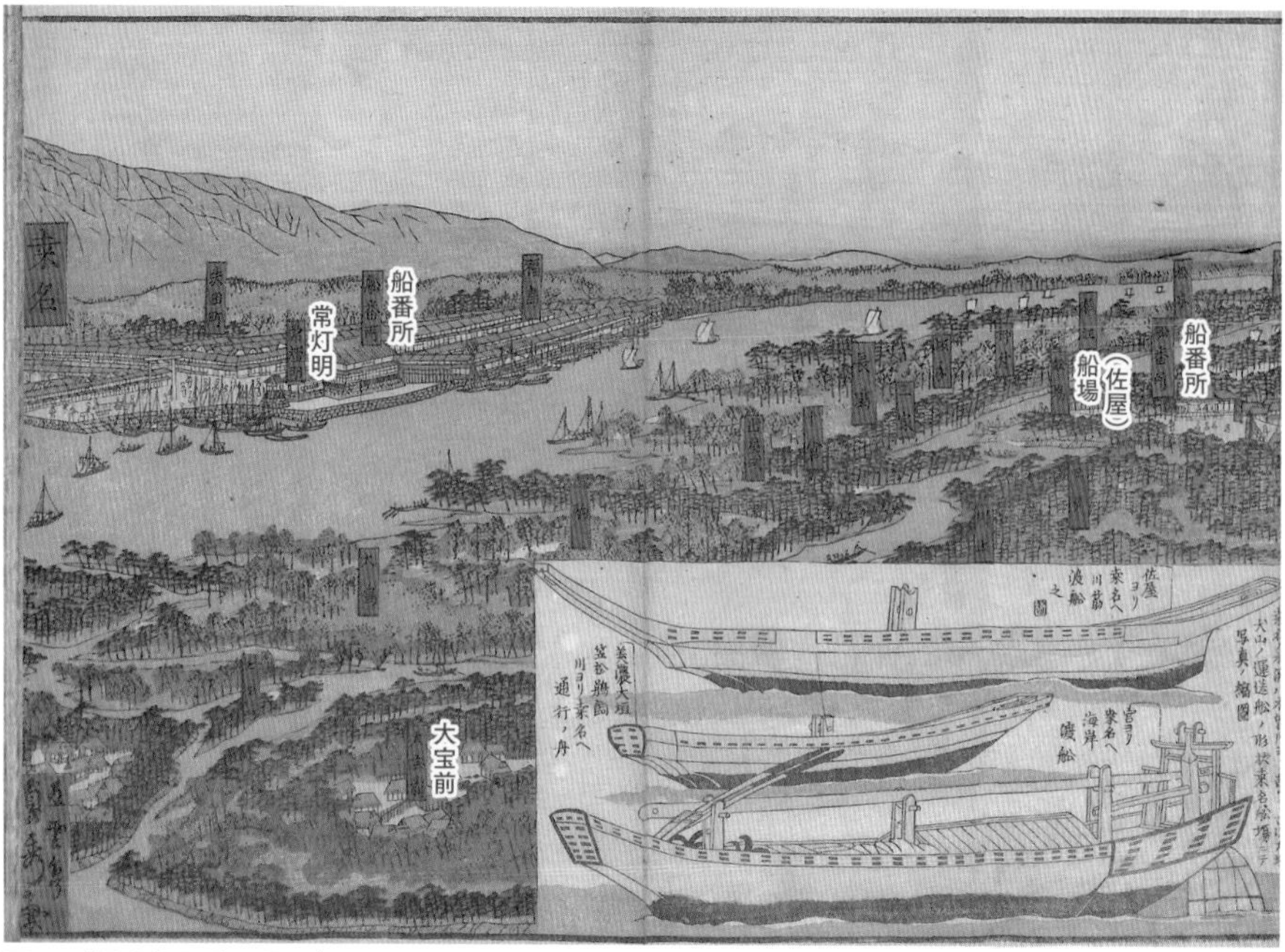

図7 「桑名佐屋渡風景図」 西尾市岩瀬文庫蔵

殿（東浜御殿）。藩への憚りの意識から全貌を描かなかったのだろう。1634年（寛永11）に、上洛する家光将軍を迎えるために、海を埋め立てて作られたが、現在跡地は再び新堀川の水中に没してしまった。

◉〔図6〕

海路を嫌う旅客が用いた脇街道である佐屋回りを奥に、当時の海岸線を行く七里の渡しの海路を手前に描き、佐屋回りの旅人が足を延ばすことも多かった津島湊（天王川公園）の拡大図を添える。ここで毎年7月に天王祭がおこなわれる。

◉〔図7〕

佐屋の川港の船番所・船場と桑名の船番所周辺とを一つの画面に収める。左下の一番手前にある大宝前《おおだからまえ》とは大宝前新田のことで、開発者の名により神戸《かんど》新田ともいう（弥富市神戸）。現在はずっと沖合まで埋め立てが進んでいる。図の右下に、七里の渡し、佐屋と桑名の三里の渡しが見える。余白に、大垣および笠松と桑名との間の水路で用いられた船の図を添えているのが珍しい。

田面から見えた富士山？

大田常庵は尾張藩医。第十代徳川斉朝《なりとも》から最後の藩主、第十六代義宜《よしのり》まで七代の藩主に仕えた。殿様やその家族の脈をとる奥御医師にまで至っているから、腕の良い医者だった。殿様の信頼も篤く、常庵の号は第十五代茂徳《もちなが》から贈られた名前だ。維新後も名古屋の町医師として医療に従事し、１８８９年（明治22）に80歳で亡くなった。動乱の時代に、そんな幸福な人生を送った常庵が、１８５５年（安政2）以降、幕末期の断片的な日記と、晩年の１８８５年（明治18）から８８年（明治21）までの詳細な日記を残している。

◉城下の神仏を毎日参詣

大田家後裔の依頼により、この数年、常庵の残した日記の読解に取り組んできた。そして一見平穏な生涯の背景にある、常庵の賢明な生き方と豊かな人間性にすっかり魅せられてしまった（日記の全貌は近日に公刊する予定）。

常庵は神仏に対する信仰心の篤い人だった。そして、死者との友誼を重んじ、大田家および実家の若山家の先祖たち、旧主である尾張徳川家の歴代、故人となった親戚や知友の供養を怠らない。そのため、城下の主な神仏を毎日のように参詣している。そんな常庵と、日記を通して行動を

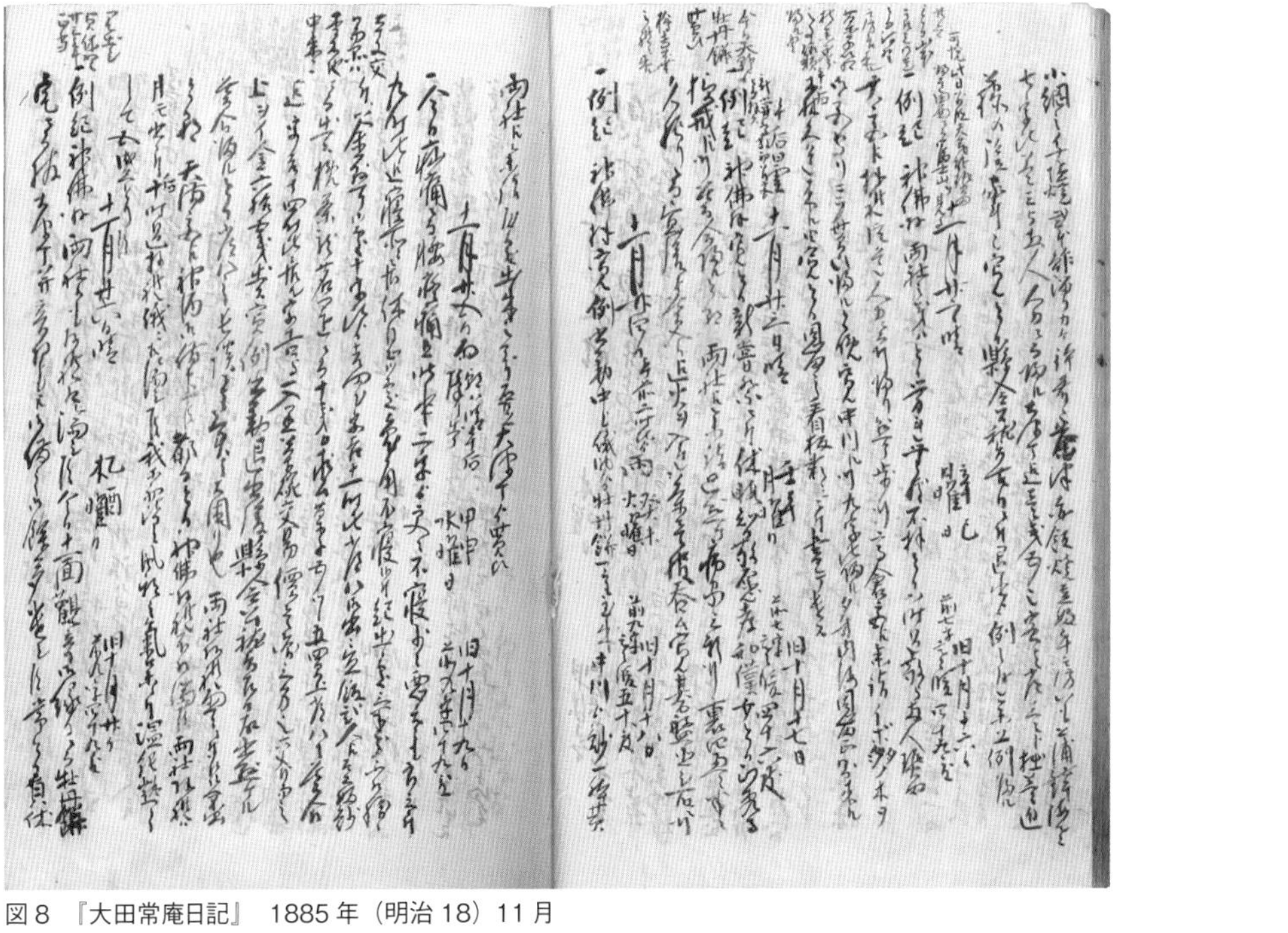

図８　『大田常庵日記』　1885年（明治18）11月

ともにしたい。
たとえばこんな記事がある。常庵76歳、1885年（明治18）11月22日の記事だ（図8）。この日の天気は晴、日記によると朝7時に寒暖計は49度、つまり摂氏9度だった。

八時過ぎ、敬と両人、熱田大宮へ拝礼、片道人力にて行き、帰り懸け歩行、高倉宮へ参詣、イボタノ木を御宮守りにて貰ひ帰る、…悦ぶべし、この日、別段天気能く、熱田帰道、田面にて富士山を見る、

この日、神楽町一丁目（テレ

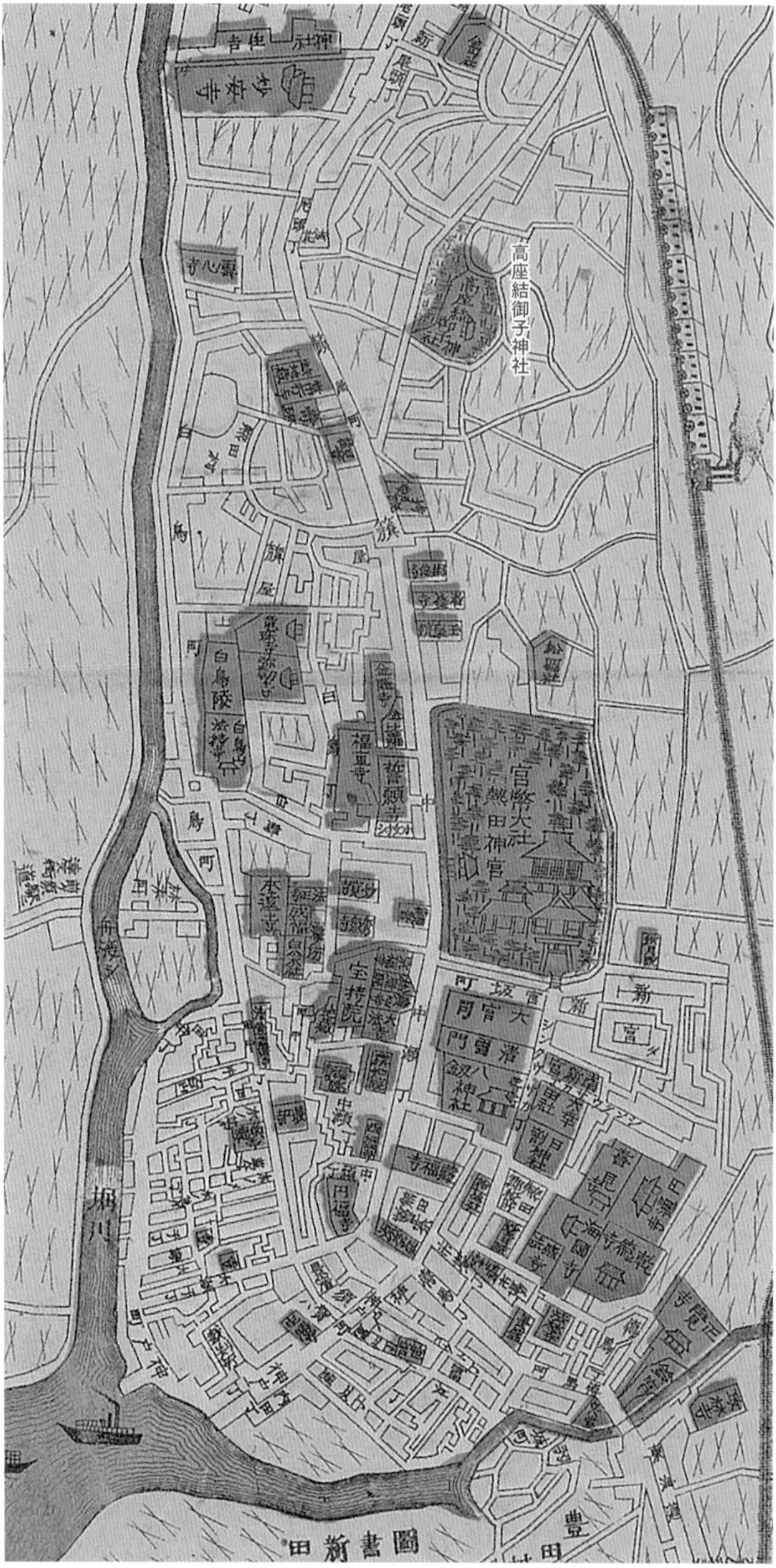

図9 「名古屋市全図」（部分） 1895年（明治28） 塩村耕 蔵

ビ塔の東北、中区錦三丁目）北側の屋敷を出て、妻の敬と二人で熱田神宮（図9）へ参拝に出かけている。この夫婦は仲がよい。往きは人力車を使ったが、帰りは徒歩で、街道の少し東にある「高倉宮」つまり高座結御子神社（熱田区高蔵町）（図10）に立ち寄り、庭木にでもするのだろうか、イボタノ木の苗を社守にわけてもらっている。その寄り道の際に、街道を離れて人家の切れたあたりから、遙か東方に富士山を遠望して喜んでいる。

図10　高座結御子神社

　ただし、実際には見えず、南アルプスの山を見誤ったらしい。当時の地図を見ると、街道沿いに人家が続くものの、その裏手からは一面に田畑が広がっていた。「田面」というのは、人家の密集した地域に対して田地の広がる地目を言う語で、特に秋の収獲が終わって以後、空気も澄んで遠くまで見渡す時期の冬枯れの眺望が、古来好まれた。何でもない記述だが、もう二度と見ることのできない当時の風景が、脳裏によみがえる。

◉熱田の森から日出をみる

　あるいは1886年（明治19）5月2日の記事。

　四時廿五分起き、空腹のまま、大神宮様へ拝礼に出懸け、片道滞り無く歩行、拝礼済まし、西御門内にて、日の出を拝し、又外御構内御森の間、山際の上、出御の処、あざやかに拝礼仕り候、夫より人力に乗り、広小路にて下乗…

　実は前月の4月19日、同居する息子の寛が、勤務する愛知県庁を、県の制度改革のため免職となっていた。寛はこの年32歳。常庵にとって寛は、男子の出生を諦めかけていた45歳の時の子で、まるで一心同体のようにして慈しんできた。この件で心を痛めた常庵は、寛の再就職を祈願するため、4月30日より晴天7日の熱田神宮参拝と精進潔斎の心願を務めていた。この日はその3日目に当たる。

　無事参拝を終えて、名古屋への街道に戻る西門の手前で、日の出を見、さらに熱田の森のはるかかなたの山際からくっきりと出現した日輪を拝している。これまた何でもない風景であるが、「あざやかに拝礼」という常庵の表現が、その心象を表している。

　5月6日に熱田神宮7日間日参は無事満願する。その翌7日、寛に礼服着用の上、8日10時に県庁へ出頭するよう内記局書記官から連絡が入る。翌日出庁すると、愛知県大書記官より、寛を愛知県中学校書記に任用、月棒8円を支給する旨申し渡される。果たして、たまたま見た日輪出現は祥瑞《しょうずい》だったと納得される。そんな風に、常庵の穏やかで感謝に満ちた人生を追体験できるのが、この日記の妙味だ。

健脚老人の初詣の順路

●城下の寺社をめぐる一日

大田常庵日記より、1888年（明治21）、常庵79歳の正月2日の行動を追いかけてみよう（図11）。

今朝四字起き、熱田大宮へ拝礼に行く、初売りにて諸々御賑合ふ、滞り無く拝礼相済ます、ちょうど大宮拝礼の頃、夜の明け方なり、夫より八剣宮へ拝礼、金刀比羅へ拝礼し、帰宅す、七字なり、夫より支度致し、三社へ例参詣、新邸へ御祝義申し述べ、御酒頂戴、三位君御宮へ拝礼、もと御庭通り抜け、味岡へ年始に行き、建中寺へ拝礼し、情妙寺、智徳院へ参詣し、法花寺へ参詣し、夫より政秀寺へ参詣し、帰宅す、時に（午）后四字前なり、熱田片道人力に乗り、跡は残らず歩行なり、何事も都て老衰にて相叶はず、心配のみ、其内歩行は斯くの如く十人並みなり、

「四字」とあるのは四時のこと。「四時」と書くと、江戸期の習慣が身についた者には「よつどき」と紛れやすいので、敢えてこのように記す人がいた。朝4時に起床、朝飯も食べず、神楽町一丁目（錦三丁目）の自宅を出て、熱田神宮へ参拝に出かける。更に神宮の南にある八剣宮にも参拝し、帰途には本町通、横三ツ蔵東入る南側、浄土宗宝

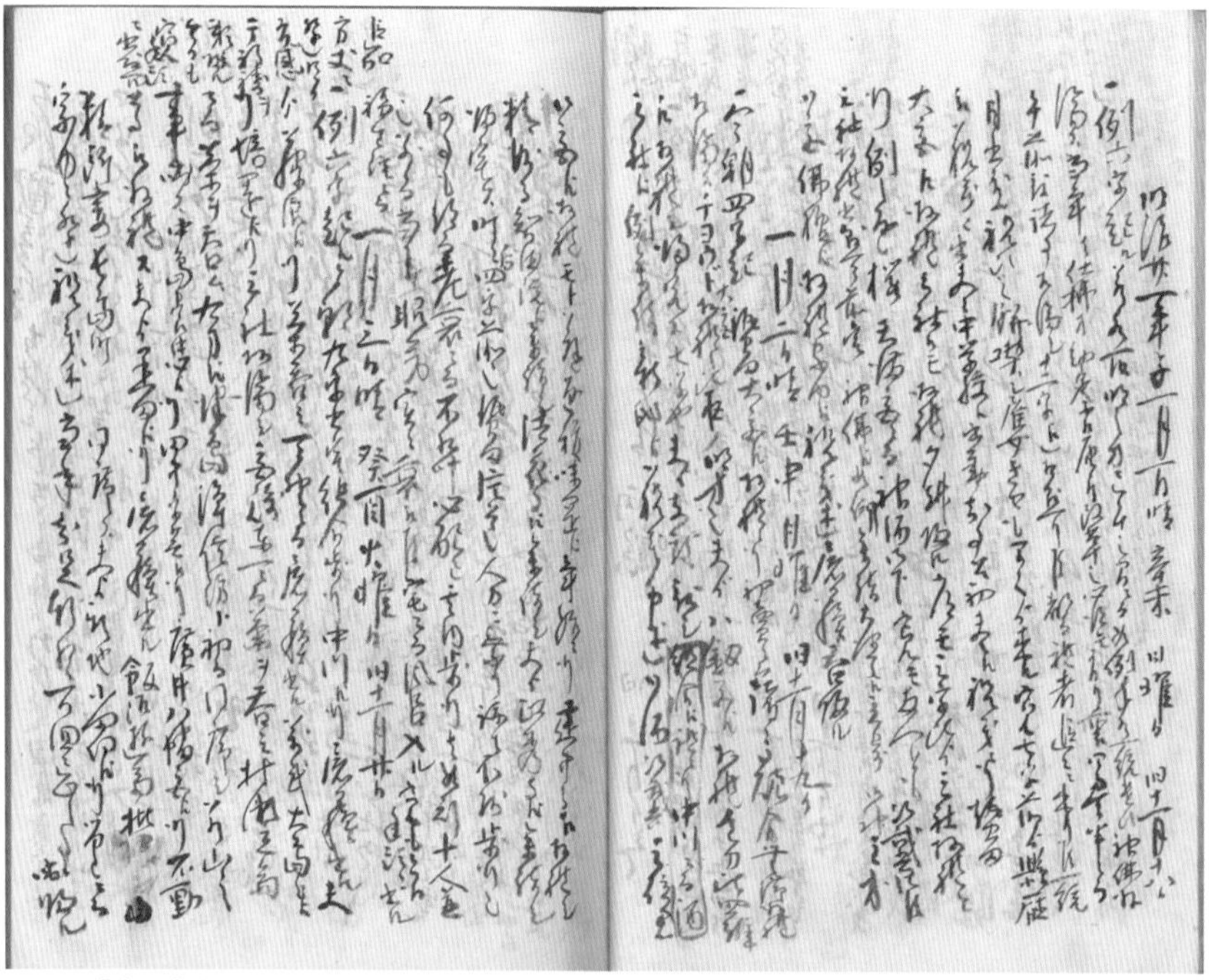

図11　『大田常庵日記』　1888年（明治21）1月

洞山伝光院境内にあった金刀比羅宮に参詣している。『大日本寺院総覧』伝光院の条に「当山には鎮守として寛政年中金比羅大権現、後豊川吒枳尼天を勧請す」とあり、常庵はこの金刀比羅宮を篤く信仰していた。現在、伝光院は星ヶ丘駅近く（名東区名東本町）に移転している。

いったん帰宅後、朝食をしたためてから再び出宅、桜ノ町、本町西入る南側の桜天神社、長者町筋、外堀西南角の須佐之男神社（那古野神社）、その西隣の東照宮に参詣する。この三社は、常庵が最も深く信仰し、ほぼ毎日のように参詣していた。

続いて、名古屋城をぐるっと半周、左に廻り、城の北東に隣接してあった徳川邸に年始の挨拶に訪れる。それから徳川邸内にあった「三位君御宮」つまり徳川義宜《よしのり》霊社、尾張藩第十六代徳川義宜を祭った神社に参詣している。1875年（明治8）11月に18歳で夭逝した尾張藩最後の藩主で、幼少より病弱のため、常庵は侍医として心を砕いて仕えてきた。

そこから「もと御庭」、今の名城公園を通り抜けて、城の東方、東二葉町（東区白壁三丁目辺）にある知人の味岡正義（和漢の学者で教育者）宅を訪ね、そこから東南へ、徳川家の菩提寺である建中寺に詣でている。更に東南に少し足を延ばし、車道を越えて日蓮宗情妙寺へ行く（図12）。妻の実家である黒田家の菩提寺だ。常庵はなぜか黒田家の先祖で、横井也有の俳友である黒田釜月、法号智徳院をいたく慕っているからでもある。

図12　情妙寺

図13　法華寺

ここから方角を西南に転じ、小川町（東区東桜二丁目）の法華寺へ（図13）。ここは常庵の実家、若山家の菩提寺で、実の父母が眠っている。更に西南に向かい、矢場町にある大寺、政秀寺へ。養子で入った大田家の菩提寺だ。それらの参拝を済ませて家に戻っている。

●神仏・先祖との交流

以上の道筋をグーグルマップ上で歩かせてみると、自宅から熱田神宮まで7kmほど、往復約15km。朝食後、城をぐるっと回る行程はざっと12kmほど。このうち熱田への片道を人力車を使っただけで、およそ20kmほどの道筋をすたすた歩いている。心身の衰える

図 14 「名古屋明細地図」（部分） 1886 年（明治 19） 塩村耕 蔵

中で、「歩行は斯くの如く十人並みなり」と自負するだけのことはある（「十人並み」は十人力のように、人並み以上の意）。

思うに、この頃までは城下町に住む者は近隣に参詣すべき社寺や菩提寺があり、信仰する神仏や先祖の霊たちと日常的に親交を深めることができた（図14）。それは彼らの精神生活に、ある種の安定をもたらしたはずだ。それが、市域の拡大とともに難しくなり、墓碑も八事霊園や平和公園に移され、神仏や死者たちとの交流もすっかり疎遠となってしまったのが、現代社会ということになる。

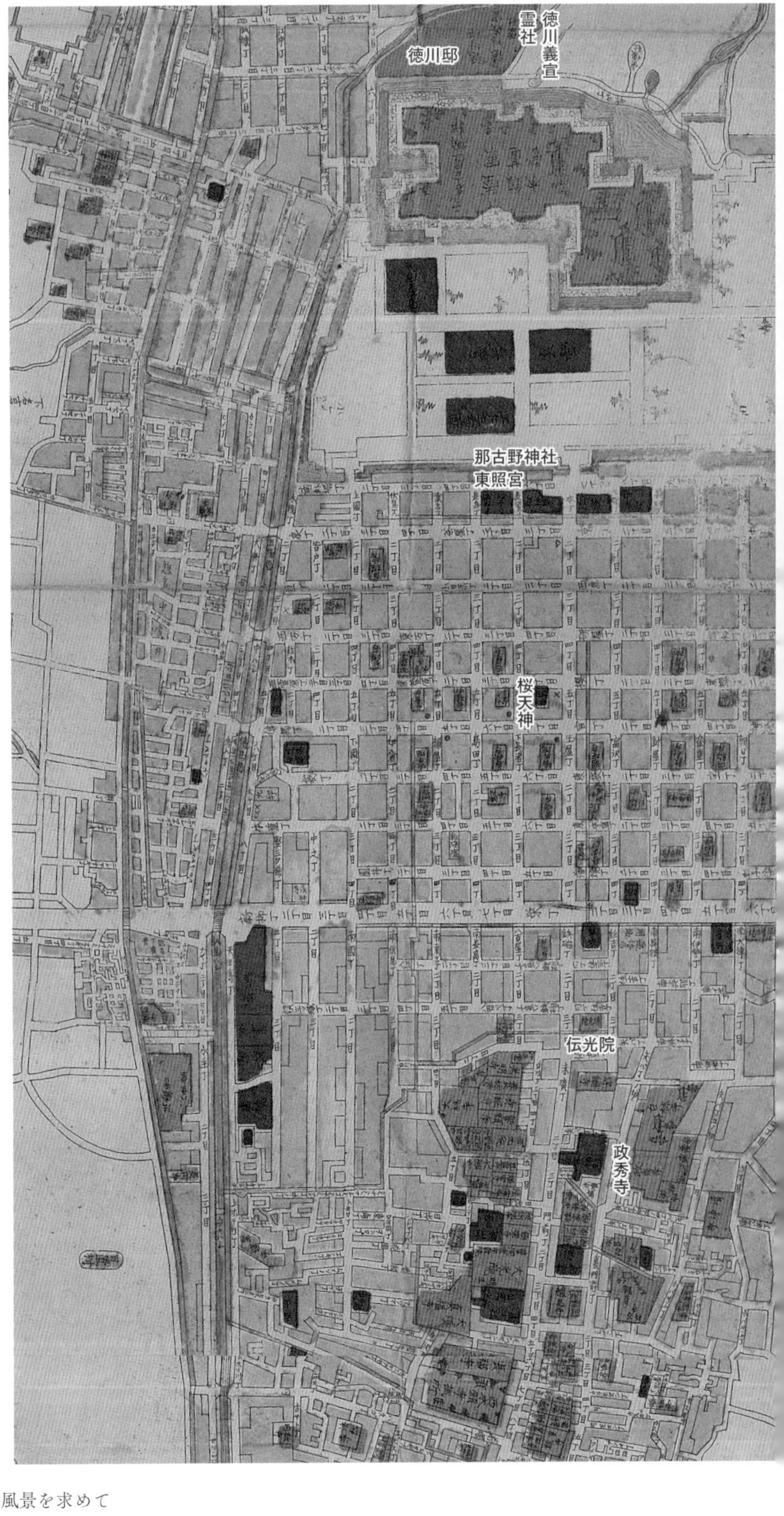

裁断橋と街道の風景

『尾張名所図会』巻四、「姥堂　裁断橋　呼続浜旧蹟」と題した図である（図15）。東海道、宮宿の東、伝馬町《てんままち》の東外れの精進川に架かる裁断橋とそのたもとにある姥堂を、西北側より俯瞰している。彼方に見えるのは、呼続の浜という美しい名の歌枕。かつてはこのあたりから鳴海にかけて、潮が満ちくれば通ることを得ない海辺の古道であったが、このころには堤防が築かれ、新田に開発されていた。

◉川船が行き交った精進川

左手の奥に「浮しま」が見える。かつては島であったと見られる小高い丘である。『図会』によると、あたりは浮島が原と呼ばれ、どんな水害の時にも、ここだけは浮き上がって被害を受けなかったという。もとは天鈿女命《あめのうずめのみこと》を祭る社があったが（図16）、廃社となった。現在は、旧東海道を東へ新堀川を渡り、少し先を右に入った所、公園の脇に浮島神社として鎮座する。明治に再興されたらしく、今は熱田神宮の境外末社となっている。

この図のように川舟が行き交うほどの川幅を備えていた精進川は、大正末年に埋め立てられた。姥堂も戦災で焼失し、図に膝がちらりと見えている奪衣婆の木像も失われた。参拝する旅人が見上げているように、座像ながら八尺一

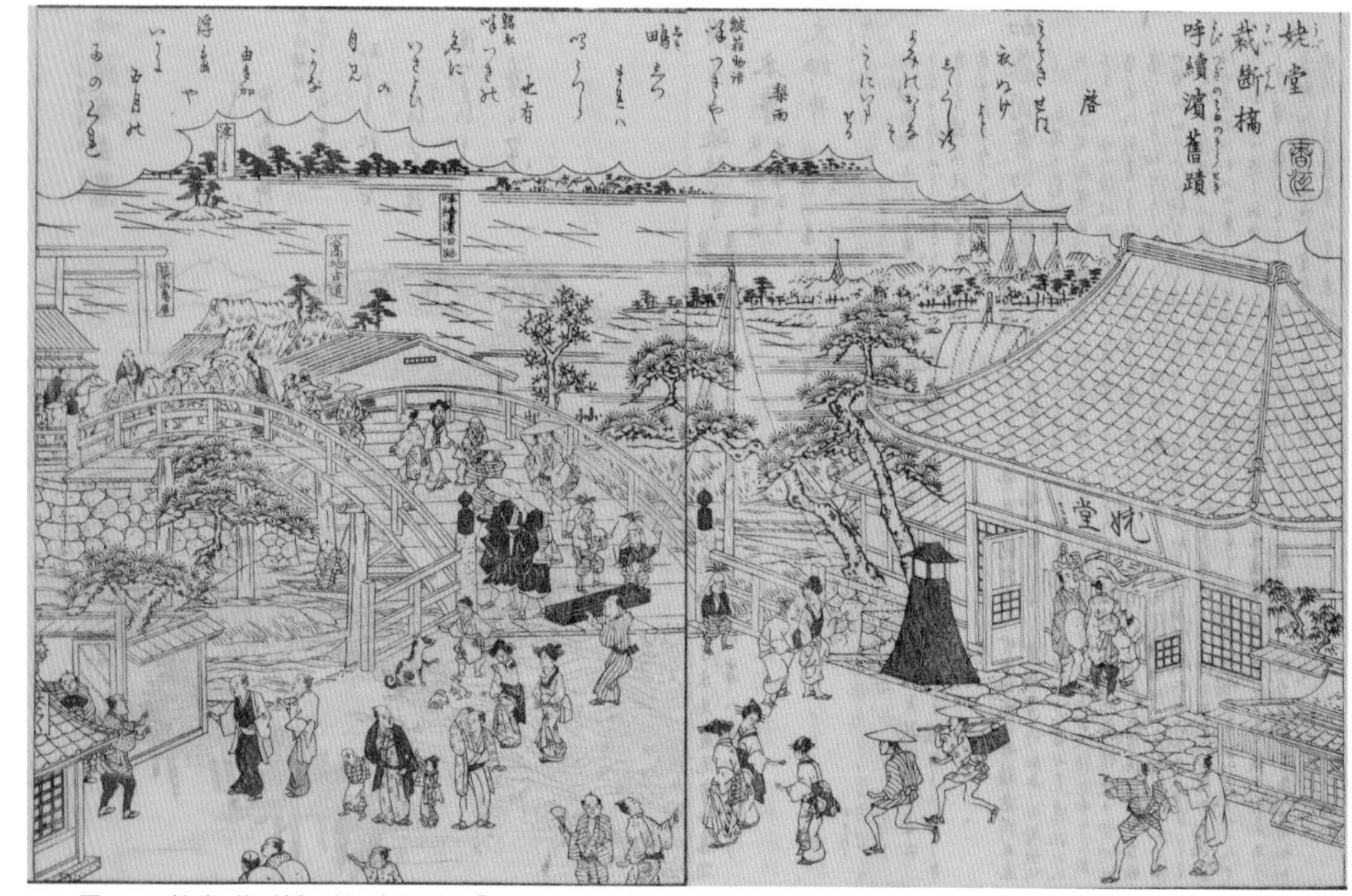

図15　姥堂 裁断橋 呼続濱旧蹟　『尾張名所図会』前編　国文学研究資料館 三井文庫旧蔵資料

寸（2・45ｍ）の高さがあり、戦前に撮影された写真によれば、しなびた胸乳を露わにした、どことなく愛嬌のある姿だった（図17）。

海道を往来する人々の多くは旅姿ではなく、近隣の住人らしい。それでも、橋の中央部に見える、笠をかぶって薦を負い、銭米を人に乞うための柄杓を手にした抜け参りの二人連れ、橋を渡りきろうとしている越後獅子の一行、その左にたたずむ勧進の僧侶、右下の飛脚など、旅をすみかとした人々が散見する。

●戦国の一女性がつづった銘文

この橋の四隅の擬宝珠のうち、西南隅というから、図のちょうど中央、姥堂に最も近い位置にある擬宝珠に刻まれた銘文こそ、本邦金石文中でも名文の随一として名高い逸品である（図18）。ことの起こりは1590年（天正18）、秀吉による小田原攻めに参陣した堀尾金助という18歳の若武者が戦病死する。時は移り1622年（元和8）、金助の三十三年忌の供養のために老母がこの橋を修築した。その際、この名もなき戦国の一女

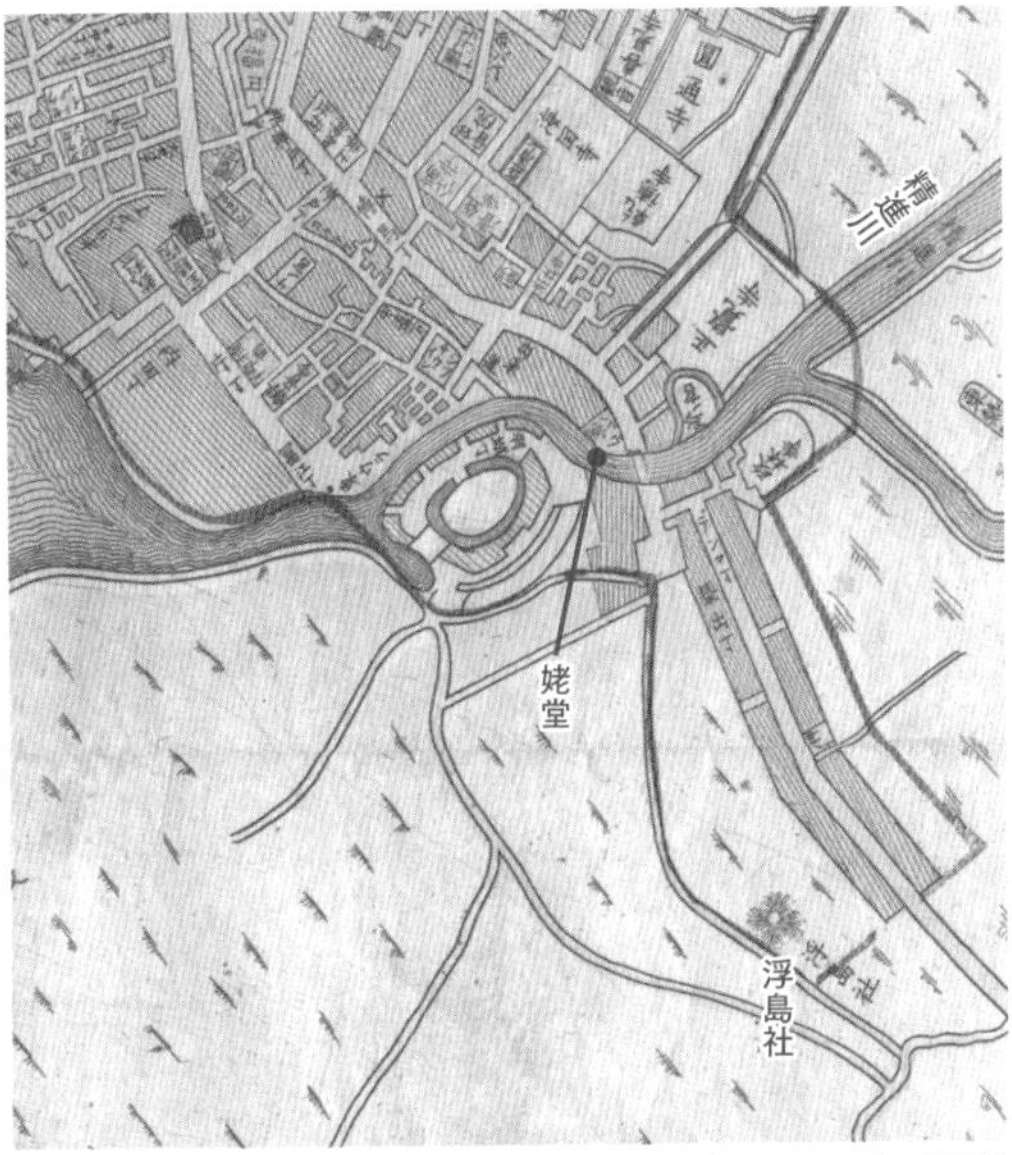

図16　姥堂付近　「名古屋明細図」（部分）　1878年（明治11）　伊藤正博蔵

図17　姥堂安置奪衣婆　木像　「新編　熱田裁断橋物語」

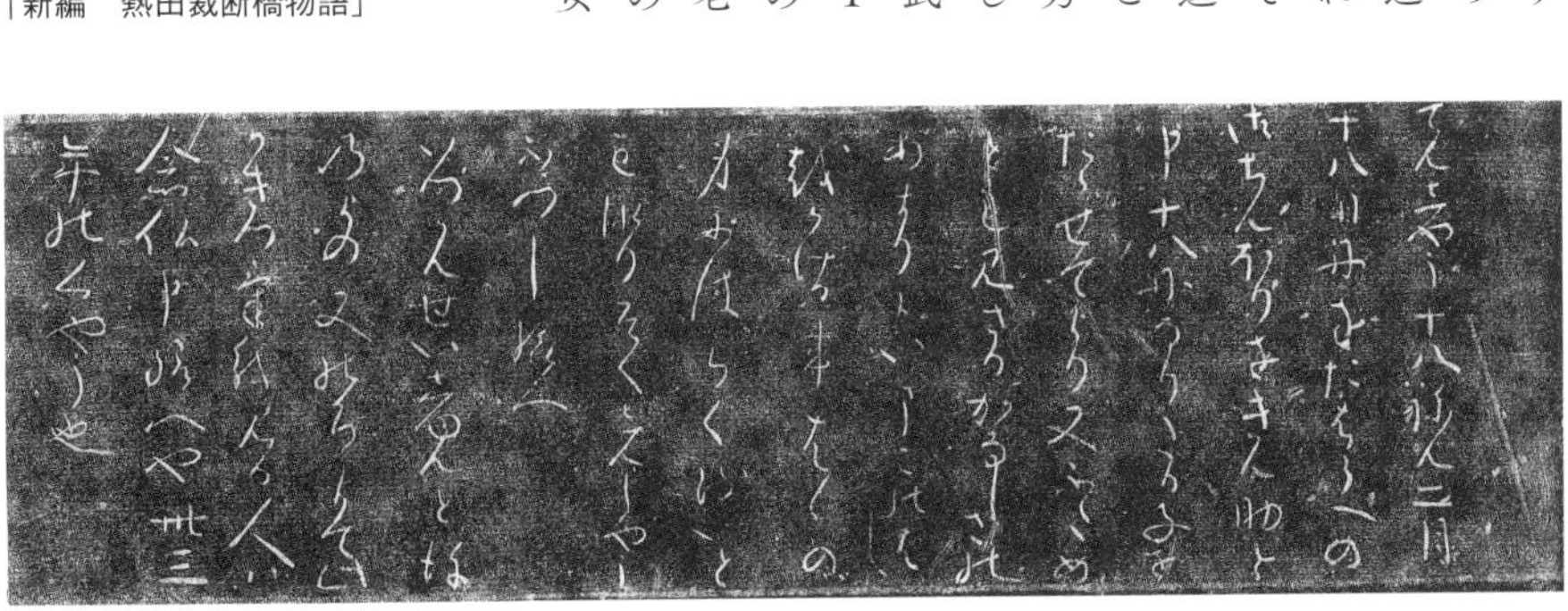
図18　裁断橋銘文拓本

性が、母の悲しみをつづったのが、その銘文だ。その全文。

てんしやう十八ねん二月
十八日にをたはらへの
御ちんほりをきん助と
申十八になりたる子を
たゝせてより又ふため
とも見さるかなしさの
あまりにいまこのはし
をかける事はゝの
身にはらくるいと
もなりそくしんしやう
ふつし給へ
いつかんせいしゆんと後
のよの又のちまて此
かきつけを見る人ハ
念仏申給へや
卅三年のくやう也

文中「いつかんせいしゆん」というのは金助の戒名（逸岩世俊）。この文については、浜田青陵「橋と塔」（1926年）、保田與重郎「日本の橋」（1936年）、高木市之助「古文芸の論」（1952年）といった先学による優れた文章がある。ところが、明治以降、いつのころからか銘文八行目の「事」が「成（なり）」と誤読されて通説と化してしまっている。これは、必ず「事」と読むべきであることを、折に触れて力説してきた（塩村耕『近世前期文学研究』序章など）。もとより『図会』には正しく「事」と読んでいる。

『図会』は「とかく仮名にて彫りつけしは、不学の人にたよりする老母の心中、見るにつけてもいとど哀れなり」とのコメントを付している。銘文の仮名表記を、老母の配慮によるものと見ている。一般に近代の論者は、この銘文に素朴な感情の吐露を見る向きが多いように思われる。しかしながら、銘文とその文字をじっくりながめていると、ただならぬ教養を感ずるのは私だけだろうか。右の『図会』の見方は存外正しいのではないかと思われてくる。

裁断橋はなくなり（図19、20）、近年まで現地に残されていた擬宝珠も、現在は名古屋市博物館に移され、常設展で展示されている。本図は、この国民的至宝ともいうべき擬宝珠の、江戸時代における状況を物語ってくれる無二の資料だ。江戸期を通じて数多くの旅人たちが、擬宝珠の前にたたずみ、銘文をたどり読んで、母の願い通りに一返の念仏を手向けたことだろう。

図19　裁断橋　名古屋市鶴舞中央図書館蔵

図20　現在の裁断橋址。左の丸文食品の建物のところを精進川が流れていた。

印地打ちの古図

『尾張名所図会』巻三、熱田神宮の条にある「印地《いんじ》打ちの古図」である（図21）。印地打ちとは「石打ち」の転訛で、石合戦のこと。近世初期ごろの風俗図よりの模写で、同時代の実景ではないものの、興味深い古習俗をよく描き出している。

◉御的射の神事

正月15日に熱田社南にある海蔵門（海上門）外で、社人が六尺余の大的を射る御的射《おまとい》の神事がおこなわれる（図22～25）。厳重な神事で、往古には射外した神職は、腹を切ったり、出奔させられたりしたという。神事が無事終了後、見物の人々はその的を奪い合い、家の守りとした。その果てに例年、印地打ちが始まるのが常だった。図21よりうかがい知られるように、のどかな子どもの遊びとはほど遠いもので、大勢の大人たちが左右二手に分かれ、片肌脱ぎや諸肌脱ぎになって野球ボールほどもある石を打ち合い、逃げまどうている。中には刀を振り回す者もいる。図の右上には、森の木蔭で見守る見物人の姿が見える。その中には市女笠を被いた女もいる。たぶんにラテン的気風の横溢していた、中世・近世の日本人たちは、この殺伐たる遊技に熱狂したのであった。

一般には5月5日の節供におこなわれることが多く、俳

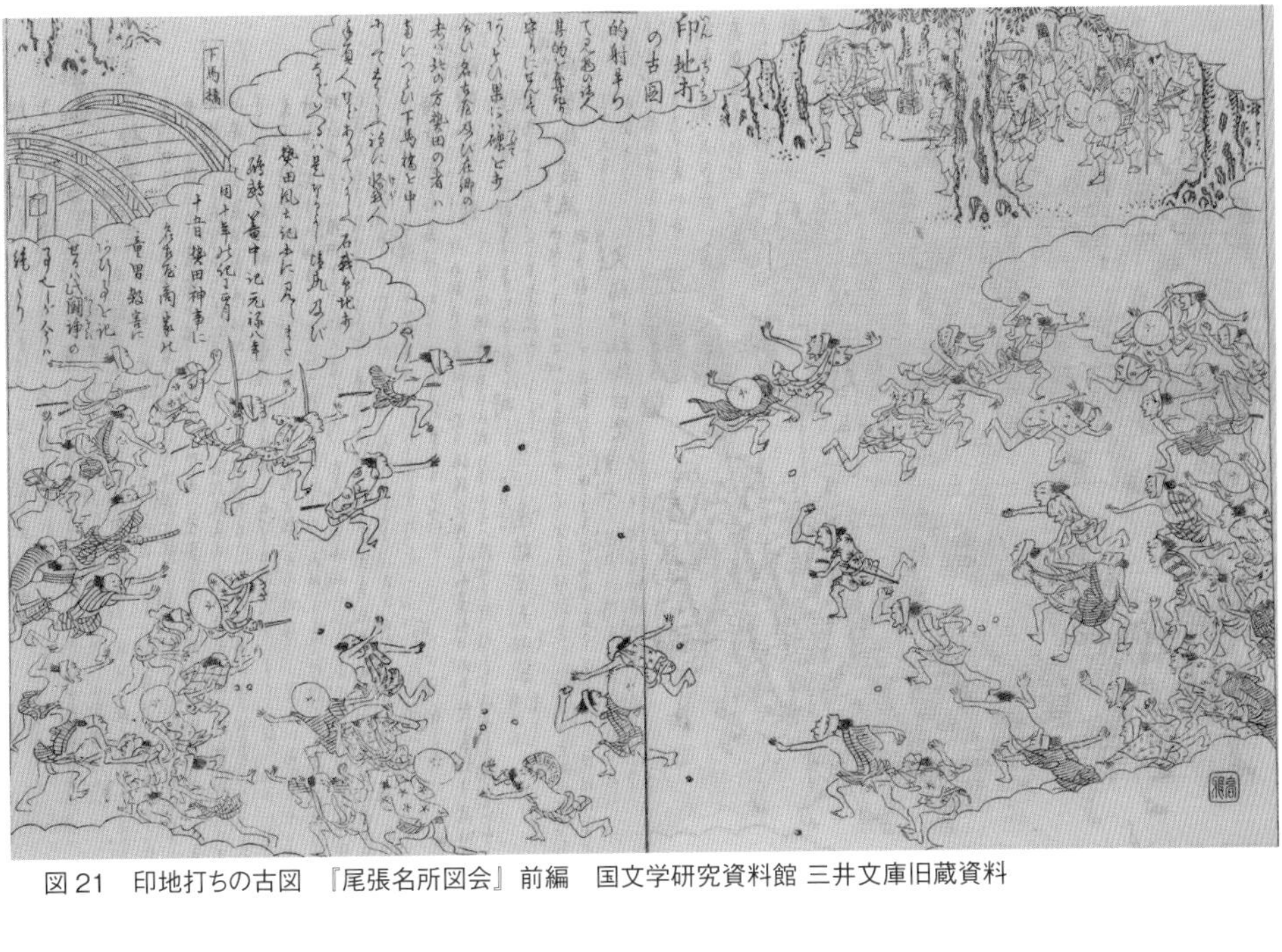

図21　印地打ちの古図　『尾張名所図会』前編　国文学研究資料館 三井文庫旧蔵資料

図22　豊年と除災とを祈る歩射神事　熱田神宮提供

諧の季題ともなっている。近世初期の俳人で和学者、松永

図23　熱田神宮海上門（国宝）信長塀（両側）
名古屋市鶴舞中央図書館蔵

貞徳作の古狂歌に「印地をや四条五条の橋の下　老若男女きせられにけり」（『莞爾草』）とある。これは謡曲『熊野』の「四条五条の橋の上、老若男女貴賤都鄙」の文句取りで、「きせられ」は、くらわせられる意だ。このように、京では近世初期まで四条五条の河原で盛んにおこなわれた。熱

図24　海蔵門（海上門）跡。信長塀の手前に礎石が残っている。

田の神前も、賀茂の河原と同様、あの世とこの世の境界性を備えた地だったのかもしれない。もとより単なるスポーツではなく、つぶてというものに何らかの神意の反映を見た中世日本人による宗教的営みであった。つまり、つぶては、いったん人の手を離れるとともに、投げた人の意志を離れ、神意を帯びた存在となった。たとえば、誰かが投げたに違いないのに、「天狗つぶて」と称して、誰がつぶてを打ったのかは問われず、怪異現象とされることさえあった。

◉古民俗の記憶

　とはいえ、現実の印地打ちは死傷者の続出する危険な行事だった。たとえば、図の説明に引用されるように、かの元禄御畳奉行の日記、朝日重章の『鸚鵡籠中記』によれば、元禄八年の正月十五日条に「熱田祭礼如例。紺屋杢右衛門が世倅、印地打ちに出て、二人切り殺して逃帰るとて躓倒するを、敵方の者、競来り、思ふ様にたたかれ、半死半生にて宿へ帰り…」とある。このように元禄のころまでは、

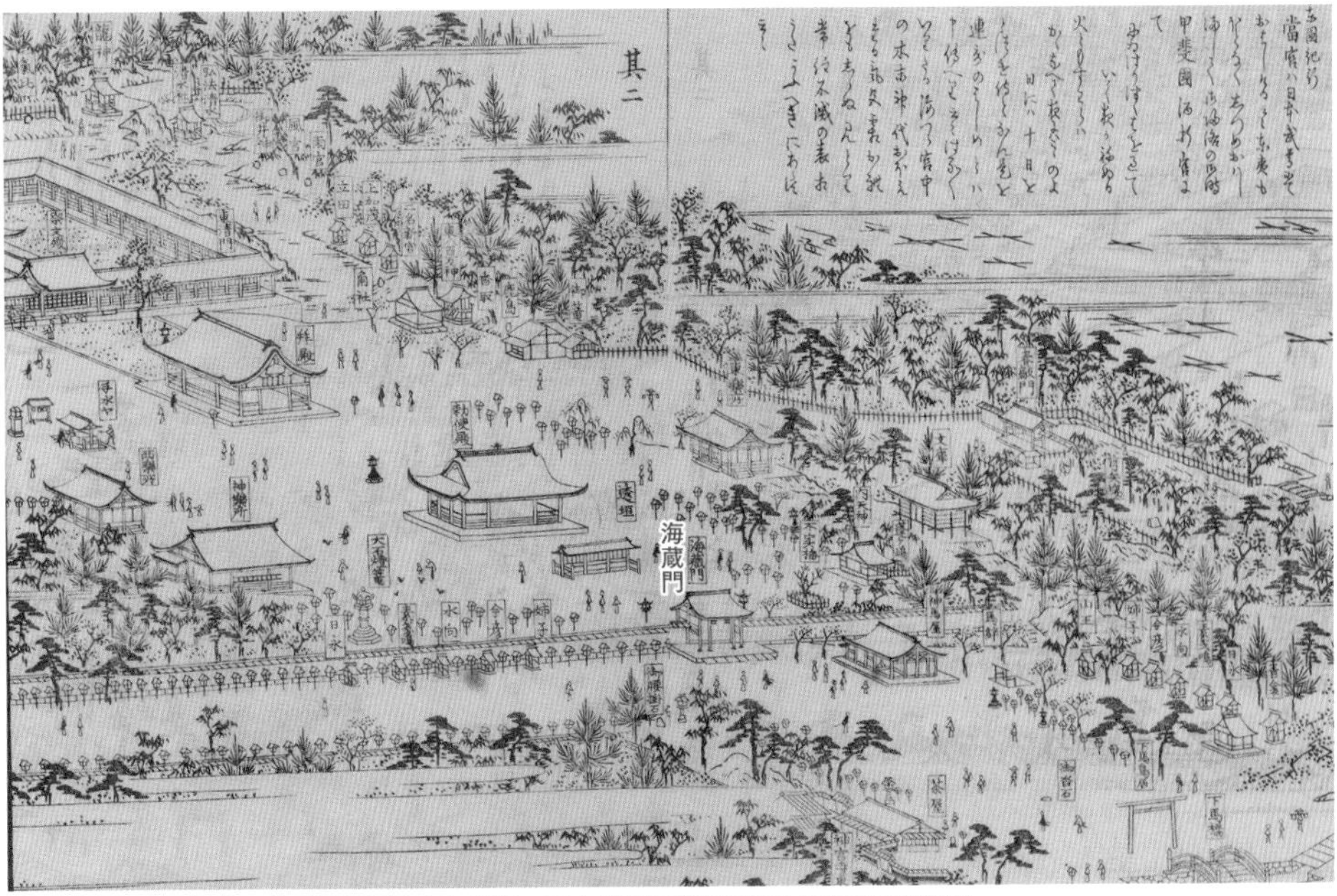

図 25　熱田神宮　『尾張名所図会』前編　国文学研究資料館 三井文庫旧蔵資料

間違いなくおこなわれていた。それが全国的に繰り返し禁令が出され、もっとも何度も禁令が出るということは、あいかわらずそれをおこなう者がいたということを意味するが、それでも近世中期頃には、全国的にほとんど姿を消すに至り、『図会』の説明の時点で「今は絶えたり」とある。

ただし、古民俗の記憶はそう簡単には消え去るものではなく、明治以降も各地で小規模におこなわれた。また、外来のスポーツである野球が、これほどまでにすんなりと老若男女に受け入れられたのは、印地打ちと無関係ではあるまいと、私はにらんでいる。

【コラム】玉子フカフカ

大田常庵日記、明治 20 年 1 月 6 日条、友人の旧尾張藩医、中島養忠宅の茶会で出された料理の中に「玉子フカフカ」とある。詳しい辞書を見てもわからなかったのが、名古屋の伝統料理レシピ集『素人料理　年中惣菜の仕方』（1893 年）を見たらちゃんと載っていた。嬉しさの余り、ここに紹介しておこう。

そこには「ふかふかたまごのすまし」とある。卵 2 個を 3 人前の割当てで丼に割り込み、よくかき回す。そこへ、出しに醤油を少し加えた、すまし汁を冷まして、卵 1 個につき猪口に 3 杯ずつ入れて、再びよくかき回す。その丼のまま、普通の茶碗蒸しのように蒸すと、卵が固まる。これを貝杓子ですくって、1 人前ずつ菓子椀に盛り、すまし汁をさして、上から浅草海苔を揉み込んで出来上がり。

この料理は、京阪では玉子のふわふわと呼ばれた。井原西鶴の作中にも登場する古い料理だ。それが名古屋に伝わって、ふかふかとなったらしい。簡単なレシピなので、是非一度賞味していただきたい。

建中寺の威厳

◉二代藩主光友の創建

東区筒井一丁目にある徳興山建中寺は尾張徳川家の菩提寺で、名古屋きっての巨刹である。宗旨は浄土宗、江戸時代には本寺のない別格寺院で、住持は代々紫衣を勅許された。1650年（慶安3）に51歳で没した藩祖義直（家康の九男、源敬公）の菩提を弔うために、その翌年、息子で二代目藩主の光友が創建した。

1785年（天明5）正月23日の火災で、山門などの一部を除き焼失したが、翌年以降相次いで再建された。『尾張名所図会』巻二に載る図は（図26、28）、その再建整備後の寺観を鳥瞰図にして描いたものである。寺の西側より俯瞰しており、図の右方が南に当たる。

右端に惣門がある。火災を免れ、創建時のままの姿で現存、今も惣門から山門を経て、まっすぐ前方に本堂を見渡すことができる（図27）。まず、門前に立った時に得られる、この距離感こそが、何よりも寺の威厳を感じさせている。

◉広大な境内をゆく

惣門から順に見てゆくことにする。まず、惣門の外には、下馬札があり、門内が神聖の地であることを示している。惣門の左には、塀に立てかけた長槍や乗り物（高級な駕籠）、荷物箱の類が見える。周辺に

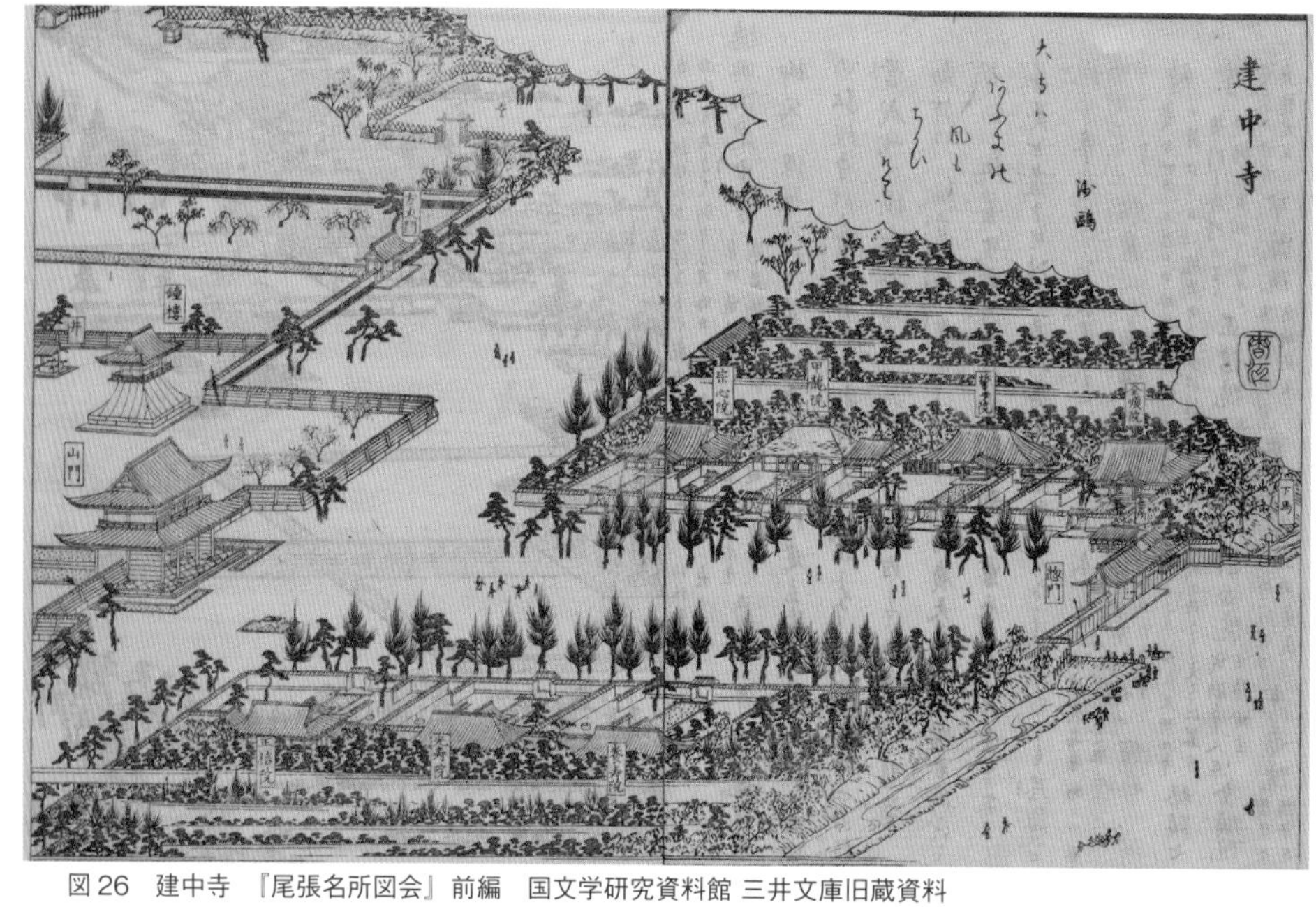

図26　建中寺　『尾張名所図会』前編　国文学研究資料館 三井文庫旧蔵資料

図 27　惣門から本堂を望む。

いる人々は、参詣に訪れた高級藩士の帰りを待つ、供の者たちだろう。

　外の往来には、手前に大八車など一般の往来が見えるが、惣門を入るとすぐ右手に番所があり、ここからは誰でもが自由に中に入れたわけではなかったらしい。参道の左右には養寿院など7つの塔頭が並ぶ。何れも藩の重臣たちが建立したものだ。いま、その一つ、左下の正信院の門前を進むのは、上下を着した正装の武家で、後ろに4人の供と挟み箱持ちを従えている。ちなみに、この辺りは現在公園となっており、これら子院も現地にはない。

　次いで巨大な山門が見える(図29)。入母屋造り本瓦葺きの重層門で、門扉には三つ葉葵の紋章が金色に輝き、ひと

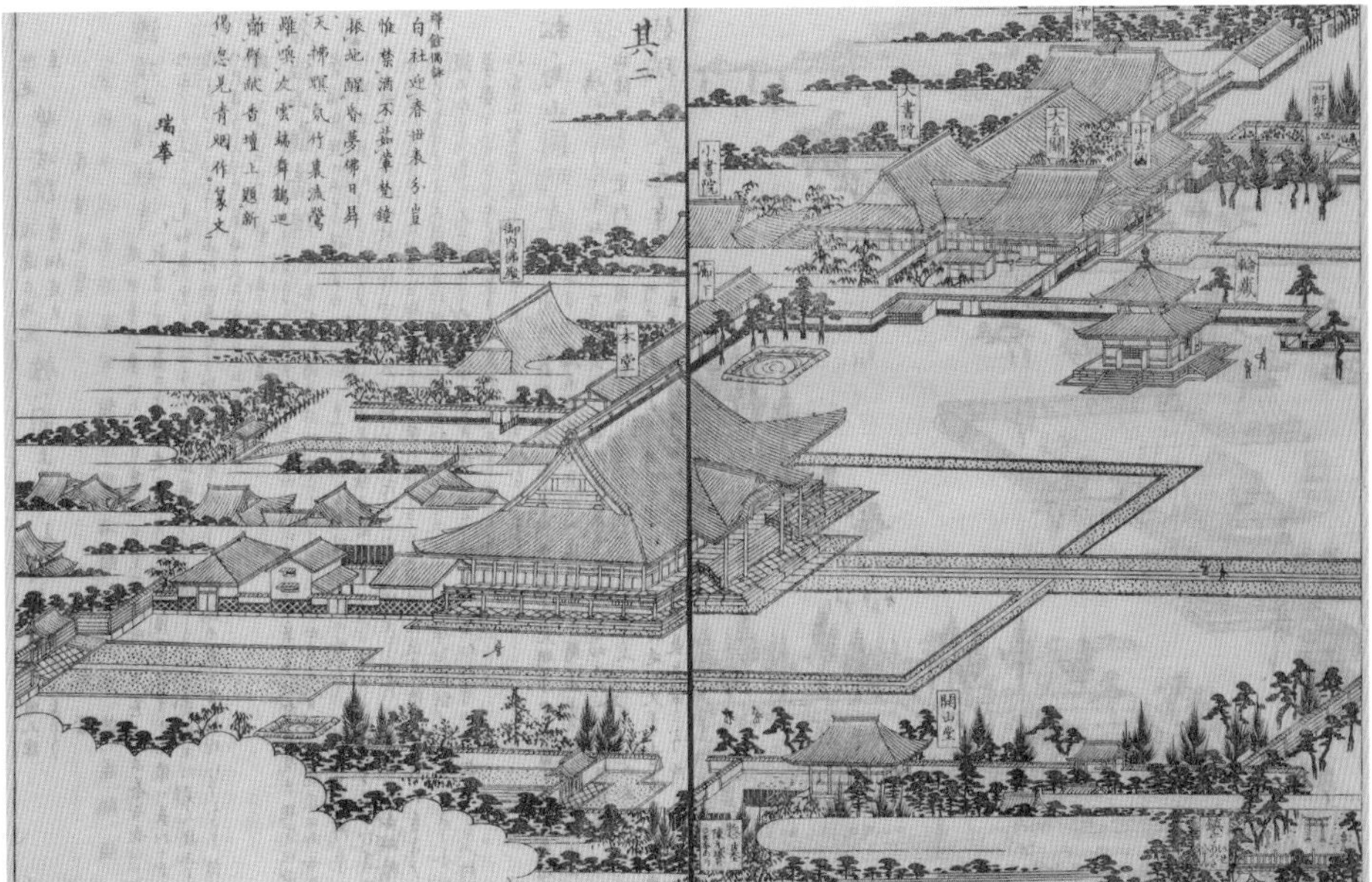

図 28　建中寺　其二　『尾張名所図会』前編　国文学研究資料館 三井文庫旧蔵資料

きわ威容を誇っている。この山門は天明の火災を免れ、慶安の建立時のまま現存する数少ない建造物である。門外には現在道路が横断する。

山門を入ると、さらに人影が少ない。参詣人は参道に供を連れた上下姿の武家が一人、開山堂の左にやはり上下姿の武家が二人いるのみで、これらは特別に許可された人々と見られる。外には輪蔵の前に僧侶とおぼしき二人、本堂の手前に箒を持った者が一人見える。境内は塵一つ落ちていない深閑とした雰囲気だったろう。現在は誰もが無料で自由に拝観できる（図30）。

図29　建中寺山門

図30　建中寺本堂

図31　源正公（徳川光友）廟

見開き2枚続きの図から察せられるように、建中寺の境内は広大で、江戸時代には4万7304坪あった。しかしながら、大名家に依存した大寺の常として、維新後は衰微を余儀なくされた。戦災はほぼ免れたものの、土地区画整理事業などで境内は約5分の1に縮小し、旧境内地には学校やビルが建ち並ぶ。

かつてあった歴代藩主の墓もほとんどが移転され、唯一残っているのは創建者である光友の墓のみである。図28では雲に隠れて見えないが（忌諱を憚ったのだろう）、開山堂の左手、本堂の西北にある、ちょっとした邸宅ほどの一郭で、築地塀で囲まれ、堂々たる唐門を備えている（図31）。光友が没した翌年、1701年（元禄14）の建立当時の姿のままで残されている。

青物市のにぎわい

名古屋城下の台所ともいうべき青物市場は、庄内川に架かる美濃路の枇杷島橋の西側、下小田井村にあった（清須市西枇杷島町）。創業は1614年（慶長19）と古く、数町の間の両側に28軒の問屋が軒を並べた。ここに集められた荷が、府下をはじめ隣国近国から三都にまで運ばれた。市は朝6時頃より10時頃まで開かれ、年中一日の休みもなかったという（図32、34、35）。

図32　枇杷島青物市　『愛知県写真帖』　1910年（明治43）

◉今と変わらぬ市場の熱気

『尾張名所図会』巻二「青物市」の図を見よう。図33の左側、男たちが集まり両手を掲げているのは、せり市の真っ最中で、帳付けをしている鉢巻きの男がせり人だ。左奥の店内に問屋の帳場があり、その前に火鉢が出されているのは冬であることを示している（図33

図33　青物市　『尾張名所図会』前編　国文学研究資料館 三井文庫旧蔵資料

図34　江戸時代の青物問屋の様式を今に伝える建物。現在、西枇杷島問屋記念館となっている。

図35　美濃路道標と「にしび夢だいこん」モニュメント

左端）。それにもかかわらず、諸肌脱ぎで荷物を担ぐ男をはじめ、男たちの薄着姿が、今も変わらぬ市場の熱気を物語っている。

青物に目を向けると、左下に運ばれる大量の蓮根は、立田村（愛西市立田町）周辺で今も名産だ。外に薑生姜や百合根が見え、前者は『図会』後編巻二に載る阿古井村《あこい》（一宮市明地）の名産、後者は『図会』巻七に載る藤ヶ瀬村（愛西市藤ヶ瀬町）の名産なのだろう。つまり、尾張の産品がことさらに描かれている。

◉中央に知れ渡った名物大根

そして市場でひときわ目を引くのが、ほとんど信じがたいほどに巨大な大根である。これこそ、方領村（あま市方領）名産の方領大根であろう。『図会』巻七「方領大根」の項に「宮重大根に比すれば品格やや劣るといえども、其大いなるものは一本の目方三貫目（約11kg）ほどに至る」とあり、図は決して誇張ではない。『図会』本文の記事に引くように、1632年（寛永9）刊の仮名草子『尤の草子』（枕草子の物づくしのパロディ）の「太き物の品々」の箇所にも「尾張大根」が挙げられており、同種の巨大な大根が、早くから「尾張大根」として中央にも知られていたことがわかる。

ちなみに名高い宮重大根は、『図会』後編巻三の記述によると、落合村（清須市春日落合）の支村、宮重村（清須市春日宮重町）の名産で、「世に形、大なるを宮重大根といへど、この宮重の産は、形大ならざれども、美味なる事言語に絶えたり。他国に尾張大根と称する物は方領村に作る所にして、形大なり」というから、『尤の草子』の記述とも符合する。こちらは当時、最も名高い大根のブランド物で、ニセ物も出回ったらしく、本物には「宮重」の黒印が捺されていたという。

図33の左上には「荷ひ出す大根しろき夜明かな　而后」とあり、大根の生産が盛んだった尾張の市場の情景を彷彿とさせている。

ちなみに『尾張名所図会』の編者の一人、野口道直（1785－1865）は、この枇杷島の老舗の青物問屋、野口市兵衛家の八代目で、偉大な蔵書家だった。

芭蕉も滞在した佐屋の渡

名古屋を少しだけ離れ、江戸時代の多くの旅人と同様、佐屋まで足を延ばしてみよう。

佐屋は東海道の脇街道佐屋道（佐屋回り）の宿駅で川港だった（愛西市佐屋町）。東海道を上りの場合、宮（熱田）から街道を北へ、名古屋へ向かい、途中の新尾頭より左に行き、津島の手前を左に折れ、佐屋港へ。そこから舟に乗り、佐屋川（木曽川の下流）を下ること三里で桑名に到着する。現在は川筋が変わり、佐屋川は消失、佐屋に港の面影は全くない。

◉にぎわった脇海道

『尾張名所図会』の絵図「佐屋駅渡口《とこう》」を見る（図36）。東南より俯瞰している。右手手前が宮へ向かう街道で、道が河に突き当たった所に、尾張藩の舟番所と高札場がある。左手には旅人相手の茶店が軒を連ね、客待ちをしている駕籠もある。土手の向こうには河原が広がり、川幅の広い佐屋川があり、舟が行き交っている。かなたに見えるのは、平地から屹立した多度山である。『図会』の本文「佐屋駅」の条に「当駅は頗る繁昌の地にして、旅亭客舍軒を並べ、行く人つねに絶える事なし」とある。桑名より宮へ海上七里の渡しは、時に危険であったために、この脇街道も大いに賑わった。特に貴人は、安全のため佐屋へ回ることが多

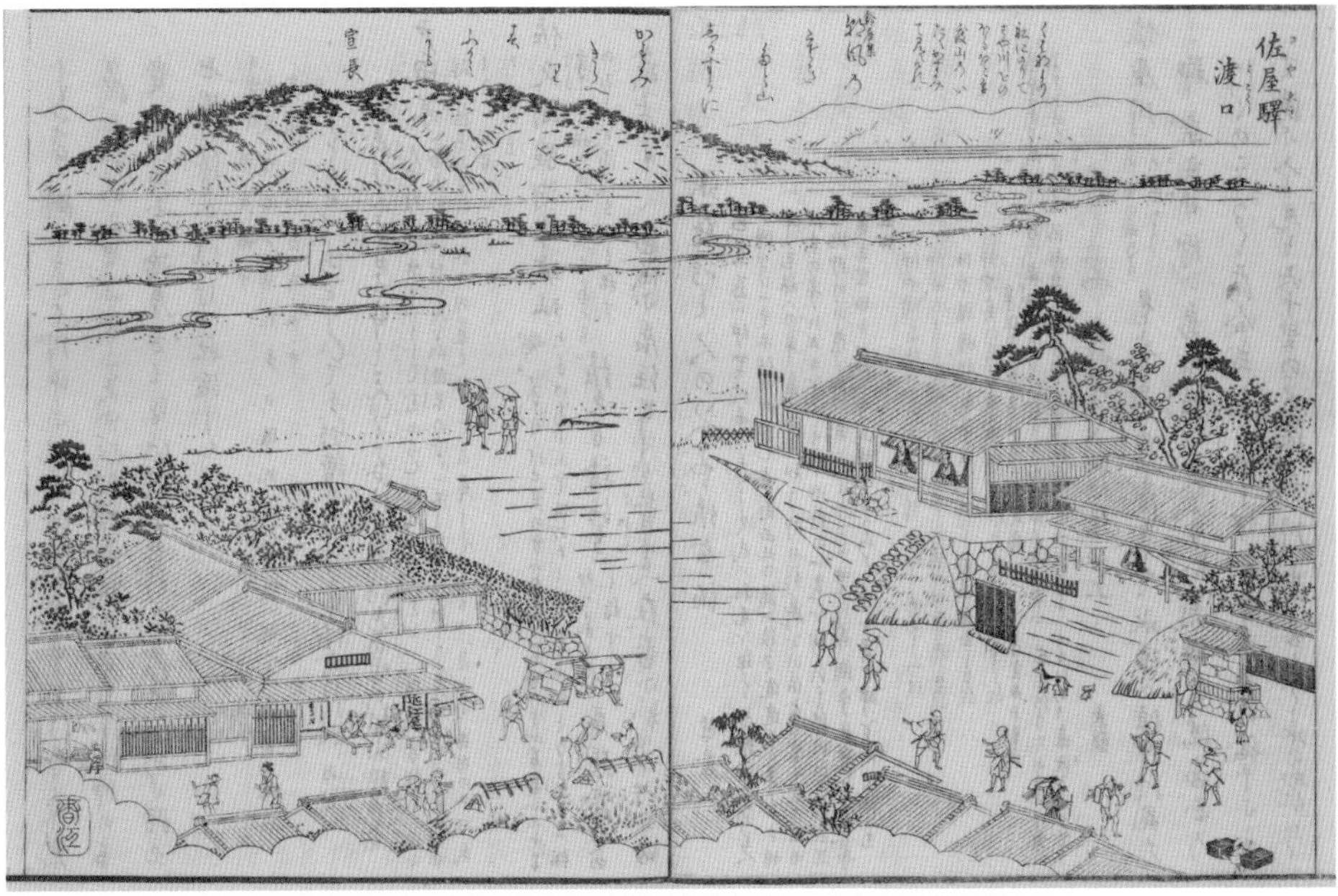

図36　佐屋駅渡口　『尾張名所図会』前編　国文学研究資料館 三井文庫旧蔵資料

図37　かつての佐屋宿渡口付近。写真右手に代官所、左手に旅籠（近江屋）があった。

かった。『図会』の本文「佐屋川」の条にも「桑名への船路三里余、常に大小の船、往来絶える事なく、縉紳の高貴及び西国の諸侯方も、皆この川を通行し給ひて」とわざわざ記している（図37、38）。

　そんな貴人の一人、公家の柳原資廉《やなぎわらすけかど》（1644〜1712）——赤穂事件の発端となった、かの江戸城刃傷事件の時の勅使の一人——が、武家伝奏・勅使として江戸へ下った折の旅日記が、西尾市岩瀬文庫に残されている。中に佐屋について、良い描写があるので引いておこう。1693年（元禄6）2月28日の条である。「夜明け、（桑名ヨリ）船にのる。佐屋行。…言《こと》の外《ほか》、大いなる舟也。水子《かこ》四十人、衣服敷瓦《しきがわら》、裙波《すそなみ》の紋也。海上静かに船頭精出す。予、縁側に出、酒茶之れを飲む。…五つ過ぎ、佐屋に着く也。但し十町ばかり前に

図38　佐屋三里之渡址の碑

大船故相当る。輿《こし》未だ来ざる故、佐屋旅宿まで歩行。川の右の方の高み行く也。…藪の間を行き、民家所々酒家などもあり。さびしき所也。桃花盛り也。佐屋に着す」。桑名藩が差し向けた大型の船に乗ると、川をさかのぼるため、水主が40人も櫓を押している。彼らは揃いの衣裳を身にまとう。敷瓦とは市松模様のことで、江戸時代中期に歌舞伎役者の佐野川市松がその模様をトレードマークにして出現する以前には、敷瓦とか石畳と

図39　水鶏塚

か呼ばれた。その単衣の裾には波濤文をあしらった、今でも通用する、いなせな姿。大船ゆえ、佐屋の港口まで船をつけることができず、手前で下船した資廉は、桃の花盛りの中、土手道を歩いて佐屋に向かっている。春の佐屋川辺ののどかな景色が目に浮かぶ。

　この翌年、1694年（元禄7）5月、故郷伊賀上野への帰途、この年の10月に世を去ることになる最晩年の芭蕉は、当地に留まって「水鶏啼と人のいへばや佐屋泊」の句を残している。その折に芭蕉を佐屋まで見送った名古屋の俳人露川が、41年後の1735年（享保20）に句碑を建立した。すなわち、渡し場の東南方向に現存する水鶏塚《くいなづか》である（図39）。芭蕉の句碑としては古いもの。

佐屋津島追分

◉そびえ立つ大鳥居

江戸時代には佐屋道（佐屋回り）から少しそれて、津島へも詣る旅人が多かった。その分岐点の様子を描いたのが、この『尾張名所図会』巻七「佐屋津島追分」だ（図40）。

中央に大きくそびえ立つのが、津島牛頭天王社（津島神社）の一の鳥居である大鳥居。そのかなたに見えるのが津島の集落で、夥しい数の老若男女の参詣人が、鳥居をくぐって神社へと向かっている。中に日傘を差した女や諸肌脱ぎの男、団扇を使う者の姿があることから、季節は夏で、ということは旧6月14・15日におこなわれた津島祭の大祭当日の光景であるとわかる。駕籠に揺られる者や馬に乗る者もおり、右下隅には三宝荒神（馬の背のやぐらに三人横並びで乗ること）の男女連れも見える。「一ぜんめし／ところてん」と記された障子看板を置く葭簀がけの茶店には、縁台でくつろぐ客に、盆に盛られた西瓜が見え、店内には草鞋を見つくろう客と、ところてんに舌鼓を打つ男がいる。

ここは埋田《うめだ》の追分とも呼ばれた（津島市埋田町二丁目）（図41、42）。東南東より西北西を俯瞰しており、道を右手前（東）に行けば熱田・名古屋方面、左下の橋を渡って左（南）へ行けば佐屋へ至る。図でいま橋を渡っているのは、

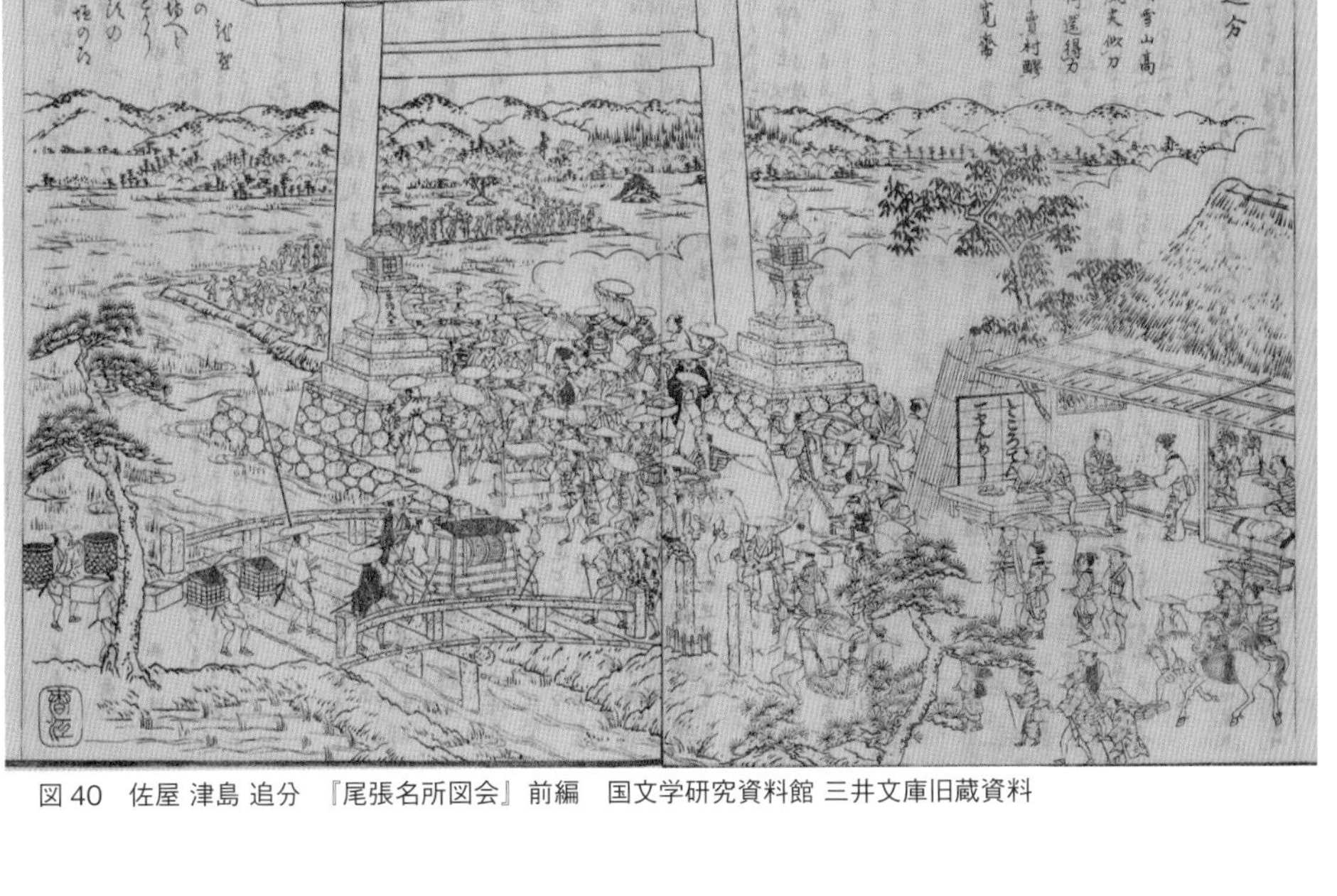

図40　佐屋 津島 追分　『尾張名所図会』前編　国文学研究資料館 三井文庫旧蔵資料

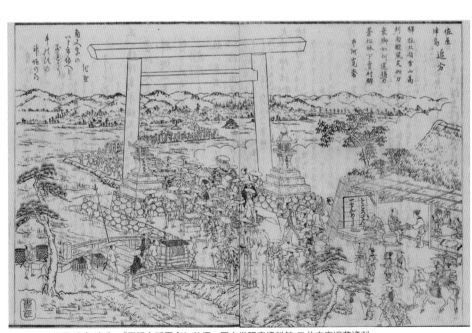

図 41　埋田追分の一の鳥居
1911 年（明治 44）　津島市立図書館蔵

図 42　一ノ鳥居の現況。1959 年の伊勢湾台風で鳥居は倒壊してしまった。

荷持ちや鑓持ちに供の侍両名を連れ、乗り物に乗った身分の高い侍の一行で、この人々のみ津島参りではなく、佐屋から江戸へ向かうところだろう。公家など高貴な旅人は、七里渡しの危険を避け、佐屋回りで行くことが多かったことを、この図は反映している。

◉にぎわいは遠い彼方へ

現在この地は、県道名古屋津島線を南へ一筋入った住宅地に位置し、狭い旧道に、図にある一対の常夜灯が現存する。1834年（天保5）の建立とあるから、『名所図会』が描かれた当時は出来たばかりであったはずだ。壮大な大鳥居は、残念ながら伊勢湾台風で倒壊し、台石のみが残されている。また、橋の右たもとに見える二つの道標石のうちの一つが現存、「右つしま天王みち／左さやみち」などの文字が読み取れる。ただし、この辺りの佐屋道は既に住宅や田畑に化しており、追分の賑わいも今は昔。

あかだ店

◉いまも変わらぬ名物

最近の新聞に、長らく製法が途絶えていた津島麩が復元された記事が載っていた（「中日新聞」2020年10月3日朝刊）。津島麩については、旧尾張藩医、大田常庵の明治の日記に頻出する食材なので、どんなものであるか知りたいと思っていた。日記では、椎茸と蒲鉾あるいは湯葉などと煮物にしている。江戸時代以来の伝統的な名古屋の料理方法をきめ細かく載せている名著『素人料理　年中惣菜の仕方』（名古屋玉潤堂、1893年）によると、津島麩は一文麩とも丸麩とも呼ばれた丸い麩だそうで、二つ切にして、酒と醤油で煮、鶏卵を割り込んで卵とじにするとうまいらしい。賞味できる日を楽しみにしている。なお、この麩は『尾張名所図会』にも津島の「名産麩」として、ちゃんと載っている。「他の製にまさりて、尤も雅味の上品なり」とある。津島は参詣人の集まる門前町なので、種々の名物があったらしい。そんな中で今も名高いのが、『名所図会』に見える「あかだ店」である（図43）。

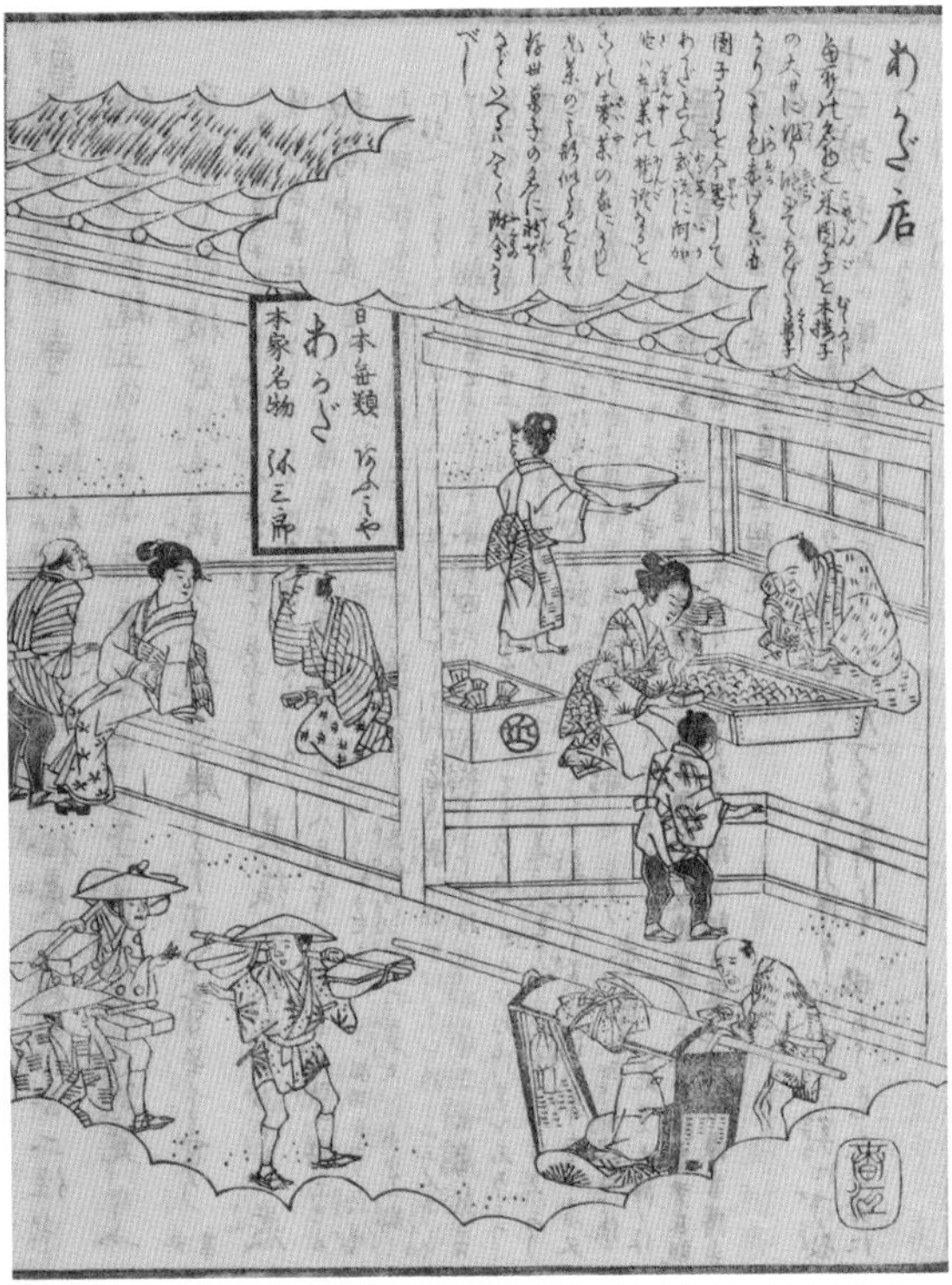

図43　あかだ店　『尾張名所図会』前編　国文学研究資料館 三井文庫旧蔵資料

津島社門前の名物菓子屋で、看板に「あかだ／日本無類本家名物／あふみや弥三郎」とある。店内には、あかだを枡で量り紙袋に詰めている男女や、大鉢であかだを運ぶ小女が見え、上がり框《がまち》に腰を掛ける女性客に商い口を利く店員もいる。門口を往来する旅人の姿から、街道に面していたとわかる。いま駕籠から降りようとしている女性客は、土産にあかだを買い求めようとしているのだろうか。

説明文に「当所（津島）の名物也。米団子を木槵子《むくろじ》の大きさに作り、油であげたる菓子なり。その色、赤ければ、赤団子なるを、今略してあかだという。ある説に、阿加陀は丸薬の梵語なるを、ここの売薬の家にうりし丸薬の、その形似たるをもて、後世菓子の名に転ぜしなどいへるは、全く附会なるべし」とある。随筆の『於路加於比』にも、「粳米を粗く挽き粉となし、堅く丸め油煮にしたるものにて、…砂糖を加えず、味極めて淡薄にて、歯の強き人は賞味して喰へり」とあり、既に江戸人をして「極めて淡薄」と言わしめた菓子の幽玄な味わいがわかるだろう。

図44　あかだ屋清七

◉起源は安土桃山時代

その淵源はいたって古く、17世紀初頭に、イエズス会の宣教師によって編まれた日本語ポルトガル語辞書である『日葡《にっぽ》辞書』に「Acada（アカダ）油で揚げた小さな米団子」と見えている。安土桃山時代からあった古い菓子が、この津島の地にかろうじて残存したらしい。『名所図会』に説明するように、変わった菓子名の語源として、赤団子の転訛説と、丸薬の名に由来する説があり、いずれを是とすべきか定めがたいが、洋菓子風に油で揚げている点から見て、古い外来語に由来するように思われる。

図45　あかだ　あかだ屋清七提供

図に描かれる老舗の近江屋弥三郎は早くに営業を止めてしまったものの、津島神社の東門前には、今もあかだ屋が三軒も残っている。もっとも、現在は「くつわ」の方が津島名物として名高くなった。これは米団子を延ばして径4㎝ほどの輪にして揚げたもので、こちらは砂糖を少し加えている。天保年間の創製という。

あかだ店のうちの1軒、「あかだ屋清七」（図44）店主の御教示によれば、あかだの製法は昔と全く同じで、砂糖などの添加物は一切加えていない手作りであるとのこと。直径一センチ強の丸薬状で、相当に堅く、歯の弱い人は注意を要する（図45）。それでも、じんわり噛みしめていると、江戸時代初頭の風味が口の中によみがえってくる。

topic

紀行に見る江戸時代の名古屋
――今に伝わる江戸の様相

櫻井芳昭

◉さまざまな文体と記録

江戸時代は庶民から武士まで旅ができる国として、日本は安全性が高かった。これは参勤交代制度が幕府の重要政策として根づいており、街道や旅籠などの交通インフラが充実していたためである。旅人は名所旧跡を訪ねて、各地の名物を賞味し、名産品を土産にするのが楽しみであった。そして、旅の記録を紀行文にまとめる人が相当あった。

名古屋を通る100編の近世紀行は、記録文や俳句などさまざまな文体で旅の印象を綴っている。

旅人は何に注目したかを読み取って、江戸時代の名古屋の特色についてまとめてみたい。(引用文の後の番号は表1の紀行文を示す)

◉特色のある記述

通行経路を見ると、東海道59%、佐屋街道26%、美濃街道10%、下街道4%の割合である。

紀行文の著者は文人と国学者37%が中心で、藩士、公家30%、僧侶、医者、商人、農民、外人などである。

名古屋城下町

名古屋は東海道から二里北にあるため、訪れる旅人は用務や関心の強い場合であるので、紀行文は20%と少ない。しかし、三都に次ぐ東海地方随一の城下町として発展していた。

記述の中心は名古屋城の金の鯱鉾、本町通の町並みや広小路の夜店、大須の芝居、東照宮祭、秀吉と清正の誕生地などである。

「名古屋にかかり遥かに金の鯱鉾天日に輝き、四方より望めるありさまは、雄壮にこそ思われる」(95)と、幕末の志士清川八郎は、お目あての鯱鉾がそびえる天守閣を仰いだ感激を「西遊草」に記している。

「六十万人ご城下なり。浪花講大江屋清八様泊まり二百文。名古屋より大手先、是より左へまわり、お城を右に拝見して通り、それより金の鯱鉾拝見」(86)

「本町に宿を取り、城の外郭より右へ廻り、新馬場という所にて天守を見る。黄金の光、聞きしに勝ること也。(中略)ひそかに望遠鏡にて見しに、鯱様なる処までもわかる。日に映じて輝き渡り、美事なるものなり、名不空実に尾張の名物これに留らん」(97)

「ひぐれに名護屋に着いた。鉅麗雄富ほとんど大坂と伯仲する。楼前の街路にひきまわし翠帷は箔をもって彩り、紅糸の鳳尾がある。真珠をもって綴った者はすべて貴人の姫妾である。その十字街の屋、

	和暦	西暦	通行経路	旅人	題名	出典
51	安永　3	1774	東・佐	志士 高山彦九郎	甲午春旅	道中記の旅
52	安永　4	1775	東・佐	文人 内山真竜	京幾旅日記	静岡県史
53	安永　5	1776	東	スウェーデン医師 ツュンベリー	江戸参府随行記	東洋文庫
54	安永　6	1777	東	松前藩士の妻	奥の荒海	桑名市史
55	天明　6	1786	東（名）下	国学者 荒木田久老	五十槻園旅日記	信濃史科叢書
56	天明　8	1788	東・下	洋風画家 司馬江漢	西遊日記	庶民2
57	寛政　4	1794	東（名）佐	国学者 本居宣長	名古屋行日記	本居宣長全集
58	寛政　4	1794	美（名）東	広島藩士 儒頼春水	春水掌緑	百花苑4
59	寛政　5	1795	（名）美・津	国学者 本居宣長	むすび捨たるまくらの草葉	本居宣長全集
60	寛政　6	1796	東・佐	公家 今出川実種	寛政紀行	近世集成1
61	寛政　6	1796	東	文人 茅原元常	東藩日記	同上
62	寛政　8	1798	東（名）佐	文人 西村馬曹	衛生遊稿	四日市市史
63	寛政　9	1799	東	文人 秋里籬島	東海道名所図会	図会刊行会
64	江戸中期		佐美（名）	国学者 本居太平	藤のとも花	近世集成2
65	寛政12	1800	東	大阪商人 大江丸旧国	あがだの3月4日	紀行3
66	寛政13	1801	東（名）佐	文人 石塚竜磨	はなの白雲	静岡県史
67	享和　1	1801	東	狂歌師 太田南畝	改元紀行	紀行3
68	享和　2	1802	東・佐	文人 滝沢馬琴	羇旅漫録	日本随筆大成
69	享和　2	1802	東	文人 十返舎一九	東海道中膝栗毛	日本古典文学大系
70	文化　1	1804	東	石川雅望	くさまくら	刈谷図書館
71	文化　3	1806	東・佐	オランダ商館書記 ズーフ	日本回想録	異国叢書
72	文化　4	1807	東・佐	未詳	東路御記行	近世集成1
73	文化　4	1807	東・佐	堺藩士の妻 土屋斐子	たびの命毛	紀行4
74	文化　8	1811	東（名）岡	幕府藩士 伊能忠敬	測量日記	尾三測量日記
75	文化　9	1812	東・佐	西浦祐賢	吾妻のつと	刈谷図書館
76	文化14	1817	東（名）美	修験者 泉光院	大江戸泉光院旅日記	講談社文庫
77	文政　1	1818	佐（名）東	肥後守 香川景樹	中空の日記	紀行3
78	文政　3	1820	東・佐	川崎敬軒	驥・日記	刈谷図書館
79	文政　3	1820	東・美	文人 田能村竹田	豊後紀行	紀行4
80	文政　4	1821	（名）東	尾張儒者 家田大峰	江尾往還蹤	愛知の文学
81	文政　4	1821	東	海老名翹斎	遊嚢日記	刈谷図書館
82	文政　5	1822	東・佐	オランダ商館書記 フィッセル	参府紀行	異国叢書
83	文政　6	1823	東	ドイツ医師 シーボルト	江戸参府紀行	東洋文庫
84	文政年間		（名）東	平戸藩主 杉浦静山	甲子夜話	東洋文庫
85	天保　2	1831	東（名）佐	文人 大槻磐渓	西遊紀程	刈谷図書館
86	天保　2	1823	東（名）美	藤井高尚	神の御蔭日記	刈谷図書館
87	天保11	1839	東	河内庄屋 久右衛門	旅日記	出田家文書
88	天保14	1843	東	神主 佐野大和	道中入用覚	道中記の旅
89	嘉永　2	1849	下（名）東	千村家家臣 今泉辰助	東武下向諸事記	可児史叢書
90	嘉永　3	1850	東（名）佐	会津木地師 某	伊勢参宮中記	庶民20
91	嘉永　4	1851	東	長州藩士 吉田松陰	東遊日記	吉田松陰全集
92	嘉永　4	1851	東	桑名藩主 松平定猷	参府旅中日記	桑名市史
93	嘉永　6	1853	東	佐賀藩士 牟田文之助高惇	諸国廻歴日記	百花苑14
94	嘉永　6	1853	東	藩士 藤堂高潔	東海道中紀行	桑名市史
95	安政　2	1856	東（名）下	志士 清川八郎	西遊草	岩波文庫
96	安政　3	1857	東	オランダ領事 ボルスブルック	日本報告	異国叢書
97	安政　6	1859	東	長岡藩士 河井継之助	塵壺	庶民2
98	安政　6	1856	東	イギリス公使 オールコック	大君の都	岩波文庫
99	元治　1	1864	東	農民 久左衛門	金比羅参り	中津川市史
100	慶応　1	1865	東（名）佐	骨董商人 市岡雅智	乙丑旅日記	可児史叢書

庶民＝日本庶民生活史料集成、紀行＝日本紀行文集成、近世集成＝近世紀行集成　数字は巻数を表す

表1　紀行文を残した旅人一覧　　「郷土文化」第58号1号（通巻第196号）「紀行に見る江戸時代の名古屋」より

	和暦	西暦	通行経路	旅人	題名	出典
1	慶長18	1613	東・佐	豊後日出藩主 木下延俊	日次記	角川叢書
2	元和2	1616	東	儒学者 林羅山	丙辰紀行	紀行4
3	元和3	1617	東	徳永種久	上下紀行	紀行4
4	元和6	1620	東	公卿 中院通勝	篠枕	紀行4
5	元和7	1621	東	作事奉行 小堀遠州	東海道紀行	近世集成1
6	江戸初期		東	丹波俳人 野々口親重	立圃東の紀行	同上
7	江戸初期		美（名）東	山城医者 富山道治	竹斉物語	東洋文庫
8	寛永12	1635	東	僧侶 沢庵宗彭	東関記	東洋文庫
9	寛永15	1638	東	出雲 松平家藩士	政姫様御道中	島根新聞
10	正保3	1646	東	オランダ宣教師 モンタヌ	日本誌	三河文献集成
11	承応2	1653	東	スウェーデン士官 ブルマン	日本滞在記	異国叢書
12	承応3	1654	東（名）佐	儒者 山鹿素行	海道日記	山鹿素行全集
13	万治2	1659	東	儒者 山崎闇斉	再遊紀行	近世集成1
14	万治2	1659	東	僧侶 深草元政	身延行紀	桑名市史
15	寛文2	1662	東	文人 浅井了意	東海道名所記	東洋文庫
16	寛文7	1667	東（名）美	岡山藩主 池田綱政	丁未紀行	紀行4
17	天和1	1681	東	丸亀藩士の娘 井上通女	東海紀行	近世集成1
18	天和2	1682	東	文人 野々村信武	狂歌たびまくら	豊橋図書館
19	貞享1	1684	東	俳人 松尾芭蕉	野ざらし紀行	紀行3
20	貞享4	1687	東（名）佐	同上	笈の小文	日本古典文学大系
21	元禄2	1689	東・佐	儒者 貝原益軒	吾妻路之記	紀行1
22	元禄2	1689	東・佐	文学者 西鶴	一目玉鉾	西鶴全集
23	元禄4	1691	東	ドイツ医師 ケンペル	江戸参府旅行日記	東洋文庫
24	元禄5	1692	東・佐	儒者 貝原益軒	壬申紀行	近世紀行
25	元禄6	1693	東	萩藩主 毛利吉就	御参勤一巻	大名の旅
26	元禄6	1693	東	歌人 鳥丸光弘	光弘卿道の記	刈谷図書館
27	元禄7	1694	東	俳人 宝井基角	甲戌紀行	紀行3
28	元禄8	1695	東	儒者 歌人 梅月堂宣阿	富士一覧記	紀行3
29	元禄9	1696	東（名）美	文人 江間氏親	東遊行嚢抄	刈谷図書館
30	元禄11	1698	東	水戸藩士 安東朴翁	常陸帯	紀行4
31	元禄12	1699	東	僧侶 法源	武蔵野路草	刈谷図書館
32	元禄13	1700	東	土佐 儒者 谷口重似	吾妻紀行	近世集成1
33	宝永3	1705	東	文人 河楽散人	東行別記	刈谷図書館
34	宝永5	1708	東	歌人 吉野龍範	道之記	近世集成1
35	正徳4	1714	東・佐	津藩士 藤堂良族	雪窓東武紀行	三重県史
36	享保4	1719	美（名）東	朝鮮通信使 申維翰	海遊緑	東洋文庫
37	享保5	1720	名・東	歌妓 武女	庚子道の記	紀行3
38	享保15	1730	東	僧侶 似雲	窓の曙	刈谷図書館
39	寛保1	1741	東・下	俳人 横井也有	うずら衣	名古屋叢書
40	寛延1	1748	東	儒者 山崎闇斉	遠遊日記	近世集成1
41	宝暦10	1760	東	公卿士 御門泰邦	東行話説	百花苑13
42	宝暦11	1761	東・佐	文人 熊坂台州	西遊記行	近世集成1
43	宝暦12	1762	東	播州大庄屋 三浦迂斉	東海済勝記	百花苑13
44	宝暦13	1763	東	俳人 菊池二日坊	みち奥日記	桑名市史
45	宝暦14	1764	東	朝鮮通信使 趙済谷	海槎記	三千里37
46	明和2	1765	東・佐	岡山藩士 湯浅常山	東行筆記	紀行3
47	明和2	1765	東	水戸藩士 長久保赤水	長崎行役日記	筑波書林
48	明和7	1770	東	文人 建部綾足	時雨日記	豊橋図書館
49	安永2	1773	東	国学者 本居太平	草まくらの日	近世集成1
50	安永3	1774	東・佐	尾張医師 枇杷園士朗	幣ふくろ	紀行3

東＝東海道、佐＝佐屋路、名＝名古屋、美＝美濃路、下＝下街道、津＝津島街道

百貨の肆は種々の奇観をなし、これを望めは目もまばゆいばかりである」(36)

名古屋の象徴であった天守閣は名古屋台地の北端に築かれていたので、遠くから金の鯱鉾の輝きを望見できた(図1)。七里の渡しを桑名へ向かう船上、濃尾平野西部の津島辺り、北は定光寺、南は笠寺附近からも望むことができた。

天守閣は当時一番の高層建築であった。名古屋を離れるときは「金鯱百丈の台駅程過ぎる処意裁ち難し」(80)など、改めて城を振り返って名残を惜しんでいる。

図1　名古屋城　『愛知県写真帖』　1910年(明治43)

江戸時代の名古屋城望見地域の広大さを再認識するとともに、現代と比較すると、景観変化の激しさを印象づけられる記述である。

次に、太閤秀吉と加藤清正の誕生地について見ると、「町はずれより壱町も去り太閤秀吉及び清正の誕生地をとむらう。清正の廟は小なれども、にぎわい模様にて片わきにある寺など結構なり。清正の廟の北裏にあたり、秀吉の誕生の所にて、太閤山と唱える小やしろあり。清正堂に比すればなお淋しく、もっとも大坂御陣以来秀吉をまつることならぬゆえ、さもありなんか。やしろの前に柊木《ひいらぎ》あり。秀吉幼年の時手植えせしひいら木とぞ。小樹なれども久しきものに見えたり。また、わきに誕生水とて、すたれたる井戸あり。側に庵寺あり。社の守りと見えたり。また、南西の方の松の森に、尾張の儒者秦鼎《はたかなえ》の建てたる清正の石碑あり」(95)

熱田

記述の対象は、熱田神宮参拝(34)、宮で宿泊(24)、草薙剣(16)、源太夫神社(7)、日本武尊(7)などである。

「そもそも熱田大明神は、尾張三の宮であるが、伊勢神宮、出雲大社に次ぐ日本第三の神にてましませば、日本で生きているうちは、どうぞ守らせ給えと祈って発句を読んだ。

天照らの影も熱田の宮居

かな

それより知恵の文珠（上知加麻神社）に参りて、我はただ知恵才覚もいらぬなり。爪の垢ほど果報給われ」（7）

「宮巡りせんと、ここを泊まりに定む。則ち沐浴して参詣す」（28）

芭蕉は、1684年（貞享元）名古屋を訪れ、「熱田に詣づ。社頭大いに破れ、筑地は倒れて草村に隠れ、かしこに縄を張りて、小社の跡をしるし、ここに石をすえて、その神を名のる。蓬しのぶ心のままに失いたるぞ。なかなかに目出度きよりも心とどまりける」（19）と荒れた杜頭にも趣のあることを述べている。

萩藩主毛利吉就は、1693年（元禄6）に東海道を通って参府している。

「午後五時に宮に着き、本陣打田庄内家に入った。尾張大納言、松平摂津守（桑名）からそれぞれ挨拶の使者があり、つるし柿、鮎の粕漬、野菜などを持参したのに対して、こちらからもお返しした」（25）

「町には築堤や要塞はないが、人口は非常に豊かで往来が盛んである。宮は中央通りが町はずれから大きな川（堀川）に沿って二里にわたって延びており、その先は尾張地方の首府で要塞堅固な町、名古屋に達しているという点では特殊である」（53）と、外国人の国際的視点から熱田と名古屋の関係と特色を的確に述べている。

七里の渡し

東海道は海上を走って桑名宿へは「七里の舟渡し」である。乗船するには船番所で切手を購入し、これに書いてある船頭名を探して乗るようになっている。乗船客が揃うと、船番所から役人が来て、人数や荷物を改め、「御条目」を読み聞かせて、航海の安全協力をうながした。

船賃は江戸初期1625年（寛永2）17文、後期の1830年（文政13）には58文に上がっている。船頭は沖へ出たころ、酒手を要求することがよくあり、「船頭、酒手を乞いかまびすしきことおびただしく、厭うべき船なり」（95）と嘆いている。

七里の渡しの所要時間は2～4時間と長い、航路は汐の状況によって七里の近廻りと、10里の遠廻りになることもあった。

◉今に伝わる江戸の様相

「尾張名古屋は城でもつ」の俚謡に代表される金の鯱鉾である。天気のよい日はキラキラ輝いて「尾を張って国中照らす金の魚」の川柳にぴったりの状景であった。

紀行文は旅人にとって、とりわけ印象的なことが記載されている。とくに外国人は日本人の見すごしていることに注目することも多い。熱田湊が遠浅のため小舟に乗り換えないと上陸できないこと、村祭りの珍しさなどである。

全体としては景観変化の激しさであるが、江戸時代との連続性を保っているものも残っている。名古屋城、熱田神宮、東本願寺、有松の町並み、各種の名物・名産品・民俗行事などは江戸時代の様相を今に伝えていて興味が尽きない。

topic

二代藩主光友は普請マニアか？

——お殿様がつくった建築群

冨永和良

尾張徳川家の歴代藩主のなかで、名がしられているのは初代義直（1601－50）、七代宗春（1696－1764）、そして幕末の十四代慶勝（1824－83）ぐらいだろうか？ しかし、二代藩主光友（1625－1700）も、現存する施設をたくさん残したことで、重要な藩主といえよう。

光友は、初代義直の長男として名古屋で生まれた。1650年、義直の死去にともない、25歳で家督を継いだ。

光友は、諸芸を好み、とくに、剣術と書に秀でていたという。

初代の義直は名古屋の骨格をつくり、二代光友はそれに肉付けをしたといわれる。

光友がおこなった肉付けの中身とは、寺社奉行や評定所の設置、尾張徳川家連枝《れんし》（本家筋に嗣子を欠く場合にはそれを継承する家、美濃高須松平家、陸奥梁川松平家、川田久保松平家）の立藩、木曽の林業振興などのほか、これから紹介するたくさんの施設をつくったことである。

【定光寺】（図1）

定光寺は瀬戸市定光寺町にある臨済宗の寺院。桜や紅葉の名所としても知られている。

創建は鎌倉時代という古刹。1650年に父の義直が亡くなると、源敬公廟（義直廟墓）を造営した。

【建中寺】（図2）

建中寺（浄土宗、徳川家の宗派）は、光友が父の義直の菩提を弔うために1651年に建立した。

創建当時、周囲は石垣と堀で囲まれ、境内は5万坪の規模を誇った。江戸時代を通じて、歴代藩主の廟が置かれていたが、現在あるのは光友のみ。

戦後の区画整理などによって規模が縮小し、かつての寺

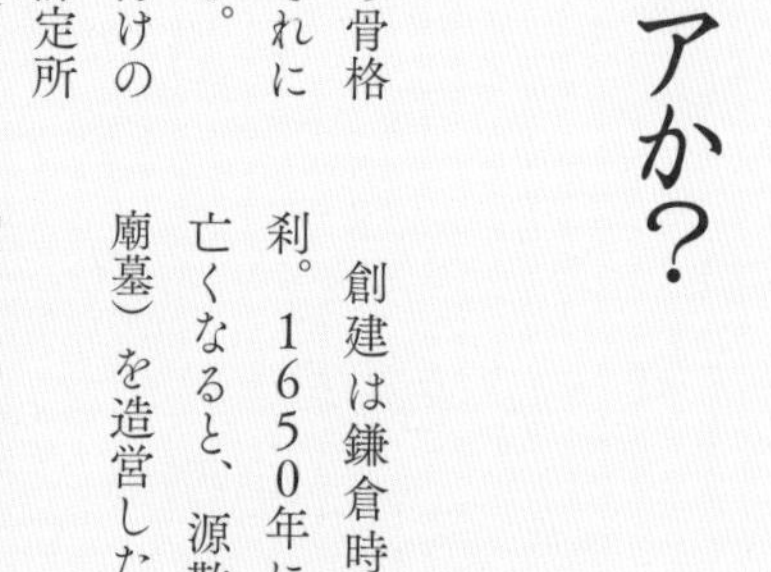

図1　定光寺の源敬公廟

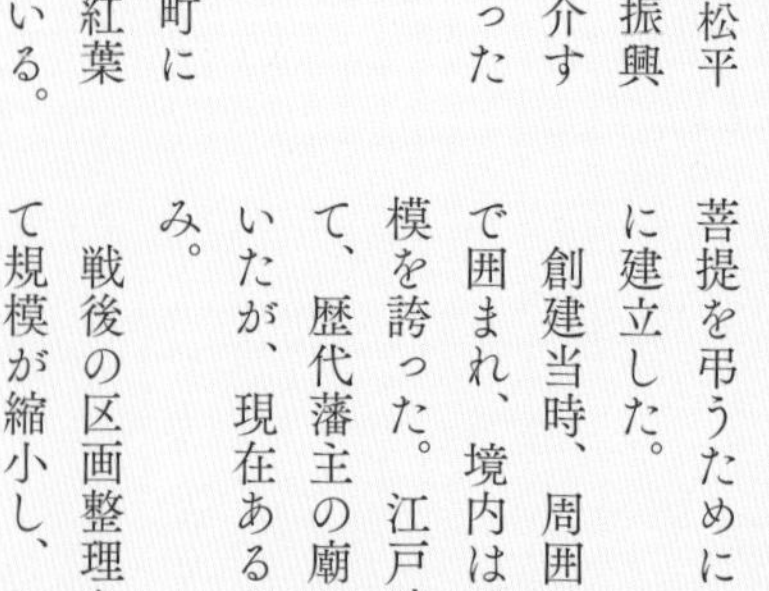

図2　建中寺本堂

域の一部は、東区役所、東消防署、東警察署、東海高校及び東海中学、あずま中学校、筒井小学校などに変わった。

現在、境内には、総門、本堂、不動堂、書院、経蔵、鐘楼、徳興殿（明治時代に建てられた旧名古屋商業会議所の建屋を移転）など多数の堂宇が建ち並ぶ。

建中寺の周囲には、徳川園、徳川美術館、徳源寺、文化のみち二葉館（旧川上貞奴邸）、名古屋陶磁器会館など、見どころも多い。

【西浜御殿】

東海道五十三次の宮の宿（別名熱田の宿）には東浜御殿（1624年初代義直が造営）と西浜御殿（1654年光友が造営）があった。両御殿は東海道を利用した公家、幕閣、大名をもてなす迎賓館だったが、今はない。

【大森寺】（図3）

初代義直と正室春姫の間には子ができず、春姫（高原院）は35歳で亡くなった。世継ぎが生まれないとは一大事、とばかりに、家臣や幕閣からも側室をおくように、と催促された。

そんなある時、義直が鷹狩から帰る途中、偶然みかけた力持ちの百姓娘を見初めた。その娘の名をお尉《じょう》といった。

図３　大森寺

お尉改め乾《いぬい》の局は、義直の側室となり、光友を生んだ。母の健康を受け継いだせいか、光友は歴代藩主の中で一番長生きした。

乾の方は、こうして一介の百姓娘から、一気に二代藩主の生母となった。乾の方（歓喜院）が亡くなると、光友は母の菩提を弔うため、1661年に母の出身地である守山区大森《おおもり》に、大森寺《だいしん》（浄土宗）を建立した。

図４　大縣神社

【大縣神社】（図4）

犬山市にある大縣《おおあがた》神社は尾張二の宮。火災で焼失した本殿を、1661年に光友が再建。現存する本殿は国の重文。

当神社には女性の守護神、姫の宮がある。毎年3月15日におこなわれる豊年まつりは、近隣にある田県神社（小牧市）といっしょにおこなう天下の奇祭として有名。

【観福寺】

東海市にある観福寺《かんぷくじ》は知多四国八十八番霊場第八二番札所。8世紀に行基が創建したという天台宗の古刹。1665年に光友が中興した。

図5　栄国寺

【栄国寺】（図5）
幕府のキリシタン禁令を受けて、尾張藩でも過酷な弾圧がおこなわれた。
栄国寺の敷地は、その昔千本松原（薩摩藩による宝暦の治水工事の場所とは別）処刑場といい、200名におよぶキリシタンが処刑されたという。その跡地に1665年光友が清涼庵を建てた。のちに栄国寺（浄土宗）と改称。境内には切支丹遺跡博物館がある。

【横須賀御殿】

光友は1666年、横須賀（現在の東海市）に潮湯治《しおとうじ》（今日の温泉湯治と違って、海水につかる湯治）をおこなうための横須賀御殿、広さは8千坪を造営した。光友の死後、御殿は使われなくなり、現在当時の面影はない。しかし、この御殿はおもわぬ成果をもたらした。

光友が御殿で静養していた時、漁師たちが浜辺で焼いていた海老のすり身焼「えびはんぺい」を食べて、これを絶賞。以後、尾張徳川家への献上品となったという。

時代が下り、明治になると、東海市に坂角総本舗が設立され（1889年）、えびはんぺんを改良して、保存のきく「えびせんべい」として売り出して成功した。


【御下屋敷】

現在の東区葵にあった御《お》下屋敷《したやしき》（6万4千坪におよぶ池泉回遊式庭園、徳川園の約半分）は、1679年に光友が別邸として造営した。

この御殿は、のちに七代宗春の隠居謹慎所として利用された。のちに火災があって焼失。明治時代になると、敷地は分譲されてしまい、跡形もない。

【興正寺】（図6）
興正寺は1688年、光友の帰依を受け、尾張徳川家の祈願寺（真言宗）として建立、「尾張高野」とも称される。
興正寺にある五重塔（重文）は、東海地区唯一の木造

図6　興正寺本堂と五重塔（中）中門（右）

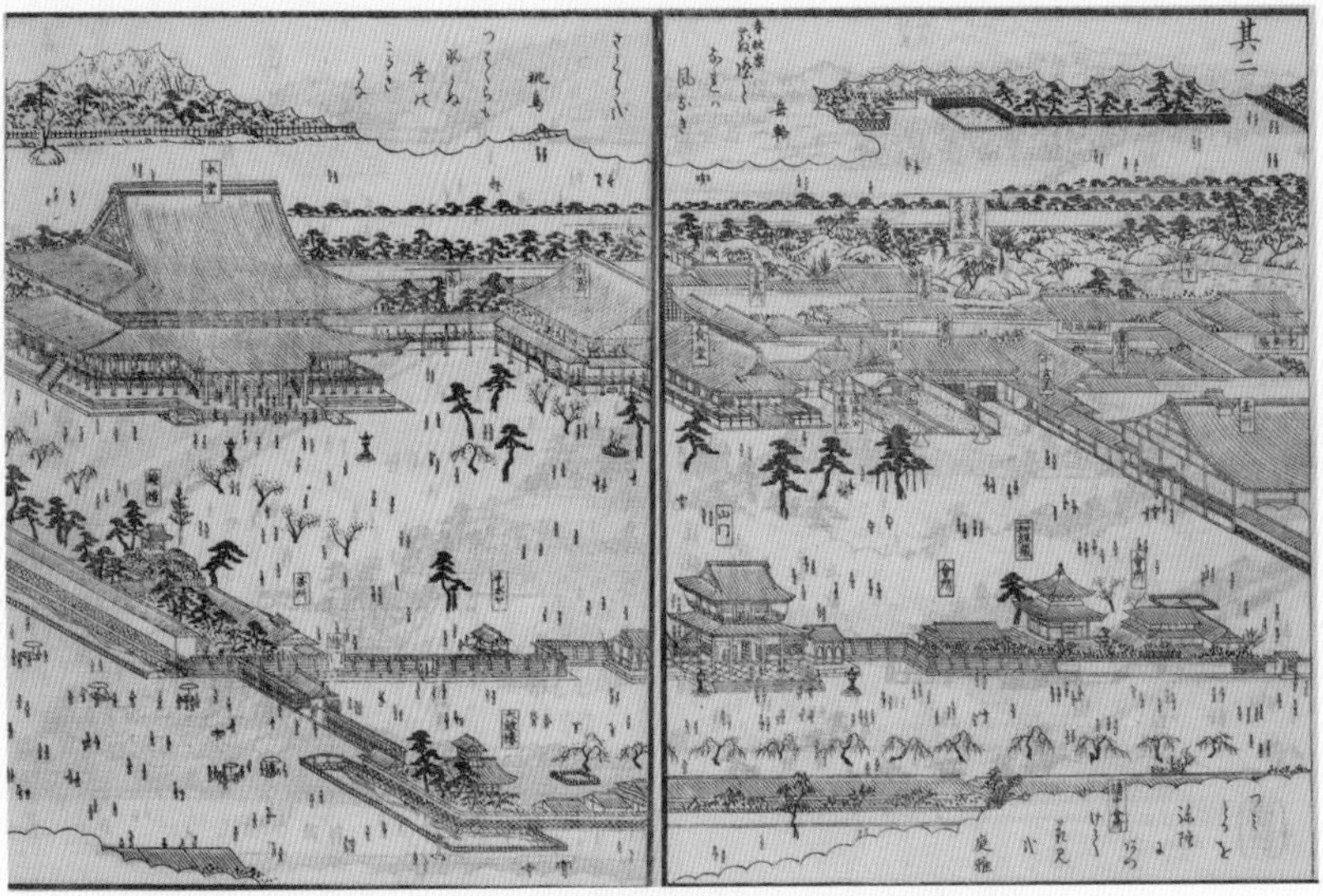

図７　東別院『尾張名所図会』前編　国文学研究資料館 三井文庫旧蔵資料

五重塔（高さ30m）としてし
られる。光友が創建した当時、五重塔はなく、現存する塔は1808年第十代斉朝《なりとも》の時代に建てられた。

興正寺の奥にある大日堂に安置されている大日如来（高さ3・3m）は、出自が低いため、何かと気苦労の多かった亡き母の面影をしのんで、母に似せてつくらせたという。

境内には観音堂、茶室、舞台のある普門園、ビオトープなどがある。また、毎月5日と13日には縁日が立ち、大勢の人でにぎわう。

【名古屋東別院】（図7）

正式には真宗大谷派名古屋別院という。1690年、光友は織田信長の父の信秀の居城だった古渡城の跡地、約1万坪を寄進して建立した。

明治のはじめ、東別院には愛知県庁や県議会が置かれたことがある。

ちなみに、西別院（浄土真宗本願寺派名古屋別院）は、織田信長の次男、信雄《のぶかつ》が清須城主だった時代に、清須に建立されたものを、清須越によって、現在地に移転した。

【徳川園】（図8）

1695年に光友の隠居所としてつくられた大曽根御屋敷がそのルーツ。当時の敷地は約13万坪あったという。池泉廻遊式の大名庭園である。

光友の死後、屋敷跡は5万坪に縮小され、元の所有者であった藩の重臣の成瀬家、石河家、渡辺家に返された。その後、1889年（明治22）になって三家から尾張徳川家にもどされ、大曽根邸となったが、1931年に尾張徳川家第十九代当主義親《よしちか》が一部を徳川美術館とし、他の邸宅と庭園は名古屋市に寄贈した。

図８　徳川園

徳川園は戦災で荒廃したが、2005年に名古屋を代表する日本庭園として復活した。徳川園には写真に写っている龍千湖をのぞむガーデンレストランがある。

徳川美術館が所蔵する「源氏物語絵巻」（国宝）と「初《はつ》音《ね》の調度」（国宝）は有名である。

光友の祖母のお亀の方（相応院、徳川家康の伏見城時代の側室、初代義直の生母）の強いすすめもあって、光友は三代将軍家光の長女千代姫（わずか3歳）と結婚した。その折千代姫は豪華な花嫁道具をもって、尾張家に嫁入りした。この時姫がもってきたのが「初音の調度」である。

ちなみに、光友と千代姫（霊仙院）の間に三代綱誠《つなのぶ》が生まれ、お亀の方の計画は成功した。

【矢場地蔵】（図９）

矢場地蔵の正式名称は清浄寺（浄土宗）。ここも光友が建立したという。

この地には小林城という城があった。領主は尾張守護の斯波氏の一族とみられる牧長清といい、前津小林に4千石を領し、信長の妹（小林殿）を正室に迎えていた。しかし、長清の死後、廃城となり、初代義直の兵法指南役として仕えた柳生兵庫助の屋敷があった。その跡地に清浄寺が建立されたという。

矢場地蔵は、大須商店街に近接し、すぐそばには、大須観音（宝生院、真言宗、清須越で移転）、萬松寺（曹洞宗、信長の父の信秀の菩提寺）、大光院（家康の四男松平忠吉の菩提寺、清須越で移転）、七寺《ななつでら》（真言宗、清須越で移転、かつては光友が寄進した三重塔があった。図10）、総見寺（臨済宗。かつて清須城主だった織田信雄が父の信長の菩提を弔うために建立、清須越で移転）など、江戸時代から続く由緒ある寺院が集中している。

図９　矢場地蔵

図10　七寺『名古屋案内』

第2章

江戸時代の地名さんぽ

杉野尚夫

残った村名・消えた村名

現在の名古屋にあたる地域は、江戸時代には城下町と熱田の町々、そして郊外の村々で構成されていた。

郊外の村はすべて農村であり、『尾張徇行記』《おわりじゅんこうき》などから推定される村の数は150ほどである。このほか海岸部には江戸時代270年間を通じて多数の干拓新田が造成され、新しい村が増えていった（干拓新田については別の機会にゆずりたい）。

150余りの村の名前のうち、現在に引き継がれなかったのは15か村だけである。名古屋地域の江戸時代の地名はほぼ現代に生きているといえる（図1）。

◉区名になった村名

名古屋市内16区のうち、かつての村の名前から区名が付けられたのは千種区、中村区、瑞穂区、守山区、天白区の五つ。このうち千種、瑞穂、天白は明治以降にできた村名なので、江戸時代からのものは中村区と守山区だけである。意外に少ない。熱田区も江戸時代以前からの地名に由来するが、熱田村があったわけではない。熱田神領が明治になって熱田町となり熱田区となったのである。

守山区は明治になって一時消えた名前が復活して、区名にまでなったところだ。少し煩雑になるが、経過を辿ってみよう（図2）。

7～8世紀ごろ、小幡に二つの小幡廃寺があったといわれ、小幡がこのあたりの地域の中心であった根拠となっている。江戸期には、水野街道（現在の瀬戸街道）沿いに守山村、小幡村、大森村が西から東に並ぶが、規模的には大森村がもっとも大きく、次いで小幡村で、守山村はもっとも規模の小さい村だった。『尾張徇行記』に、守山村は「貧村」と書かれている。いずれも純農村だったが、街道沿いには若干の商家もあったようである。

1889年（明治22）に守山村、川村、金屋坊《かなやぼう》村、大永寺村、大森垣戸村の5か村が合併して二城村となり、守山の名は消えた。当時は、合併に際して、旧村名のどれかを用いるのではなく、新しい名前をつけるようにという指示があったようで、新規の名称が選ばれた。二城の由来は、この地域に守山城と川村城の二つの城があったからだという。

1906年に高間村、二城村、小幡村、大森村が合併し、守山町が誕生した。4か村の中では「小幡」がもっとも有力と思われていたので、町名、役場の位置については議論が沸騰したらしい。

なぜ消えていた「守山」が新町名となったのか。当時、守山には歩兵第33連隊があり、瀬戸街道沿道は連隊の関係から発展、賑わいをみせていた。第33連隊は日露戦争で活躍し、その戦勝の熱気がさめておらず、新しい町の役場位置に選ばれ、新町名となったといわ

郵便はがき

料金受取人払郵便

名古屋中局
承　　認

9014

差出有効期間
2026年9月29日
まで

460-8790

101

名古屋市中区大須
1-16-29

風媒社行

注文書◉このはがきを小社刊行書のご注文にご利用ください。

書　名	部数

郵便振替同封でお送りします（1500円以上送料無料）

風媒社 愛読者カード

書　名

本書に対するご感想、今後の出版物についての企画、そのほか

お名前　　　　　　　　　　　　　　　　　　（　　　歳）

ご住所（〒　　　　　　　　）

お求めの書店名

本書を何でお知りになりましたか
①書店で見て　②知人にすすめられて
③書評を見て（紙・誌名　　　　　　　　　　）
④広告を見て（紙・誌名　　　　　　　　　　）
⑤そのほか（　　　　　　　　　　）

＊図書目録の送付希望　□する　□しない
＊このカードを送ったことが　□ある　□ない

風媒社　新刊案内

2024 年
10 月

寝たきり社長の上を向いて

佐藤仙務

健常者と障害者の間にある「透明で見えない壁」を壊していくため挑み続ける著者が、自身が立ち上げ経営する会社や未来をひらく出会いの日々を綴る。

１５００円＋税

近鉄駅ものがたり

福原トシヒロ 編著

駅は単なる乗り換えの場所ではなく、地域の歴史や文化への入口だ。そこには人々の営みが息づいている。元近鉄名物広報マンがご案内！

１６００円＋税

名古屋タイムスリップ

長坂英生 編著

おなじみの名所や繁華街はかつて、どんな風景だったか？全１２８カ所を定点写真で楽しむ今昔写真集。昭和１００年記念出版。

２０００円＋税

〒 460-0011
名古屋市中区大須 1-16-29
風媒社
電話 052-218-7808
http://www.fubaisha.com/

[直販可　1500 円以上送料無料]

穂の国探究　大塚耕平
◉語り継ぎたい東三河の歩み

古代から現代に至るまで、東三河の豊かな文化遺産と繁栄を築いた人々の足跡を追いながら、東三河の魅力と可能性に迫る一冊。

１６００円＋税

名古屋から消えたまぼろしの川と池
前田栄作

今はなき水辺の面影を求めて——。ビルの建ち並ぶ繁華街や多くの自動車が行き交う道路にも、かつては長閑な田園が広がり、水を湛えた川や池があった。

１７００円＋税

英傑会の謎　大竹敏之
◉名古屋まつりを彩る郷土三英傑

名古屋まつりのメインイベントである郷土英傑行列と三英傑経験者の集まり「英傑会」を中心に紹介し、三英傑と名古屋人の熱い思いの源を再発見する。

１５００円＋税

星ひとつ
藤原伸久

喪失と邂逅をめぐる、せつなくて、ほろ甘い愛の物語。「まほろば賞」優秀作選出の「黄昏の朝」、登山を舞台にした表題作を含む連作を収録した小説集。

１５００円＋税

ストック・シェアリング
井澤知旦／名古屋学院大学社会連携センター編集委員会 編

コミュニティに蓄積する空間・時間・情報などの〈ストック〉を、地域等のマネジメントを通じてシェアリングし、地域課題の解決と新たな価値の創出を図る。

２５００円＋税

小さな町の教育長
北川昌宏

広がる格差、形骸化する理念。変容する学校と疲弊する教員たち。愛知県で一番小さな町から〈教育〉のこれからを考える。

１５００円＋税

大逆の僧　高木顕明の真実　大東仁
◉真宗僧侶と大逆事件〈新装版〉

「大逆事件」に連座し死刑判決を受けた高木顕明。差別撤廃、廃娼、反戦に取り組み人々の尊敬を集めた僧侶は、いかにして〝大逆の僧〟に仕立てられたのか。

１８００円＋税

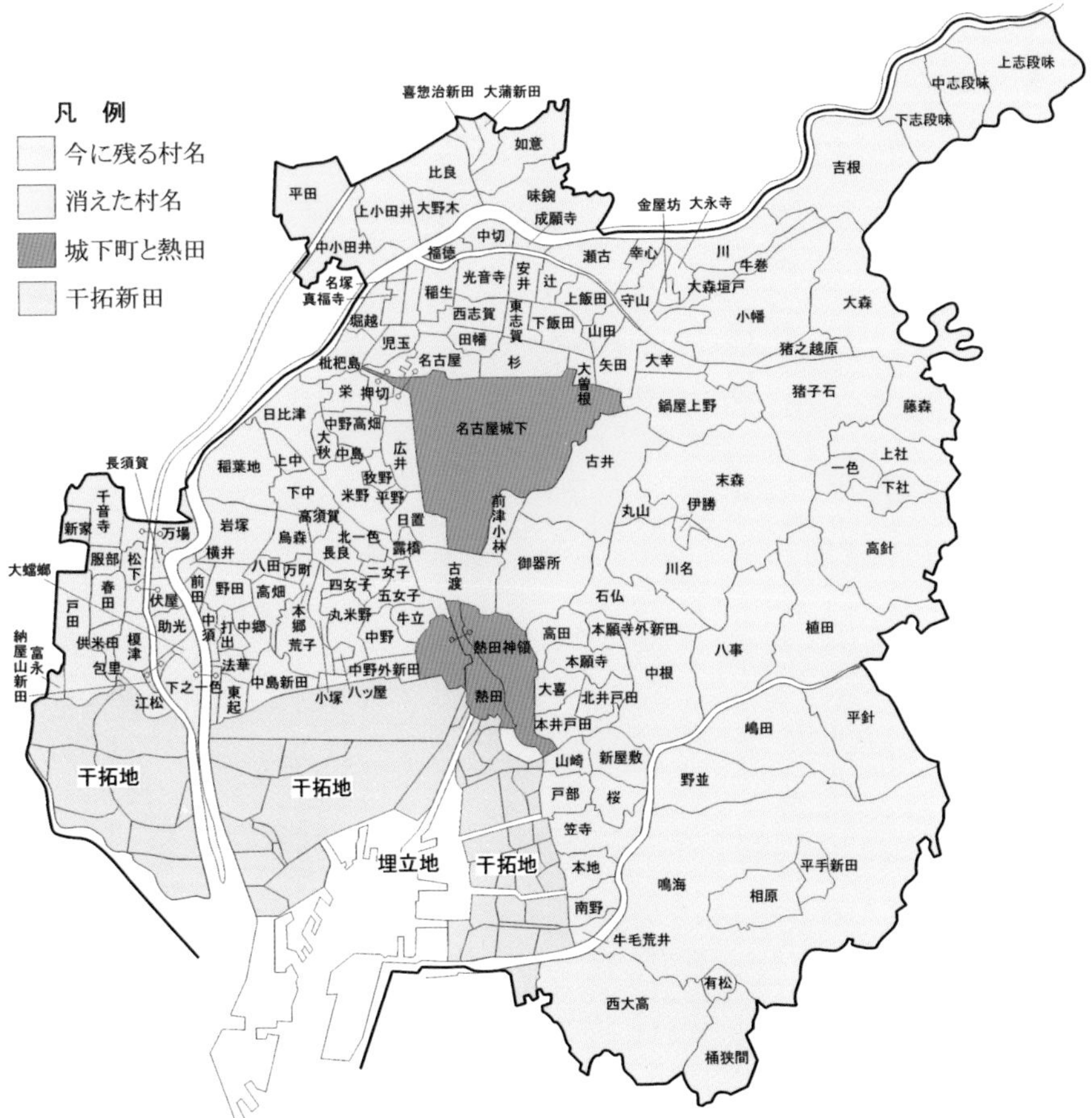

図１　江戸時代の村々

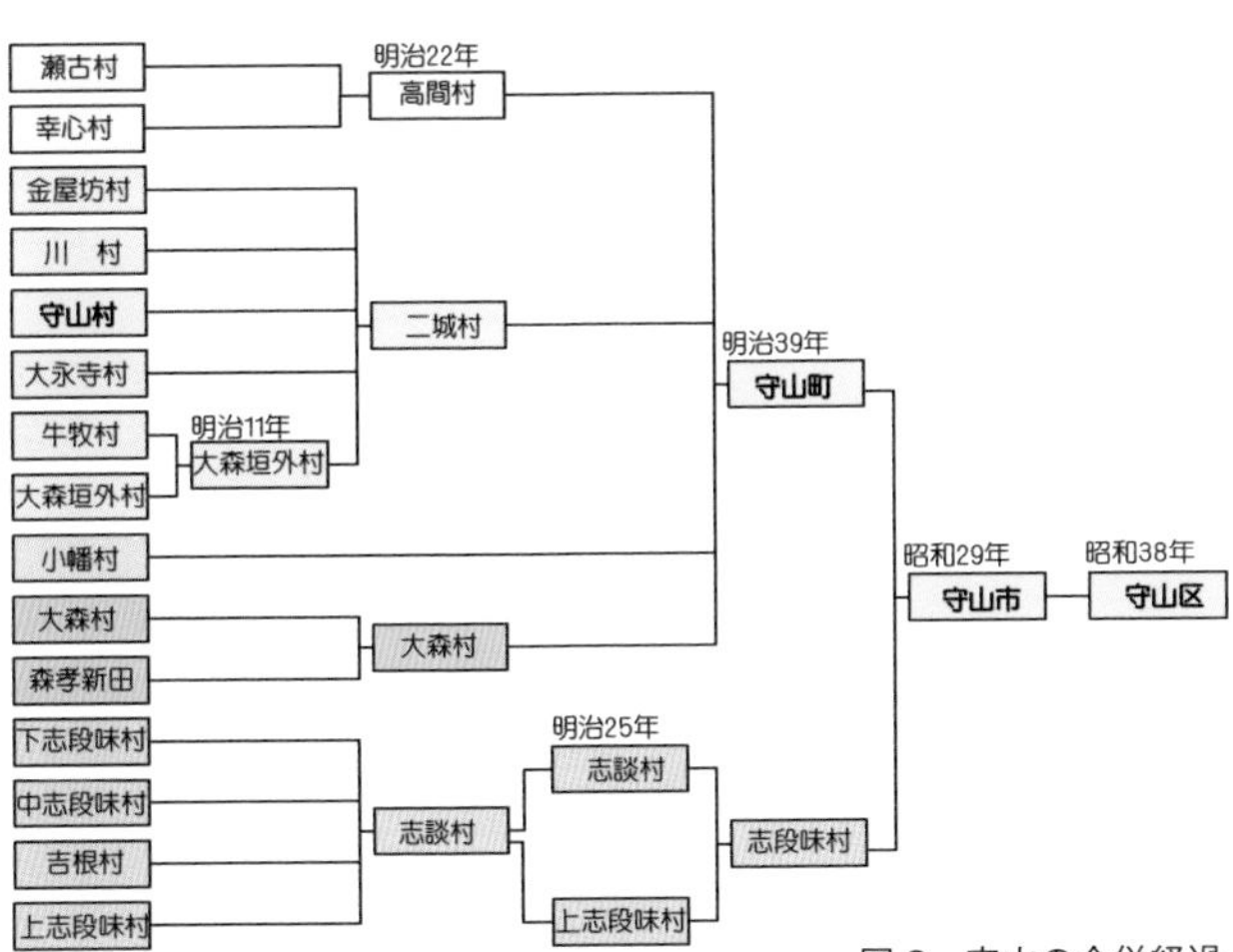

図２　守山の合併経過

れている。

守山町は１９５４年に志段味村を合併して守山市となり、１９６３年に名古屋市に合併、守山区になった。江戸時代に貧しかった村の名が、区名にまで「出世」した。ということは、もし歩兵第33連隊がなかったら、現在の守山区は小幡区となっていたのかもしれない。

◉中村も単純ではない

中村は、「中」という村だった。江戸の終わり頃には上中《かみなか》と下中《しもなか》の二つの村に分かれていた（図3）。1889年（明治22）、上中村と下中村に稲葉地村を合わせて織豊《おりとよ》村となった。稲葉地には津田豊後守《ぶんごのかみ》（織田信長の伯父）が城主であったことや、稲葉地城があること、また豊臣秀吉がこの地域で生まれたことからつけられたという。

1906年、これに栄《さこ》村、日《ひ》比《び》津《つ》村を合わせて中村となった。旧の村はそれぞれ大字栄《さこ》、大字日比津、大字稲葉地、大字上中、大字下中となった。

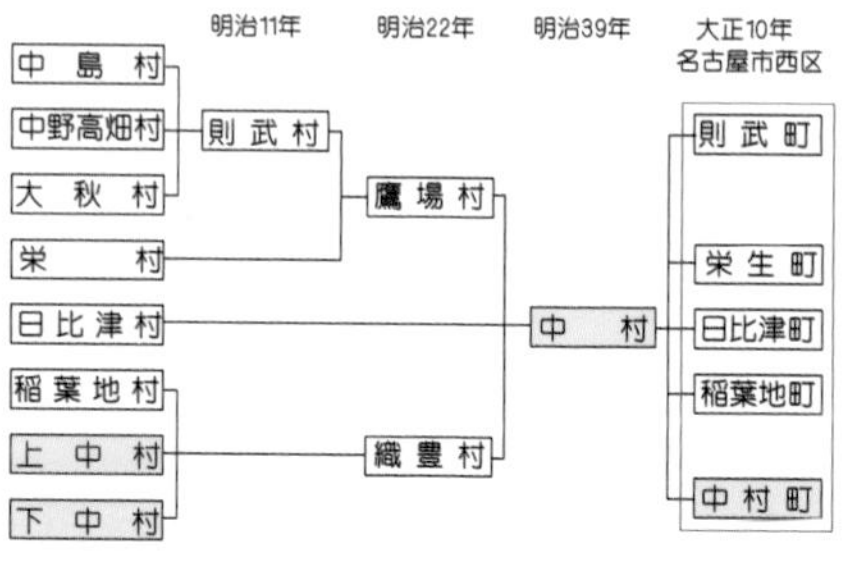

図3　中村の合併経過

1921年（大正10）、名古屋市が周辺の大合併をおこない、中村は名古屋市西区となった。このとき各大字は栄《さ》生《こ》町、日比津町、稲葉地町となったが、上中と下中は二つを合わせて中村町となった。ここは論理的には「中」町となるべきなのになぜか「中村」町となった。「中村」が固有名詞になったのである。

この間の事情について書かれた資料はない。筆者は、中村の開発の端緒となった中村公園によると考えている。この公園名も論理的には中公園であるべきなのに中村公園と付けられたからである。

1937年（昭和12）に名古屋市が10区制となり、この地域に新設された区の名称が中村区となった。この地域にはいくつかの町があったが、その中で「中村」が採用されたのは、やはり中村公園と中村遊廓の認知度が群を抜いていたからだろう。

◉漢字一文字の村

漢字一文字の村名は、中村のほかに前出の栄村、川村、辻村、杉村、桜村があるが、川村、杉村は中村と同様に川村町、杉村町というふうに「村」をくっつけたまま町となった。一方、辻村は辻町に、桜村は桜本町、桜台となって「村」を取り去った。

栄村《さこむら》はややこしい。合併していったん消えたが、その後名古屋市に合併して町となるとき「生」という文字を加えて栄生町と、しかし読み方は従来通り「さこちょう」とした。

この当時、すでに広小路通に「栄町」があったので、それと区別するためというのが理由だったようだが、なぜ「生」なのか。地元には「江戸時代に栄村《さこむら》の農民が広小路へ出て商いをしていた。それでそのあたりが栄町《さこちょう》とよばれるようになった。だから明治になって広小路に町名をつけるときに『栄町《さかえまち》』としたのだ」という説が伝えられている。

つまり栄村が栄町を生んだのだから「栄生」なのだと。

これは、『蓬州旧勝録《ほうしゅうきゅうしょうろく》』に「山田町に栄村の人が店を出したので、そのあたりを栄町《さかえ》といった」と書かれていることが根拠らしい。しかし、この店の場所は、現在の大津通の錦通と本重町通の間あたりで、広小路とは場所が違う。栄村の人たちが都合のいいように解釈したのだろう。

この栄生町、しだいに「さこう」と読まれることが増えて、1941年（昭和16）に名鉄が名古屋駅に乗り入れた時、栄生町地内に新設した駅の名前を「栄生（さこう）」とした。これ以来栄生町は「さこうちょう」と読まれるようになり、西区の栄生町は1994年住居表示にあたって栄生《さこう》となった。一方、中村区の栄生町はそのまま「さこちょう」である。まったくややこしい。

●三つの一色村

一色という地名はあちこちで見られる。かつてオウム真理教のサティアンで有名になった山梨県西八代郡上九一《かみくい》色村《しきむら》（現在は一部が甲府市、残りが富士河口湖町）もその一つである。現時点での全国の一色地名を調べると福島県から岡山県までの14都府県で151の一色地名が存在するが、このうちの90％近くが静岡・岐阜・愛知・三重の東海地方に存在している。中でも愛知県に全国の一色地名の過半数の81が集中しており、愛知県が一色地名の本拠地のようだ。

愛知県幡豆郡一色町（現西尾市）はウナギの生産が有名で、多くの人が知っている町。中世には足利氏の支族・一色氏が本拠を置いたところである。一色氏の本拠だったから一色という地名になったように思えるが、地名が先でそれを姓にしたのだといわれている。

明治以前の尾張地域には多くの一色村が存在した。七つの郡で12の一色村があり、愛知郡だけでも一色村、北一色村、下ノ一色（現下之一色）村の3か村があった（表1）。

表1　尾張の一色村

愛知郡	北一色村、下ノ一色村、一色村
春日井郡	鍛冶ヶ一色村、久保一色村、一色村
丹羽郡	一色村
中島郡	片原一色村
海東郡	北一色村
海西郡	西一色村、下ノ一色村
知多郡	一色村

愛知郡の一色村は現在の名東区にあって、下社村と合併して一社村《いちやしろ》となり、これが現在の一社《いっしゃ》となっている。

北一色村は中川区の北部、近鉄黄金駅の南あたりにあったが、現在は愛知町、運河通、笈瀬《おいせ》町、九重町、五月通、広川町、舟戸町、豊成町、三池町などの町名となり一色の名前は消えた。

北一色村と下ノ一色村はおよそ5㎞ほどしか離れていないが、『尾張地名考』は、北にある方を北一色村、南にある方を下ノ一色村としたのではないかとしている。

『尾張志』に、下之一色は1354年（文和3）「熱田御神領目録に愛知郡宇蓮《うれ》一色《いっしき》とあるは此處なるへし。うれとは末《すえ》といふ事にて則下《しも》と同じ

図4　下之一色城址

心なり」とあり、鎌倉時代にはすでにこの村ができていたことがわかる。

戦国時代の天正年間には、前田領であったことから「前田一色」ともいわれていたらしい。前田与十郎種利が下之一色城を築きその一族が居城とした。下之一色城は小牧・長久手の合戦後廃城となった（図4）。

一色の由来については諸説ある。一種の産物だけを年貢として納める土地だという説、低湿地に住居を定めることを「居敷を定める」といい、それに由来するという説、入洲、洲処の意で、少し高い底をイーシキといい、シキは砂礫土の別名とする説がある（『下之一色地区民俗調査報告』）。

下之一色村は1919年（大正8）、下之一色町となり、1937年（昭和12）名古屋市に合併、南区に編入された。同年の中川区発足に伴い中川区下之一色町となった。

下之一色は「しものいっしき」と読むのが正式であるが、地元では「しものいしき」という人もいる。

◉名古屋駅に消えた村

江戸期にあった150の村の中で現在の町名に残らなかった村は、古井村（千種区）、平田村（西区）、中野高畑村、平野村、広井村（中村区）、北一色村、本郷村、松下村、納屋山新田（中川区）、山崎村、牛毛荒井村、新屋敷村（南区）、大森垣外《おおもりがいと》村（守山区）、下社村、一色村（名東区）の15か村である。

このうち北一色村、一色村、下社村についてはすでに述べた。

中村区の中野高畑村、平野村、広井村の三つの村は、名古屋駅の建設によって名前が消えた。

広井村は名古屋城下町のすぐ西側にあり、江戸期を通じて市街地が広がっていったところである。この村の西端の笹島というところに最初の名古屋駅が1886年（明治19）に建設された（図5）。名古屋駅建設の前から市街化がすすみ、広井村の中に次々と新しい町が成立していったが、名古屋駅の建設とともにこの勢いは加速した。

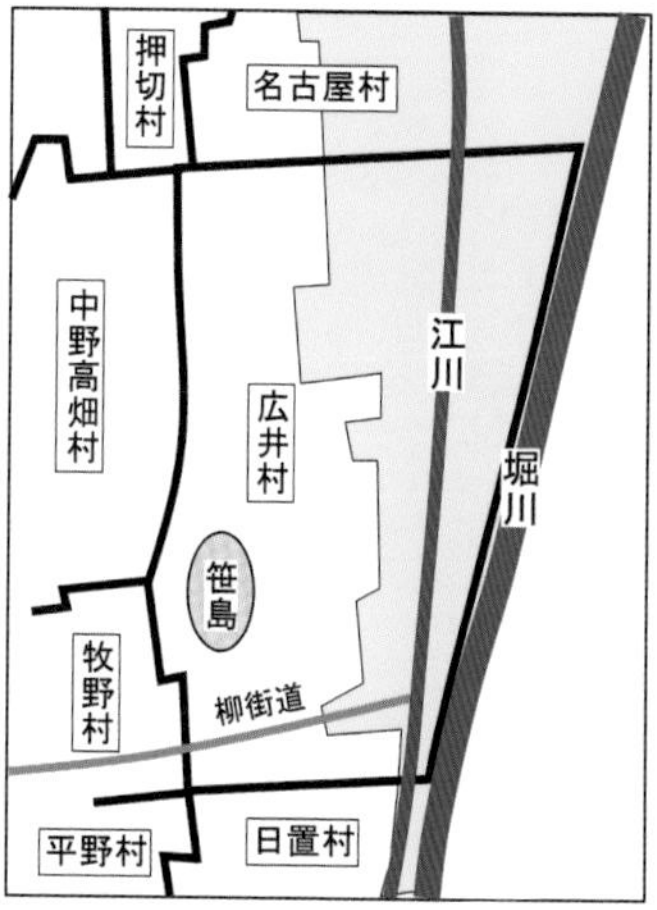

図5　笹島の位置

1900年中央線、1909年関西線、1911年臨港線が名古屋駅での旅客運輸を開始した。

関西線は、1895年に関西鉄道として建設され、名古屋駅の南方約300mの平野村地内に「愛知駅」を開業した。1907年国有となり、1909年に愛知駅を廃止、名古屋駅から発着するようになった。

このように名古屋駅に集中する路線の増加、名古屋市の発展などに伴い客貨の取扱量は激増した。駅施設は狭隘化し、改築増築を頻繁におこなうことになった。名古屋市にとっては、地平（地上）を走る鉄道線路が西部方面への市街化の壁となっており、その解消が緊急の課題だった。

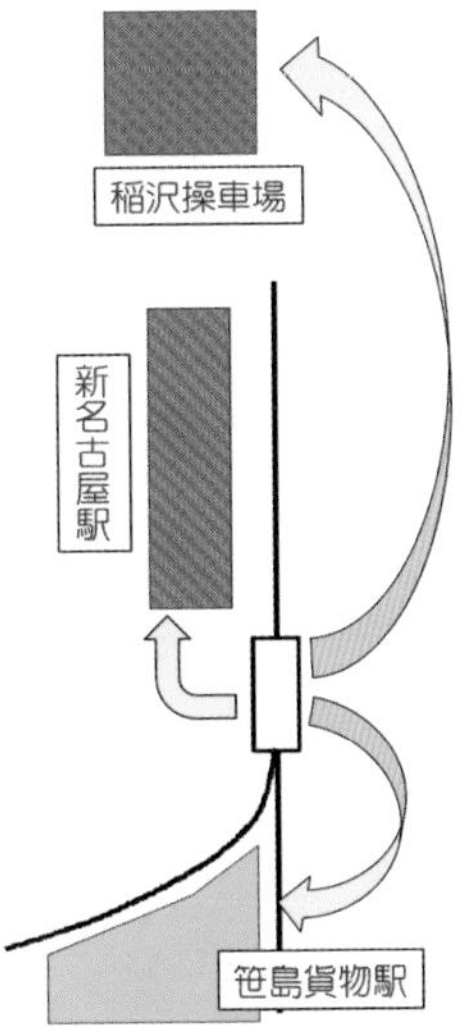

図6　名古屋駅の移転

こうした名古屋駅改築促進の声の高まりを受けて、1919年（大正8）、名古屋市区改正委員会は名古屋駅移転改築計画を策定した（図6）。東海道線、中央線、臨港線は盛土式高架とし、貨物駅は貨物の取扱および搬出入の便を考慮して地平式とした。関西線に沿って南側に設け、名古屋駅とは高架線によって連絡を図ることとしたのである。

貨物操車場は、名古屋駅北方の稲沢地内に設置することになり、1922年着工、24年1月開設した。

貨物取扱所は、関西線の南側、平野町一帯を買収した三角形の地域に設けられた。中川運河の船溜まりに接して、海陸連絡が可能となった。1925年から用地約4万1千坪の買収に着手し、1929年（昭和4）5月から営業開始した。1937年に名古屋駅新駅が開業すると同時に貨物取扱所を独立させ、「笹島駅」とした。

名古屋駅本体は、1934年着工、37年1月末竣工した。工費約2500万円、2月1日営業開始した。当時、新名古屋駅の規模は東洋一といわれた。

名古屋駅は、広井村笹島の地から牧野村および中野高畑村へ移動したのである。

こうして平野村は全域が貨物駅となり消滅、中野高畑村も新名古屋駅にかなりの区域をとられるとともに、駅付近の市街化により次々と新しい町が成立し、ついに広井村および中野高畑村の名前は消失した。

今日、平野村と中野高畑村の痕跡は見当たらないが、広井村については交差点名（下広井町）やバス停（下広井町、下広井町3）にその名が残っている。

◉消えた村の痕跡

千種区の古井《こい》村も名古屋台地の東側にあった大きな村だった。ここは1876年

（明治9）に地租改正の動きの中で丸山村、名古屋新田村などとともに千種村となった。その後千種町となって名古屋市に合併後、一部が古井ノ坂町、元古井町となった時期もあったが、最終的に千種、今池となって「古井」地名は消えた。

古井の由来は、各所で泉が湧き出ていたから「小井」と呼ばれ、それが「古井」になったという。現在でも高牟《たかむ》神社の境内に井戸がある（図7）。

図7　高牟神社の元古井発祥之跡

古井は、交差点およびバス停（古井ノ坂）、公園名（元古井公園）などにその名を残している。

西区の平田村についても、大きな村であったが、その全域を区画整理し、新町名がつけられた際「平田」が消えた。しかし、新しい町名の一部に平出町、平中町など「平」を残した。

「平田」は学校（平田小学校、平田中学）、市営住宅（平田荘）、橋名（新平田橋）、インターチェンジ名（平田IC）など数多く残されている。

このほか、中川区の松下村は市営住宅（松下住宅）、南区の山崎村は河川名（山崎川）、幼稚園（山崎幼稚園）、牛毛荒井村は神社名（牛毛神社）などにその名を残している。

南区の新屋敷村は、瑞穂区にあった瑞穂村と山崎川をはさんで隣り合っていた。それぞれが同時期に土地区画整理事業を実施していて、協力して橋を架けた。橋の名前を両村の頭文字「新」と「瑞」をとって「新瑞橋《あらたまばし》」とした。だから新屋敷村の痕跡はこの橋の名前に残されている。

一方、北一色村、本郷村、納屋山新田、大森垣外村などはその痕跡を見つけることはできない。

消えた碁盤割の町名

清須越による新しい城下町は、特色のある土地利用がなされた。武家地、町人地、寺社地の分離であり、中でも町人地を城の正面に格子状道路網で配置した画期的なものであった。これを後世「碁盤割」と呼んだ。

碁盤割は、東西が御園町筋から久屋町筋まで11丁、南北が堀端（名古屋城外堀沿いの道）から堀切筋（広小路）まで9丁で、合計99の街区となるが、実際には東南角の4街区分が東西道路がなく長方形の2街区となっているため97街区である。

碁盤割の最西端、御園町筋

から堀川まで2～3街区あり、不整形な街区もあるが、ここまでを一般には碁盤割と呼んでいるので、本稿でも、東西は久屋町筋から堀川、南北は堀端から堀切筋までを碁盤割としてその範囲の町名の経緯を調べてみる（図8、9）。

　この碁盤割の地域が全部町屋に割り当てられたわけではない。一番北の街区の北半分には、評定所、町奉行所などの行政機関が置かれたので、堀端には町屋はない。また、南の端の堀切筋沿いには武家屋敷が入り込んだ。

　町人地には「町」が置かれた。現在では町名はほとんど住所を表すものに過ぎないが、江戸期においては末端の行政組織、自治組織だった。したがって、武家地には「町」が置かれず、町名もつけられなかった。

◉碁盤割の町名

　清須越は、町の単位で町ぐるみおこなわれた。町名もそのまま移転した。碁盤割の町名はすべて清須越の町名だと思われているようだが、必ずしもそうではない。次の4種類に分かれる。

①清須から移転してきて、町名をそのまま使用
②清須から移転してきたが町名は移転時またはその後変更
③もともと名古屋台地にあって碁盤割に組み込まれた町
④城下町が建設された際に新しくつくられた町

　江戸後期における碁盤割の町数は68あるが、このうち清須から移転してきた町は57町である。最初は、ほとんどの町が清須で使っていた町名をそのまま新城下でも使ったのであろうが、町名を変更した町も多い。江戸末まで清須での町名をそのまま残したのは27町でしかなく、全57町の半分弱である。明治の初めにこのうち7町が消滅するので、最終的に20町のみが1966年まで残ったにすぎない。つまりほぼ3分の2の町名は、清須にあった時の町名とは異なる。

　町名変更の理由はさまざまであるが、そのうちいくつかの例を見てみよう。

　常盤町はもと竹屋町といった。元禄の頃にしばしば火災が発生し、町名の「たけや」を逆に読むと「やけた」になるのが良くないと、1701年（元禄14）に常磐町と改称した。

　鶴重町《つるしげちょう》は、1688年（元禄元）、将軍綱吉の子の鶴姫の名を避けて本重町《もとしげちょう》と改めた。しかし、1834年（天保5）本重町のうち縦町の方は鶴重町に戻した。ところが横町はそのままとしたので、本重町も残った。

　島田町は最初下町といったが、1684年（貞享元）に、北隣の長島町と南隣の田町から一字ずつとって島田町と改称した。

　久屋町は、初め干物町といったが、藩主義直が通行の折、その名を聞いて、「以後は久屋町と呼べ」と命じられたという。

　清須から来たのではない町は11町あるが、このうち益屋町と車ノ町の二つが、もともと名古屋村にあった町である。

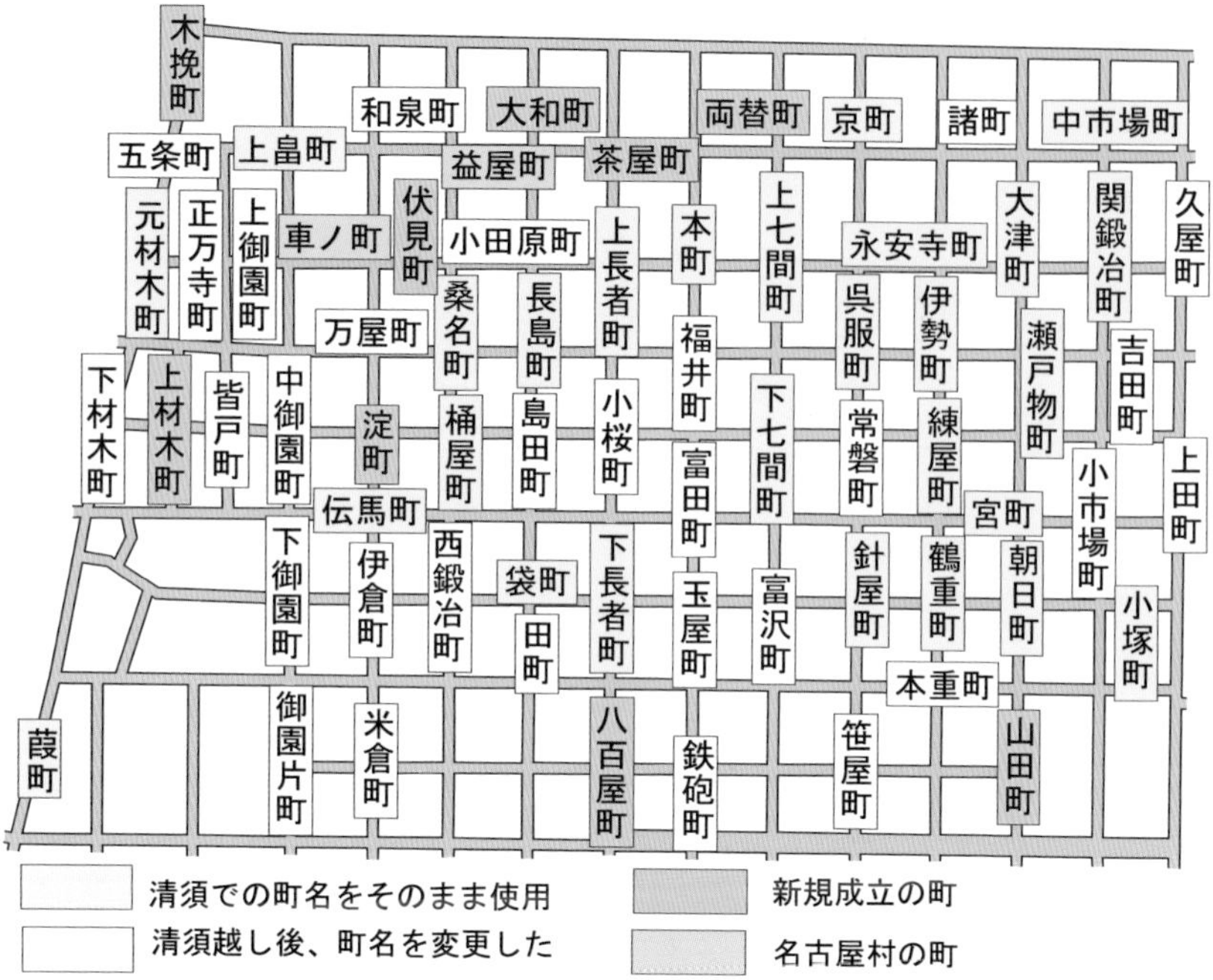

図８　江戸時代後期の町名

図９　明治初期の町名

益屋町は、名古屋遷府以前からの住人に酒屋益屋彦右衛門がいたから益屋町と呼ぶようになったという。車ノ町は、名古屋村今市場にあったのを開府と同時に現在地へ移転した。天王祭の山車を支配する町であることから車ノ町というようになったという。

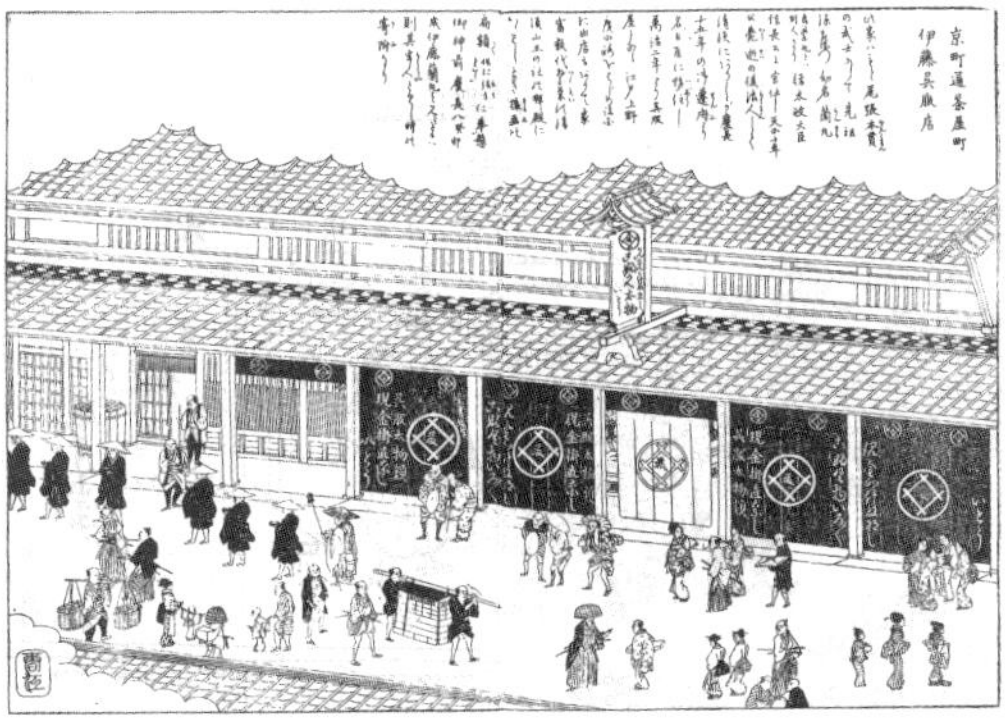

図10　伊藤呉服店　『尾張名所図会』前編

残りの9町が、築城の際に新設された町である。茶屋町は茶屋家が代々居住したので、茶屋町といった。ここには、茶屋長意はもちろん、呉服商の伊藤次郎左衛門など有力商人が住んだ（図10）。今日、本町通と京町通の交差点の南西角に、「東京福祉大学」の大きな看板が見られるが、これは茶屋家の子孫が経営する大学である。

大和町は、築城の際、大工棟梁の中井大和が、このあたりに住んだことから、後に大和町と名づけたらしい。

伏見町は、山城国伏見から伏見屋六兵衛という者が移り住んだところから町名がついた。淀町は、はじめ伏見町下ノ切あるいは伏見三丁目といったが、伏見と淀が近いことから淀町と改称したという。

山田町ははじめ武家地だったが、1660年（万治3）の大火により焼失した武家屋敷を東新町、西新町へ移し、広小路通の拡幅で立ち退かされた町人を住まわせて町ができた。山田畑のあとの意味から山田町といった。

1871年（明治4）に町名の大幅な整理がおこなわれた。碁盤割においては、小さな町々の合併と、町名のなかったところに新たな町名がつけられた。碁盤割内にあった武家地への町名の付与と、それまで縦の町に附属していた横の町の多くに町名が与えられたのである。

この時、研屋町《とぎやちょう》、梅枝町《うめがえちょう》、神楽町、園井町、蒲焼町、新《しん》柳町《やなぎちょう》、栄町などが登場した。「蒲焼町」が清須越の町名だと思っている人が多いが、明治になってつけられた新しい町名である。

一方で、上畠町、永安寺町、小塚町、瀬戸物町、元材木町、葭町《よしちょう》など清須以来の町名が消えた。

新旧の町名は1966年まで100年近くの間そのまま使われ、市民に親しまれていったが、その中で本町と玉屋町は、1929年（昭和4）御幸本町通となって、玉屋町が消滅、1936年に広小路通が誕生して新柳町が消えた。

◉旧町名の消滅

碁盤割地区は、太平洋戦争時の空襲により完全に焼失した。戦後、復興土地区画整理事業が施行され、城下町時代

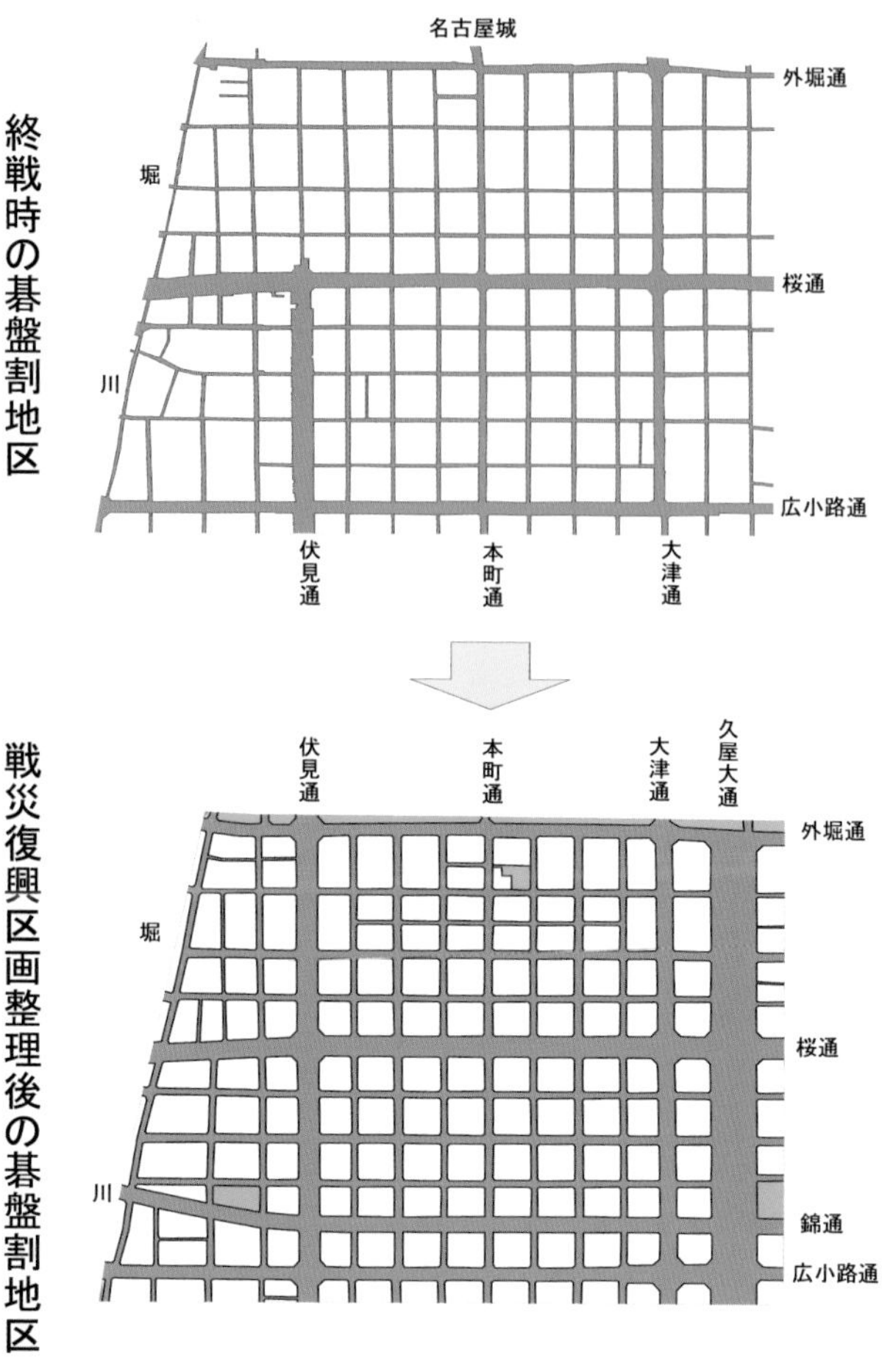

図11　戦災復興事業による碁盤割道路網の変化

の格子状の道路網を維持しながら、道路が大幅に拡幅された（図11）。中でも、久屋町と関鍛冶町の間はすべて道路となり、幅員100mを超える久屋大通が誕生した。江戸時代の道路形態をほぼそのまま利用し、基本的には道路を拡幅しただけであり、一部京町通と魚ノ棚通の間に新しい道路（上中通）を挿入したこと、錦通が幹線道路として整備されたことが大きな修正である。

こうして碁盤割地区の道路率は、戦前17・6％だったのが、整理後には41・4％となった。西欧並みの都心空間ができあがったのである。

事業の終了とともに1966年、新住居表示制度による町名変更を実施。従来の町名が路線方式（道路の両側を同じ町内とする）であったのに対し街区方式（道路に囲まれた街区を町内とする）が採用された（図12）。

道路の幅員が広いところで50mとなり、これまでのように道路を挟んだ両側を一つの町とするのは難しくなったこともその理由の一つである。

碁盤割地区内の町名はすべて廃止され、桜通、本町通、伏見通で全体を六つの区画に分け、北側の3区画が「丸の内一～三丁目」、南側の3区画が「錦一～三丁目」となった。

名古屋城の外側を「丸の内」とする案に市役所は抵抗したようだが、地元の強い要

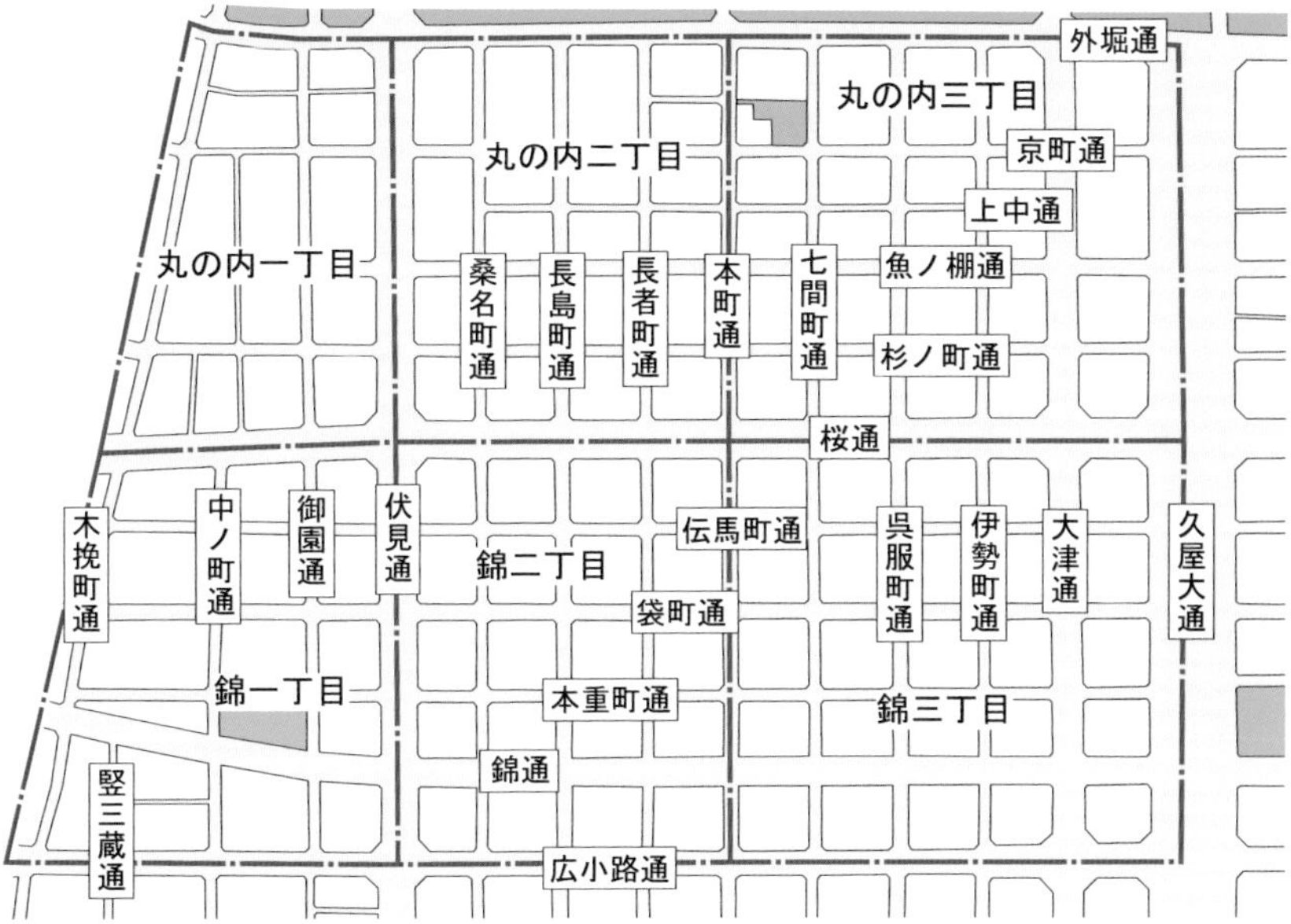

図12　現在の町名と道路名

図13　錦通の碑

図14　蒲焼町

望に押し切られた。東京の丸の内のようなビジネス街になることを期待したのだろう。

「錦」は、錦通からつけられた。錦通は、戦災復興計画の中では幹線道路の予定ではなかった。ここには高速度鉄道（地下鉄）が高架または堀割で建設されるはずだったのである。ところが複雑な経過の中で、最終的に地下で建設されることになって、想定外の36m道路の誕生となった。名古屋の都心を桜通と広小路通の間にもう一本幹線道路が通ることになった。

道路名称をどうするか。桜通には桜天神があり、広小路通には柳薬師があった。そこで、古今和歌集の素性法師の和歌「見渡せば柳桜をこきまぜて都ぞ春の錦なりける」から「錦通」とつけた（図13）。名古屋市土木局にも、なかなかの教養人がいたということだ。

こうして、清須越の町名など長年市民に親しまれた町名はすべて消滅した。いま、そのうちのいくつかは道路名として残されている。それ以外の町名は、お年寄りの記憶から消えた時に完全に消滅する。しかし、碁盤割の中をつぶさに調べてみると、旧町名があちこちに残されていることに気がつく。蒲焼町(図14)、針屋町、鶴重町などは商店街の名前に、和泉町は横断歩道橋の名前に残されている。このほかにもビルや駐車場の名前に見つかる。町内会の名前に残されているものもあるかもしれない。皆で探してみてはどうだろう。

街道沿いの町名

町屋は碁盤割の中にあっただけではない。街道沿いに町屋は延びていったし、寺社の門前にも町屋が形成されていった(図15)。寺社の門前町は寺社の境内地に展開していたもので、その管理は寺社がおこなっていたから、行政上の「町」というわけではない。正式に町名が付与されるのは明治になってからである。

街道沿いに展開していた行政上の町は、約30あるが、これらの町は碁盤割の町々と同様、ほとんどが空襲で焼失したため戦災復興事業の区域とされ、事業後に町名の変更がなされ、飯田町と赤塚町、橘町以外の町名はすべて消滅した。唯一、戦災復興事業の区域外となった西区四間道地区の大船町も1977年住居表示により那古野一丁目となり消えた。

というわけで碁盤割地区も含めて城下町の中で江戸時代の町名約110のうち現存するのは飯田町、赤塚町、橘町のみであり、きわめて貴重な存在といえる。

◉東へ延びた町

碁盤割から東へは、善光寺街道と駿河街道が延びていた。

善光寺街道は下街道とも呼ばれ、信濃に通じる庶民の道である。碁盤割の京町通から東へ石町《こくちょう》、小牧町、鍋屋町、新町と続き、九十軒町で北向きに曲がり、鉄砲塚町、赤塚町、坂上町まで、赤塚町に大木戸があったので、ここが城下町と郊外との境界ということになる。途中、九十軒町のあたりで町が北側と南側にも広がって、北側に飯田町、作《つくり》子町《こちょう》、南側に萱屋町《かやまち》があった。

これらのうち前述したように赤塚町と飯田町は現在も町名として生きているが、その他の町名の多くは痕跡を発見するのも難しい。

赤塚町は、このあたりに赤土の大きな塚があって、鉄砲の射的場になっていたが、これが移転したあとに町屋ができたから赤塚町というらしい。

赤塚町の南側に鉄砲塚町があった。尾張藩の塩硝蔵(火薬庫)は、最初名古屋城内深

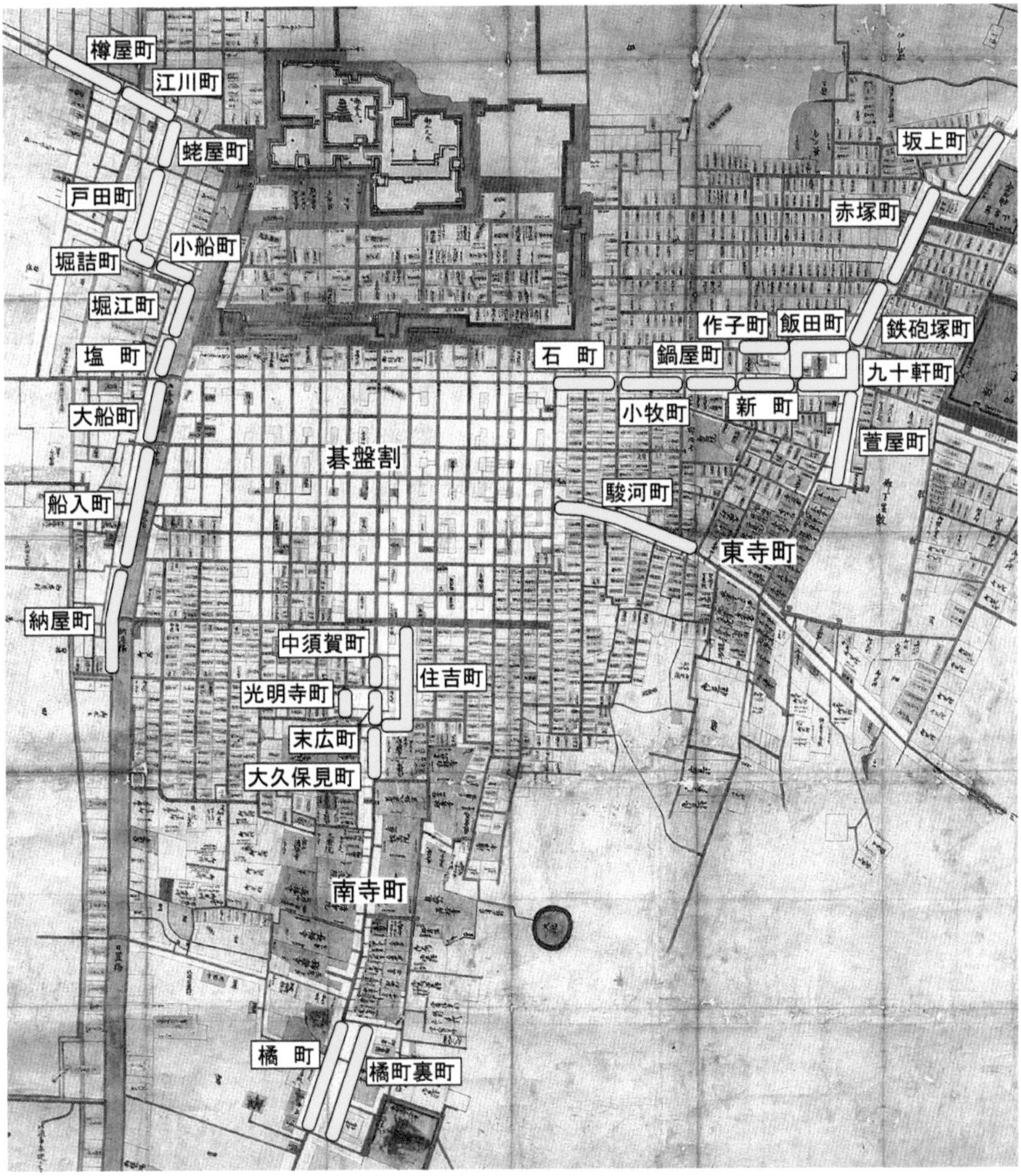

図15　街道筋の町　「尾府名古屋図」　名古屋市蓬左文庫蔵

井丸にあったが、ここで火薬の調合などをおこなうのは城に近すぎるとのことで、1636年（寛永13）以後に鉄砲塚町へ移された。その後1650年（慶安3）にさらに東の建中寺東石川杢右衛門下屋敷に移された。赤塚町が鉄砲の射的場だったという話と整合する。

飯田町は、当初小平治町といったが、1653年（承応2）に飯田町と改めた。江戸の飯田町が繁盛の地であるためこの名を付けたとされる。

この方面の消滅した町名の中で痕跡が濃厚に残っているのは鍋屋町である。

鍋屋町は、1611年（慶長16）、清須鍋屋町から鍋職の職人が多くこの地へ引っ越してきて居住したので、旧町名をそのまま用いて鍋屋町と

図17　駿河町街園　右斜の道が旧駿河街道

図16　鍋屋

いった。

　都市計画的視点から見ると、日常的に火を使い火災発生の恐れのある鋳物業を、城下の東はずれにまとめて置いたことは合理性があるが、その後、その東に建中寺が建設され、市街地が急速に東へ向かって発展したため、鍋屋町が市街地の中に取り込まれてしまう結果になった。

　鍋屋町には尾張藩の鋳物師《いもじ》頭《がしら》水野太郎左衛門が代々居住した。水野太郎左衛門家は、はじめ春日井郡上野村の鋳物師であったが、1562年（永禄5）に織田信長より判物を拝領し、尾張国中での鋳物業の独占を許された。同家は、その後もこの地方の支配者から同様の許状を得た。1593年（文禄2）に二代太郎左衛門のとき清須へ移り、1611年、三代のとき清須越とともに名古屋城下にきて、鍋屋町に住んだ。

　鍋屋町は1976年に泉二丁目となって消えたが、町名は鍋屋商店街として残っている。

　鍋屋商店街の入り口に鍋屋があって、鍋屋町を象徴する店である（図16）。この鍋屋は、鋳物師頭水野太郎左衛門の分家・水野平蔵家の子孫が営む店である。

　駿河街道は、明治以降飯田街道と呼ばれるようになるが、伝馬町通りから斜めに南東方面へ向かう街道で、東海道のバイパスとして家康によってつくられた（図17）。

　家康が駿府から名古屋に往来する際に使われたから駿河街道と称したので、町名もこれに合わせたという。

　飯田街道と東郊線との交差点北西にある小さな街園を「駿河町街園」というのが駿河町の唯一の痕跡と思われる。

◉堀川西岸の町

　名古屋城下町の西については、堀川の西、堀川沿いと美濃路沿いに町が伸びていった。納屋町、船入町、大船町、塩町、堀江町、小船町、堀詰町、戸田町、蛯屋《えびや》町、江川町、樽屋町である。船入町のところに伝馬橋が架かっており、そこから先が美濃路である。樽屋町に大木戸があった。

　これらの町名はすべて消えた。

　納屋町は、慶長年間に熱田の商人が移り住み、魚屋《なや》を建てたことに由来するという説と町域に倉庫が多かったことに由来するという説がある。

図19　大船町の伊藤家

図18　納屋橋

図20　伊藤萬蔵の石造物
山王神社

ここには納屋橋がある（図18）。納屋町の北に船入町、大船町、少し飛んで小船町と「船」のつく町が続くが、これは堀川沿いの水運を生かした商人たちの町ということがわかる。

堀川沿岸の商人を川端商人といい、碁盤割の商人を碁盤割商人といった。碁盤割商人は、両替、質商、酒、味噌、呉服太物、宿屋、畳、菓子などを取り扱った。川端商人は、堀川左岸（東側）では材木などの建築資材、戸・障子などの建材を扱い、右岸（西側）では塩、米、塩乾魚、生魚類、砂糖、油、肥料などを取り扱った。

旧大船町（現那古野一丁目）には、伊藤家住宅や土蔵群が残され、堀川端富裕商人の屋敷の様子がよくわかる（図19）。

納屋町のほかにはこの方面の町名の痕跡はほとんど見られない。船入町はビル名に、塩町は公園名に見られるだけである。

塩町に伊藤萬蔵という商人がいた。1833年（天保4）生まれ、1927年（昭和2）死去。米の取引で財をなした。この人、各地の寺社に石灯籠など石造物の寄進をしたことで知られる（図20）。その範囲は全国に及び、寄進数も千基に達するともいわれる。

この多くの石造物に「名古屋市塩町　伊藤萬蔵」と刻まれている。塩町は消えたが、伊藤萬蔵氏のおかげで数多くの寺社の石造物に「塩町」が残されている。

◉碁盤割の南の町

碁盤割南部方面には、本町通とその両側に中須賀《なかすか》町、大《おお》久保見《くぼみ》町、末広町、光明寺町、住吉町（図21）が、さらに南寺町を飛んでその南側に橘町、橘町裏町があった。

図21　住吉町

南寺町の南側は千本松原といったが、1664年（寛文4）に開発されて町屋となった。ここは古道具、古武具類を扱うことが許された。町はずれでもあり、最初、あまり住みたがらなかったらしく、二代藩主光友が「橘町」と名づけ、移住を奨励したという。こうして南寺町の南側に町屋ができたため、門前町の人の行き来が多くなり、南寺町の発展につながったらしい。

橘町の東側は、当初、橘町裏町あるいは裏橘町と称したが、後に東橘町となった。ここでは町内救済ならびに繁栄のために春秋に芝居を興行することが許された。この芝居興行が、次第にその北側にある南寺町の境内で許可されるようになり、西本願寺掛所、七ツ寺、真福寺、清寿院、若宮八幡などで芝居、見世物などが開催された。こうして南寺町は城下町の盛り場となっていった。今、ここは橘一丁目となっている。

橘町をのぞいて町名は消滅したが、住吉町は都心の繁華街の商店街名として知名度が高い。

末広町は、駐車場やビル名にその名が残っている。中須賀町、大久保見町、光明寺町についてはその痕跡を見つけることができない。

大久保見町は、この町内のところで、土地がかなり低くなっており、窪んでいることからこの町名になったという。現在でもこのあたりを歩くと周辺より少し低いことが見てわかる。実際に測量してみると1・5ｍほど標高が低いのである。

熱田の町名

江戸時代の熱田は、①熱田神宮の門前町、②東海道の宿場町、③漁師町・魚問屋という生産・流通の場、さらに、④東海道、美濃路、佐屋路という街道沿いの町という多機能の性格を併せ持つ都市であった。

人口も1万人程度あったようで、当時としては大都市である。だから、多くの「町」が成立していた。

時代とともに町の数や名前も変化しているが、『尾張徇行記』によれば36の町名が確認できる（図22）。

これらの町は明治に入ると合併により町名が次々と消えていった。

熱田は、太平洋戦争によって激しい空襲を受け、ほぼ全域が焼失した。戦災復興事業のなかで、伏見通りと国道1号線の2本の50ｍ道路が熱田の中心で交差するという都市計画のために町の姿が戦前とは大きく変わっている。門前町の中心だった市場町や新宮坂町などが消滅した。

それでも現在、10の町名が残る。宿場沿いの伝馬町、神《ごう》戸《ど》町、美濃路沿いの旗屋町、古尾頭町、新尾頭町、海辺と堀川沿いの大瀬子町、須賀町、田中町、木之免《きのめ》町《ちょう》、白鳥町である。

このほかに中瀬町が存在するが町域のほとんどが国道1

号線の道路敷となっている。

◉宮宿の町々

熱田が本格的な都市の形態を整えたのは、東海道五十三次の宮宿（熱田宿）が設置されてからであり、熱田神宮の門前町と宿場町が一体化した大きな街並みを形成した。

宮宿は、東の築出町から伝馬町を通り西へ、源太夫社《げんだゆうしゃ》前に突きあたり、南に折れて神戸町を過ぎ、浜の渡し場までの範囲で、町並み延長11町余り、家数は2924軒、人口は1万3422人、本陣2軒、脇本陣1軒、旅籠は218軒だったという（『東海道宿村大概帳』）。

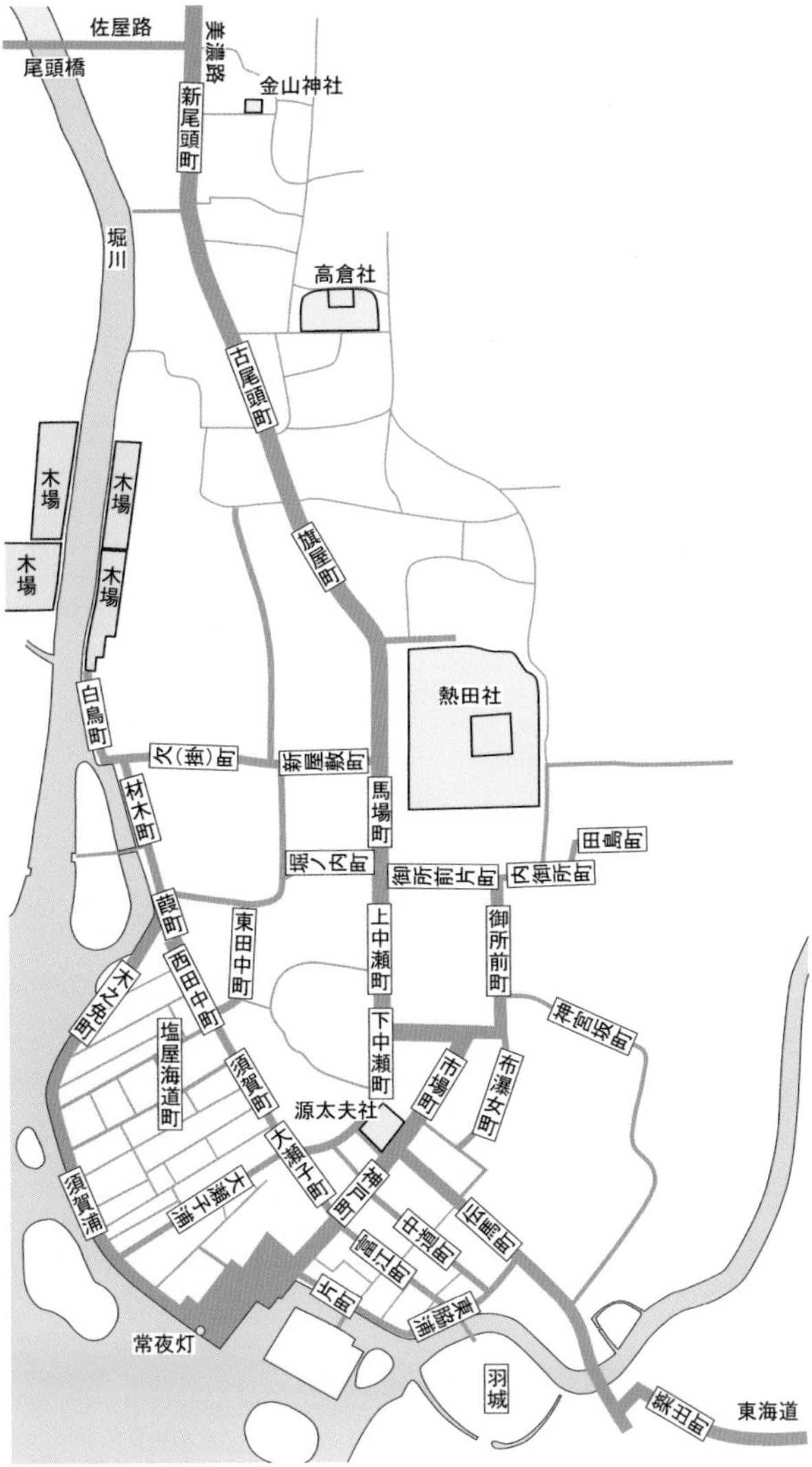

図22　熱田の町名

宮宿は、東海道五十三次の宿場の中でも最大規模の宿場であったが、大都市名古屋の直近にあって、名古屋の歓楽街としての性格も持っていた。名古屋城下では、徳川宗春治世の7年間を除いて遊廓は禁止されていた。このため宮宿がその役割を果たしており、名古屋の客を引き受けて賑わいをみせた。熱田には慶長の頃から黙認の飯盛女を置いていたといわれ、ここの飯盛女の総称を「お亀」とよびならわしていたが、1806年（文化3）正式に許可され、この頃から遊里化した。

神戸町には大楼ばかりで、おもに名古屋の身分客、伝馬町は土地客・名古屋客半々、築出町は猟師や魚屋がおもな客であったという。

伝馬町、神戸町一帯は、明治中頃まで宮の宿として賑わい、旅籠、料理屋、遊女屋が軒をつらね、最盛時には200軒近くの店があった（図23）。中でも遊廓は、長い間活況を呈し、1889年（明治22）頃の調査でも遊女98人、芸妓13人がいたという。実際にはもっと多かったらしい。しかし、1912年には熱田の遊廓も稲永新田へ移転したことにより伝馬町かいわいの賑わいは消えた。

今日、常夜灯（図24）の北側に当時の脇本陣格の旅籠屋であった伊勢久が「丹羽家住宅」として外観をとどめているのが唯一の宿場の名残である（図25）。

宮宿のメインストリートを構成する三つの町は築出町、伝馬町、神戸町だが、築出町は、かつて海が精進川沿いに内陸まで入り込んでいたのを戦国期に締め切って陸化した際に築出町と付けられたという。海の跡にできたのが精進川である。

築出町は明治の初めに伝馬町に吸収されて無くなったが、伝馬町と神戸町は現在まで残り、宿場の面影をわずかではあるが残している。その中でも伝馬町は地下鉄の駅名になり、熱田を代表する地名となった。

図23　伝馬町と神戸町・美濃路の分岐点（『尾張名所図会』前編）　手前が伝馬町、突き当たりが神戸町、右が美濃路源太夫社は、現在、熱田神宮内の上知我麻神社になっている。

図24　七里の渡し・常夜灯

図25　丹羽家住宅（脇本陣格の旅籠、伊勢久）

◉魚市場と木材

海辺と堀川沿いの町々は、熱田の中で、産業部門を分担する地域とその後背地だった。漁業と林業である。木之免町と大瀬子町が漁業、白鳥町が林業であり、田中町、須賀町はその後背地を構成していた。

木之免町と大瀬子町は海に面しており、寛永年間（1624～44）に木之免と大瀬子にそれぞれ4軒ずつ問屋が定められて魚市場が形成された。魚市場は魚介類売買について独占権が与えられ、熱田漁民の漁獲物は必ず市場で売買された。魚市場では毎日朝夕二度の市が開かれ、伊勢湾でとれた魚はもとより、近国遠国からも船積みで運送され、即時に売りさばかれたという（図26）。

図26　熱田魚市場　『尾張名所図会』前編

この場所には現在大瀬子公園が整備されている（図27）。

図27　魚問屋モニュメント

白鳥町は、堀川左岸にある白鳥古墳が、ヤマトタケルが死後白鳥となって飛来し、とどまった所といわれ、これが町名の由来という（図28）。

図28　白鳥古墳

白鳥古墳の北に白鳥木材役所があり、この町と南の材木町、中島あたりが最初の材木置場となり、木曽材の集散地となっていた。

現在はかなり広い区域が白鳥町になっている。

◉拡大していった尾頭

旗屋町は中世からの町で、寛永年中から北へ街並みが延びていった。もとは機綾《はたあや》と呼ばれた。5世紀の後半、雄略天皇のとき、呉の国から漢織・呉織の二人の織女がやってきた。そのうち一人が熱田神宮にとどまったのが起こりだといわれる。旗屋という地名は、機屋・幡屋からきているという。熱田区の中ではもっとも古い地名の一つ。

旗屋町の北側の美濃路沿道は、昔は松並木があるのみだったが1664年（寛文4）ごろから人家が立ちつづき、最初に古尾頭町が成立し、次いでその北側に新尾頭町が成立していった。新尾頭町の北側は古渡村である（図29）。

　古尾頭町と新尾頭町の間を西に入る道路沿いにも町屋が並び、この横町を亀屋河戸《かめやごうど》といった。この横町が堀川にぶつかったところに橋が架けられていた。尾頭橋である。この橋のところには船番所も置かれた。

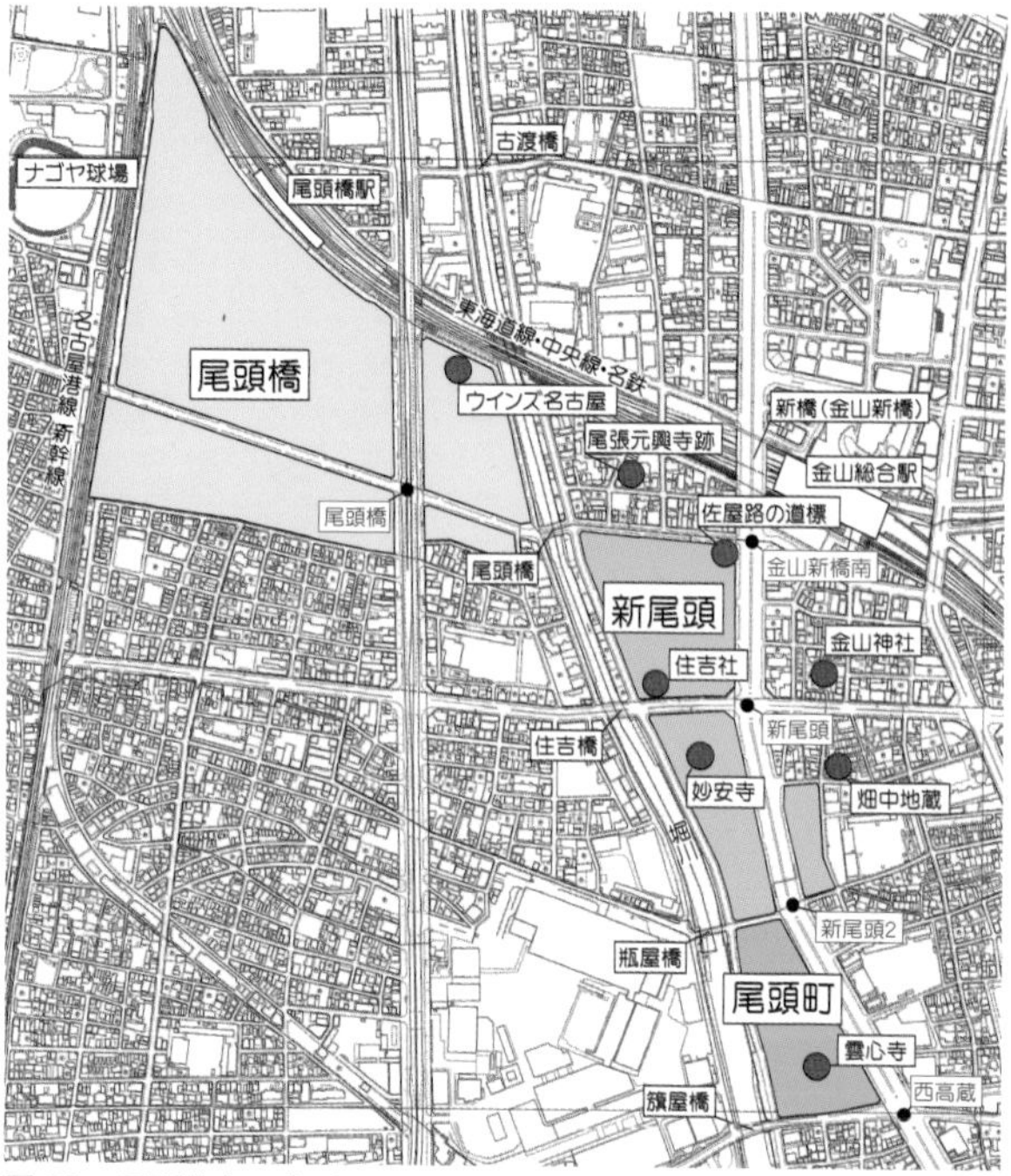

図29　尾頭地名の広がり

　この道は、五女子《ごにょし》村、四女《しにょ》子《し》村を通って烏森《かすもり》村の方へ通じていた。これが当初の佐屋路である。しかし、1665年（寛文5）、佐屋路を約600m北へつけ替え、現在佐屋路の道標が立つ場所（この交差点名は「金山新橋南」という。図30）で美濃路から分岐させ、尾頭橋も新しく架けた。現在の尾頭橋である。尾頭橋を新橋と呼ぶのはこういうわけであり、佐屋路分岐から尾頭橋までの間を新橋通といった（図31）。

図30　佐屋路の道標

　今日、ここに「新橋通」というバス停があるのはこの事情による。新橋通は、かつては沿道に商店街が形成され賑わっていたが、今はほとんど商店はなく、金山から尾頭橋のウインズ名古屋（場外馬券場）へ通うオジさんたちの専用通路といった状況である。
　堀川には七つの橋がかけられており、尾頭橋がもっとも

図31　新橋通バス停

図32　ななはし供養碑

下流の橋だった。下流であるがゆえに台風や高潮のたびに被害を受け、たびたび流失したので頻繁に掛けかえられた。だから尾頭橋はいつも「新橋」だったのである。そうした堀川の橋の安全を祈ったものと思われる「七はしくよう（七橋供養）」碑が尾頭橋の東たもとに建てられていた。この碑はいま金山神社の南にある畑中地蔵のところに移されている（図32）。

なお、最初の佐屋路に架けられた尾頭橋のあとには現在「瓶屋橋」が架けられている。

古尾頭町は明治以後「熱田尾頭町」となったが、1939年（昭和14）「尾頭町」に、新尾頭町は「熱田新尾頭町」を経て1980年「新尾頭」となった。

このように古尾頭町から新尾頭町、そして尾頭橋へと「尾頭」が北へ、そして西へと広がっていったが、1981年、尾頭橋の西側の一帯、中川区内の西古渡町の範囲が「尾頭橋」という町名になったのでナゴヤ球場の隣まで「尾頭」が延びていったことになる。

尾頭の由来について『金鱗《こんりん》九十九之塵《つくものちり》』は二つの説をあげている。

鎮西八郎為朝の次男、尾頭《おとう》次郎義次の居城がこのあたりにあったからという説と、地形が鳥の頭に似ているので烏《う》頭《とう》が尾頭となったという説である。地形が鳥の頭に似ているというのはどこのことを言っているのだろうか。よくわからない。おそらく烏頭は尾頭がなまったものだろう。

一方、尾頭義次がいたから尾頭となったというのは多分逆で、尾頭の地に住んだから地名を名乗りにしたというのが正しいのではないか。

『名古屋府城誌』は、尾張元《がん》興寺《こうじ》の項で「開祖の道場法師が出生の際に、首に蛇が二回り巻いていて頭と尾が垂れ下がっていたといわれており、これが地名の由来ではないか」と述べている。

この道場法師誕生の話は日本最古の説話集『日本霊異《りょうい》記《き》』に書かれているものだが、これもおそらく逆で、地名が尾頭だったからそれに合わせて頭と尾が垂れ下がった話を書いたとみるのが妥当ではないだろうか。『日本霊異記』は平安時代初期に書かれているから、尾頭はこれより古い地名ということになる。

尾張元興寺は、佐屋路の北側、尾頭橋の西にあったとされる奈良時代の寺院である。以前から古代瓦などが発掘されていたが、1999年に発掘調査の中で土に食い込んだ水煙の先端が発見され、ここに高さ30mの五重塔が建っていたことが推定されている。そんなことから、古代にこの地域に大伽藍があったことは確実だと考えられている。

奈良時代、ここに巨大寺院があり、門前に町が広がり、少し南に熱田の社があったという風景を想像してみよう。

topic

竹腰家と首塚

――尾張藩の幕末

小松史生子

◉埋まっているものは何か

名古屋市北区大杉1丁目14番地に、首塚社という、なんともおどろおどろしい名前の付いた場所がある（図1）。『東区史』（1973年）はこの社について、次のように紹介している。いわく、東区と北区の境にある東二葉町には、家老の竹腰《たけのこし》家の屋敷があった。そこへ尺八を手にしたひとりの虚無僧が門付にきた。家人がそれを出迎え、「行け」と命じたが、門先でそう言われた虚無僧は「中へ入ってもいい」と言われたと思ったらしく、会釈して屋敷へ入ってしまった。とたん、「無礼者め」と、竹腰家の武士に首をはねられた。首は台所の釜の上に飛んだ。あとで、罪もない人を斬ったというので、家人によって塚がつくられて葬られ、首塚様と呼ぶようになった。ここへ参れば、首から上、ことに目の病気に効き目があ

図1　首塚社

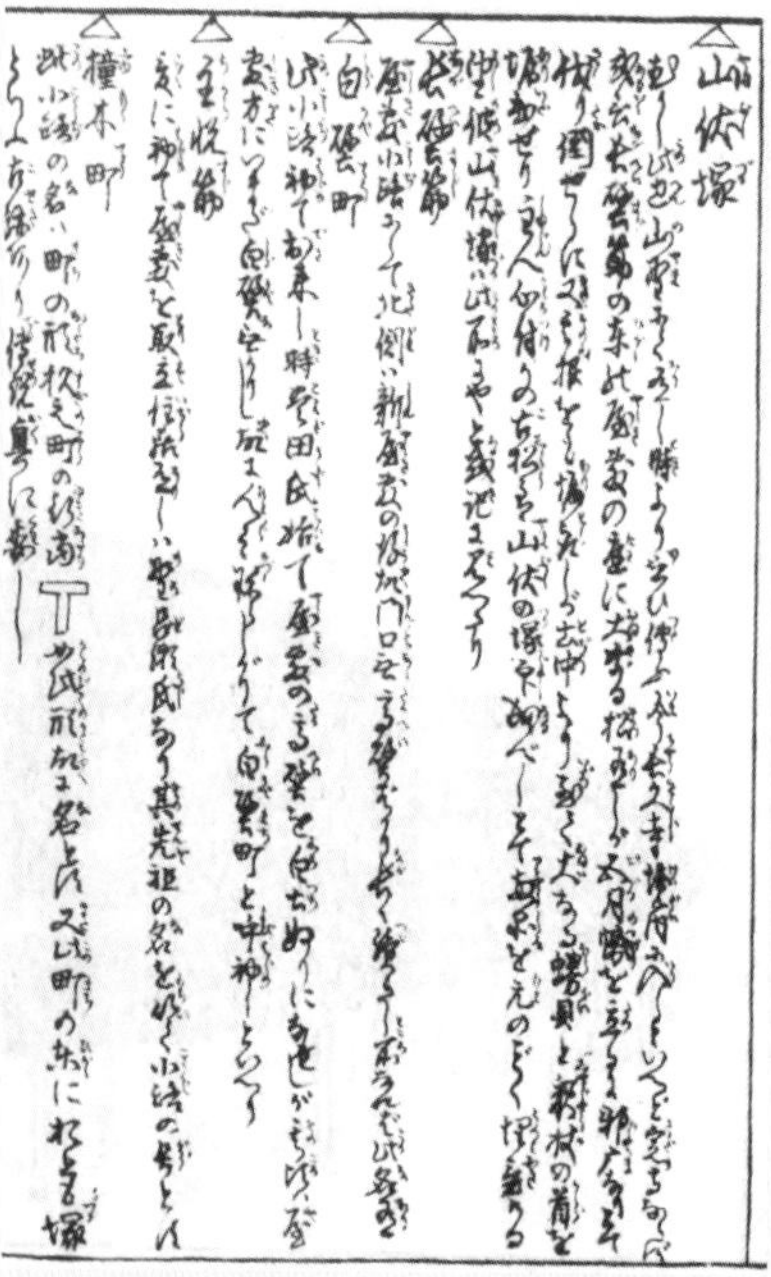
図2『尾張名陽図会』　国立国会図書館デジタルライブラリー

ると言われている。
この首塚社は、古くはかの高力猿猴庵《こうりきえんこうあん》がものした『尾張名陽図会』にも描かれ、また朝岡宇朝《うちょう》の随筆『袂草《たもとぐさ》』（1819年～1839年）にも言及がある。もっとも、『尾張名陽図会』では竹腰家の屋敷とは名指されておらず、塚から出てきたのは山伏の持つ錫杖《しゃくじょう》の頭となっているし（図2）、『袂草』では竹腰山城守の屋敷と明記されているものの、首は山伏のものであると語られている。

山伏なのか虚無僧なのか、はたまた埋まっているのは錫杖の頭なのか人間の首なのか、判然としない伝説であるが、本稿ではここが竹腰家の屋敷跡である点に注目して、ここから「名古屋の江戸」の痕跡を見出していきたい。

◉因縁の青松葉事件

古地図で確認すると、この首塚社のあたりは、たしかに竹腰家の屋敷跡に相当している（図3）。竹腰家というのは、尾張藩の御付家老であった竹腰家のことである。御付家老とは、徳川家康がその子義直を尾張の藩主として送り出すにあたって、幕府から藩への御目付として沿わせたのが始まりで、初代は成瀬隼人正正成と竹腰山城守正信が務めた。成瀬家は尾張国犬山3万5千石、竹腰家は美濃国今尾3万石を有し、両家は一代交替で尾張藩の政を与える家格で並び立ち、自然にその関係は藩政を二分する派閥に成長していった。両家の派閥争いが頂点に達したのが、かの青松葉事件（図4）である。そ

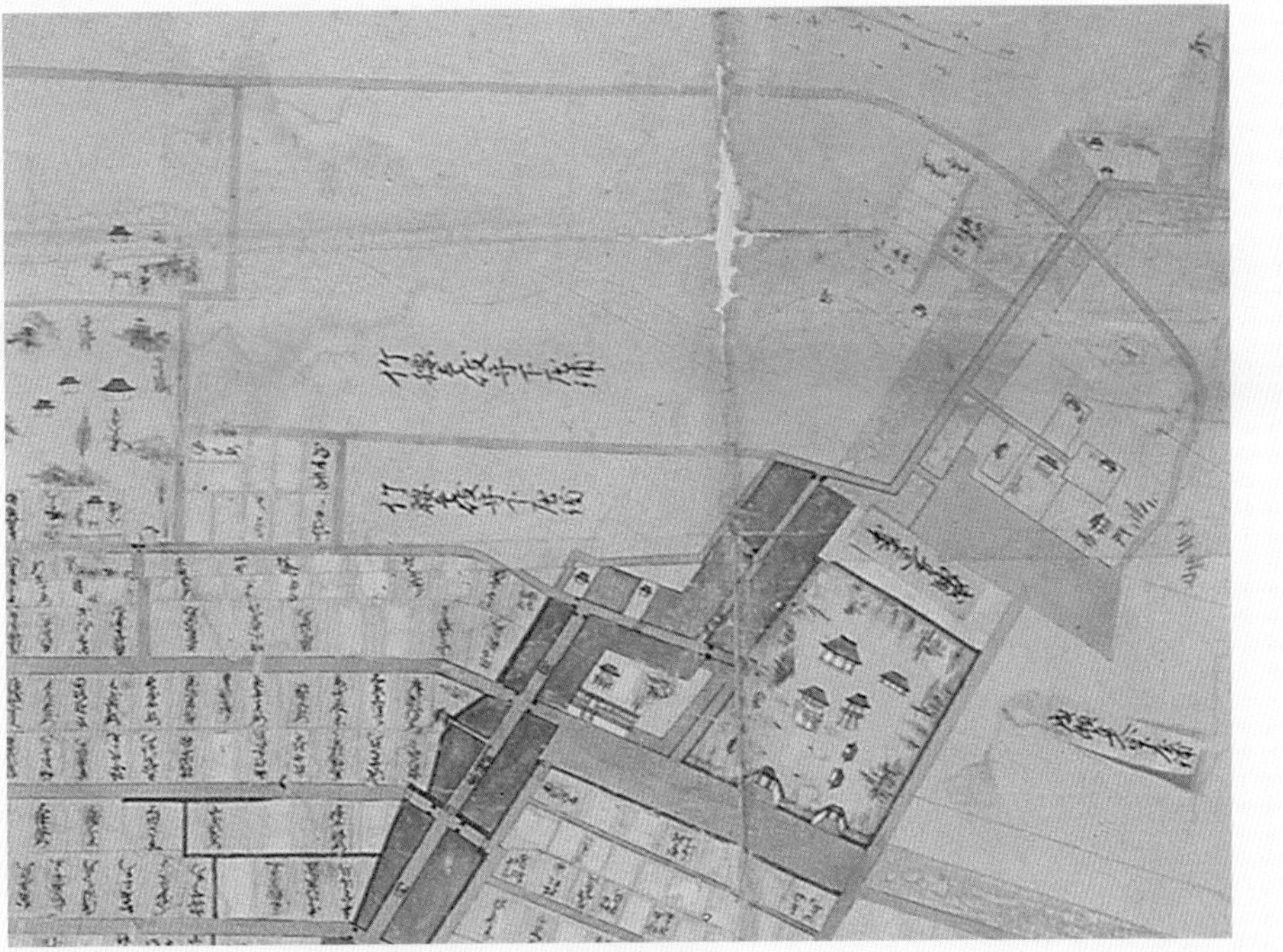

図3 「名護屋図」 1748年～1763年頃 名古屋市博物館蔵

して、首塚社にまつわる伝説は、おそらく青松葉事件が絡むことによって、いっそうこの場所に暗い因縁を根づかせたのではないかと推測される。

後に青松葉事件と称されることになる尾張藩の大粛清事件は、幕末、1868年の1月に起こった。事の顛末は、以下である。

1868年1月3日に戊辰戦争が勃発して、世の中は佐幕か勤王かで激しく揺れ動いた。尾張藩は御三家筆頭の家格ではあったが、積年にわたる徳川将軍家への恨みが藩内に燻っており、藩士の勢力は佐幕派の鞴《ふいご》党と勤王派の金鉄党に分断され、鞴党は竹腰家、金鉄党は成瀬家が、それぞれ率いる形になっていた。1月6日、京都にいた藩主・徳川慶勝の許へ、「国元で佐幕派がクーデターを起こしている」旨の知らせが舞い込む。これを受けて、12日、成瀬隼人正正肥《まさみつ》を筆頭とする京都在の重臣たちが参与・岩倉具視に朝廷で謁見。結果、藩内の佐幕派一掃の諒承を得て慶勝は国元へ帰り、クーデター首謀者とされた渡辺新左衛門、榊原勘解由《かげゆ》、石川内蔵允《くらのすけ》を捕らえ、その日のうちに斬首。次いで関係者とみなした者11名をも同じく斬首の刑に処した。処刑された者たちの頭目とみなされた竹腰兵部少輔正諟《まさあと》は、4月、蟄居を命ぜられ、ここに尾張藩は御三家筆頭の家格でありながら勤王派の方針を定めることになる。この14名にも及ぶ斬首刑の執行については、あまりにも性急であり無惨であったため、明治維新以後も現代に至るまで長く土地に遺恨を残したと言われ、近年までは名古屋で青松葉事件について不用意に話すことは御法度のような雰囲気があった。残酷な粛清をしたにもかかわらず、その後の明治維新において尾張藩は中央政府から顧みられること少なかったためもあって、青松葉事件はいっそうその事実の陰惨さを噂される次第となったのである。

図４　青松葉事件之遺跡の碑　名古屋城内

藩主脱出ルートと怪談話

もちろん、塚の存在は『尾張名陽図会』や『袂草』で紹介されているところから、青松葉事件よりも以前に既にこの地にあって知られていたのであろう。推測に過ぎないが、この土地近辺は名古屋城の北東にあたるところから、民俗学的な視点から言えば、鬼門封じの意味合いを持つ場所であったのかもしれない。さらに、山伏の錫杖という言い伝えは、昔話の「六部殺し」や「人柱」の話型を思い起こさせるし、首が飛んだのが釜の上だというのも、上田秋成「雨月物語」で有名な岡山の吉備津神社に伝わる「釜鳴り神事」を容易に想起させる。つまり、その土地に根ざした固有の伝説というよりは、たぶんに民俗学的な知識をもった誰かによってつくられた創話のようにも思われるのだ。

というのも、このあたりを含む一帯は、いざという時に名古屋城から藩主が脱出する際の想定ルート上にあるからだ。場内の埋門から土居下を抜け、現在の白壁地区尼ヶ坂付近を通り、三代藩主・光友の隠居屋敷であった徳川園から定光寺へ、そして木曽へと至るこの道筋には、藩主の脱出を安全に遂行するため、ふだんから人を寄せつけないように怪談話がつくられ、ばらまかれたという説がある。ちなみに、この脱出ルートを西へ延長した道筋に相当する幅下俵町（現・西区城西3丁目のあたり）の化物屋敷について書かれた「扶桑新聞」の記事が、井上円了主催の雑誌『妖怪学雑誌』第10号（1900年）で報告されている。平時に築かれた治世のための城ではなく、大阪の陣を見据えた要塞としての城であった名古屋城とその近辺には、たとえ実際には戦闘がおこなわれなかったといえ、殺伐した死の匂いただようエピソードがまとわりついているらしい。

●竹腰家の葛藤

そうした名古屋城とその近辺にほのかにただよっていた恐怖の気配は、戊辰戦争時に起きた青松葉事件によって、なまなましい流血の事実として改めて意味づけされてしまったのかもしれない。尾張藩の複雑な藩内政治は、この藩が抱き続けた徳川将軍家への怨念と、明治新時代に乗り遅れた挫折感とを複層化して、政治的敗者である竹腰家と首塚の伝説とを意味ありげに結びつけてしまう作用を持った。たいていの名古屋史関連書籍が竹腰家よりも成瀬家の記述に紙幅を割いているのに比して、1914年〜34年にかけて編纂された『名古屋市史』の記述は、「責任ある地位に立つものが、非難の中心となれるは古今の通則にして、正諟が是（＊天保末〜嘉永初におこなわれた米切手停止のこと）に依りて一藩の反感を買ひしは、寧ろ同情に値するものあり」と、竹腰家に対して理解を示す部分がある（『名古屋市史』政治編 第一、250ページ）。

とはいえ、その一方で、あまりに幕府中枢と癒着し、尾張藩主の意向を後にする正諟の姿勢こそが、竹腰家に対する藩士たちの反感を煽った経緯は見過ごせないとも指摘している。おそらくは、度重なる将軍家との確執から尾張藩内に燻り続けた幕府への反抗心が、幕府との繋がりを強めて尾張藩を安泰に導こうという方針であった竹腰家への憎しみに転化していったのだろう。

こうした経緯を踏まえて、改めて首塚社の伝説を顧みると、「罪もない人を斬った」という由来書が、青松葉事件の関係者であった竹腰家の葛藤と恨みとを暗黙の裡に訴えているようにも思えてくるのではなかろうか。

【column】京町筋の五条橋の橋の上――名古屋城下町誕生のミステリー

名古屋城下町400年の歴史がわかるミステリアスな場所が、堀川にかかる五条橋の橋の上である。京都の五条橋とは違うが、東西・南北に道路が走る碁盤割の城下町で名古屋城の正門南の堀に沿って東西に延びる外堀通より1本南の通りが京町筋であり、その西端の出発点になるところが五条橋である。

この橋の上に立つと、普通の橋なら橋の両側が低くなっているが、この橋の西の円頓寺商店街はその店の2階が目線の下にくるくらい極端に低く、反対の東側は坂になって上っておりそこに城下の街並みがつづいている。地形学的に説明すると堀川に沿って断層が南北に走り、その西側が沖積層で低湿地になっており、東側が洪積層の熱田台地（名古屋台地とも言われる）で、城下町は地震に強い場所に立地している。

今立っている橋の上の欄干に眼をやると、タマネギの形をした擬宝珠《ぎぼし》があり、そこに刻まれた文字をみると「慶長七年」とある（図1)。「ええ？　堀川が開削されたのは確か慶長15年（1610）だったと思うが、その川より8年も前に橋ができていたなんて！」と謎に包まれる。

戦国時代尾張の中心地は清須にあり、天下を統一した徳川家康は、低湿地で地震に弱い清須から新たな城下町として台地上の名古屋に目を付け、息子の義直を尾張徳川家の初代藩主に据えた。閑散とした台地を整備し、町を清須から移すにあたって、武士の家臣と家族のみならず商人も町人も寺も神社も町ごと引っ越した。これが世にいう「清須越」である。

伊勢湾熱田湊から7㎞も北に名古屋城をつくり城下を整備するにあたって、木材、石材などの物資を運ばねばならないが、大河川がなかったので家康は福島正則に海から城につづく人工河川をつくらせた。豊臣秀吉の家臣であった正則は新たな上司となる徳川家康に認められねばとのお思いで、難工事の堀川開削を1年でなしとげてしまったのである。

この清須越の時に、清須で慶長7年につくられた擬宝珠付きの橋をそのまま持ってきたのである。川より橋が先というミステリーの謎は「清須越」にあったことがわかり、名古屋城下町誕生の歴史がよみがえってくる。

そして五条橋から堀川の南方を眺めてみると、現在でも左手の左岸には木挽き通り沿いに材木店があり、右手には四間道に蔵屋敷（現在は料理店）が並んでいる。堀川の水質を検査すると塩分があり（NHK「ブラタモリ」で放映）伊勢湾の海水が入ってきており、海からの物資運搬の主要道であったことがわかる。

古地図や名所図会をみると、堀川は名古屋城下町の防火用、悪水用水路の排水口にもなっており、また遊覧船で桜を見る人々を楽しませる川でもあり、江戸期名古屋の都市形成に重要な役割を果たしていたのである。（溝口常俊）

図1　「慶長7年」と記された擬宝珠

第3章

古地図に江戸を読む

西村健太郎／千枝大志／川口 淳／日比野洋文

「名古屋細見之図」でみる江戸時代の名古屋城下

――名古屋総鎮守・若宮八幡社の移り変わり

西村健太郎

●築城から200年後の城下

中京大学文学部古文書室には、織田信長・豊臣秀吉ら近世の有力者の古文書をはじめ、絵図や地方文書（村の行政文書）などの貴重な歴史資料が数多く収蔵されている。今回はそのなかから「名古屋細見之図」（図1）を紹介したい。付属品や由来書きによれば、この図は三河国八名郡田中新田（現・愛知県豊橋市）の住人である松坂八十八なる人物が、安政3年（1856）に「宝暦十一年辛巳之図」を増補し、翌年2月に完成させたものであるという。

大判紙に手書きで城下全体の様相が描写されている点、武家地が黄色、寺社地が白色に赤色の枠、道筋が赤色、川筋・池が青色というように、建物と地形が塗り分けられている点など、城下図固有の特徴が随所に見受けられる。城下図は十七世紀以降、藩による城下町支配のための資料として作製されるようになったが、本作の原図もそうした取り組みの一環で描かれたものと考えられよう。

名古屋城とその城下町は、1610年（慶長15）に徳川家康の命により、天下普請すなわち諸大名が動員されて築造された。三の丸には成瀬氏や竹腰氏といった尾張藩家老の上屋敷が、城郭の東・南部には中級家臣の屋敷が配され、外堀を隔てた城郭の南部には、東西十一列・南北九列に区画された碁盤割と呼ばれる町人居住区が設けられていた。碁盤割の南東や城郭の西北には武家屋敷が存在したが、その外側には神社や仏閣が点在し、社寺門前を形成していた。図1に描かれた城下は、築城から200年あまり経った安政年間の様子であるので、街路や土地利用などは初期のころと比べて大きく変化していたと思われるが、町割りなどの基本的な要素は原形を留めていたようである。

●若宮八幡社の起源

図1を眺めながら、江戸時代の名古屋城下の街並みを詳しくみていこう。碁盤割の中心路である本町通と広小路通の交差点を南下すると、寺社地の一角に、名古屋を代表する神社の一つである若宮八幡社の存在が確認できる（図2）。現在も名古屋市の中心部にあたる中区栄三丁目に鎮座し、市民の拠り所となっている。城下図は一般的な地図と異なり、面積を測量して図化したものではないが、図

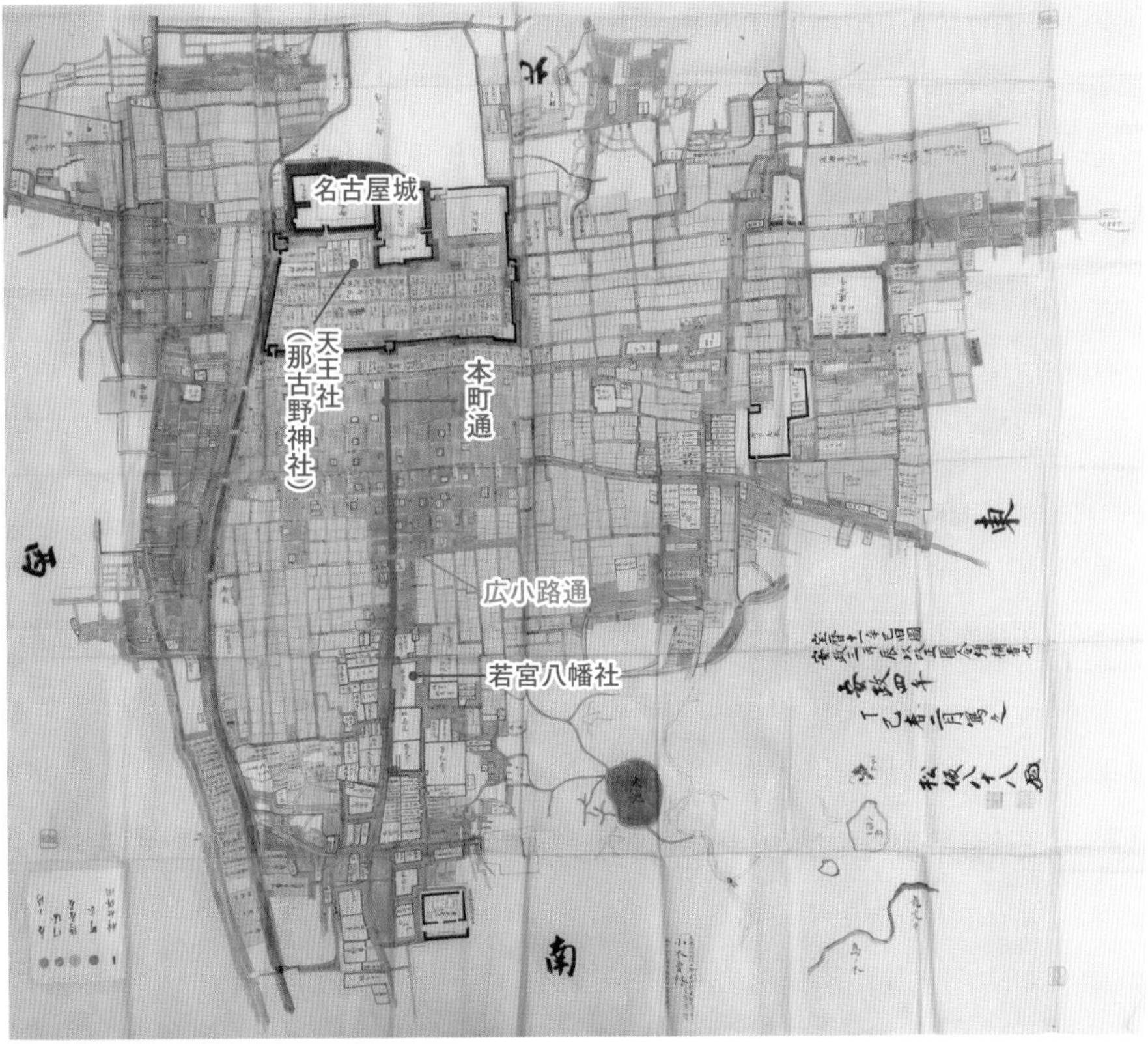

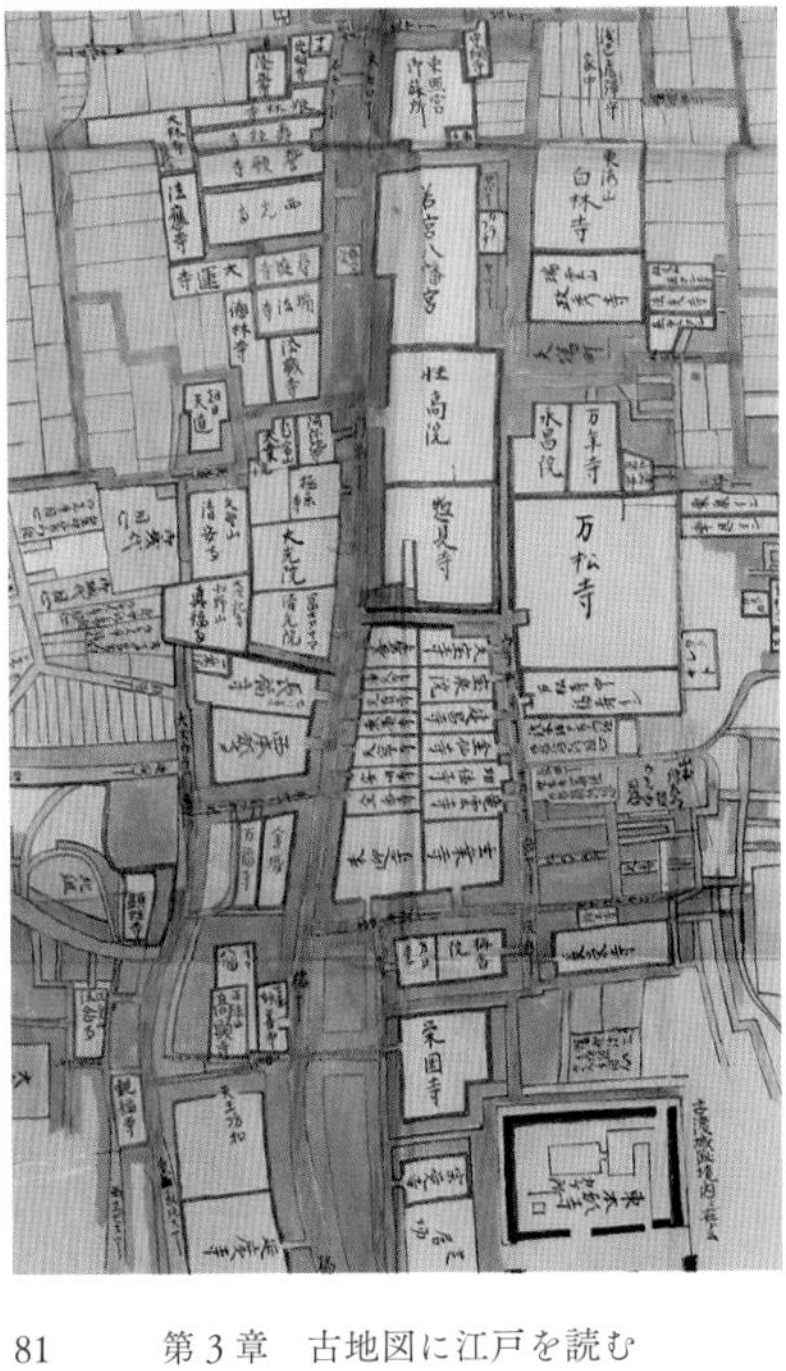

図1　「名古屋細見之図」安政５年２月付 松坂八十八写　中京大学文学部蔵

図２　上部に若宮八幡社がみえる（図１の下部を拡大）

1では、城下の神社のなかで最大の規模を誇るとされる神域の広さ（江戸期の面積は5660坪）が視覚的に把握できるように描かれている。江戸末期から明治初期にかけて刊行された尾張国の地誌である『尾張名所図会』をみると、敷地内には拝殿・祭文殿・本社・御供所・芝居小屋などが整然と建ち並び、多くの人で賑わっている様子がよみとれる（図3）。若宮八幡社が当時の民衆からいかに篤い信仰を受けていたかがうかがわれよう。

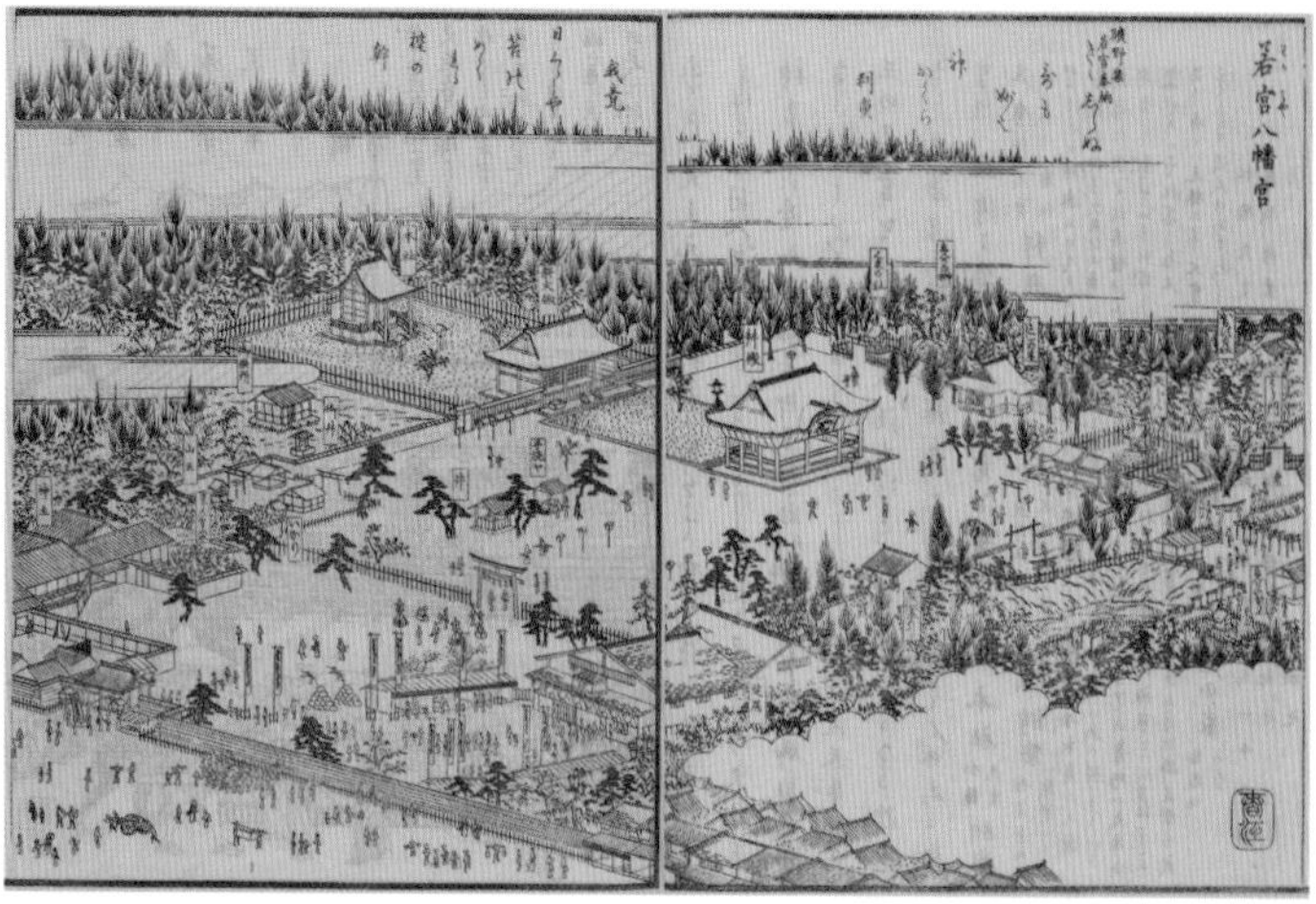
図3　若宮八幡社の賑わい　『尾張名所図会』前編　国文学研究資料館 三井文庫旧蔵資料

若宮八幡社は、社伝によれば、文武天皇の治世（697~707）に創祀され、延喜年間（901~923）に再興されたという。また、京都府の石清水八幡宮から勧請を受けたとも伝わるが、八幡神社とは八幡神を祀る神社のことで、大分県宇佐市に鎮座する宇佐八幡宮を総本社とし、全国に4000社ほど存在する。平安末期以降、八幡神は武家の最高峰である清和源氏の信仰対象となり、やがてその動きは武家全体にまで波及した。若宮八幡社も例外ではなく、ことに尾張藩二代藩主・徳川光友は、祭礼の開催にあたり太刀・馬代・黄金を献上したり、神殿をはじめとする舎宇の造営や、神官の設置にも取り組み、さらには社殿の修造を藩主の負担とするなど、その発展に尽力した。七代藩主・徳川宗春の治世下（1730~39）に作製された、本町通りの広小路以南の賑わいを描写した絵巻物である『享元絵巻』（名古屋城蔵）を紐解くと、若宮八幡社の周辺には、「浅野屋」・

図4　若宮八幡社　「享元絵巻」（部分）　名古屋城総合事務所蔵

「美濃屋」・「いろは屋」・「お茶屋」・「笹屋」・「老松屋」といった飲食物を提供する水茶屋が軒を連ねているが、と

もと屋」・「いろは屋」・「お茶屋」・「笹屋」・「老松屋」といった飲食物を提供する水茶屋が軒を連ねているが、というくに社前の異様に立派な二階建ての建造物に目を引かれる（図4）。一・二両階とも全面が総格子となっており、間口も非常に広い。これは宗春が若宮八幡社の祭礼などを見物するために建てた「御物見」と推定されており、本社と尾張徳川家の深い関わりを裏づけるものである。

若宮八幡社は、かつては社名に八幡を含まずに単に若宮と称しており、これをもとに、熱田神宮の摂社にあたる孫若御子神社をその遥拝所と推定する文献史料が存在した。また、八幡神への祀り替えがおこなわれたのは光友のころで、それ以前は八王子権現を祀っ

いか否かを確かめることは難しいが、武神としての性格は尾張徳川家から崇敬を受ける過程で付加されたものなのかもしれない。

若宮八幡社が八王子権現を祀っていたとすると、その父の牛頭天王を祀る、同じ中区内に鎮座する那古野神社（旧称・亀尾天王社）とは親子関係だったことになる。この神社は、津島市の津島神社（旧称・津島牛頭天王社）を総本社とする天王社のひとつに数えられ、縁起には911年（延喜11）に醍醐天皇の命により創建されたとある。「若宮」を称する神社には、非業の死を遂げた怨霊を鎮めるために祀ったものが多く、牛頭天王には除疫神としての役割

ていたとする文献もある。これらの記述が史実として正し

があるので、若宮八幡社の再興と那古野神社の創建が、10世紀初葉における政治的・社会的混乱、具体的にいえばのちに怨霊として清涼殿落雷事件を引き起こしたという菅原道真の大宰府への左遷と同地での死去を背景に実現したことは容易に想像されよう。

菅原道真が、他所へ遷座するための会議が催されるも、神慮（神のみこころ）がわからないということになり、家康の発案により神前にて御籤が引かれた結果、三の丸内に留まることになったのだという。そして

城下の寺社地の一角へと移転したことになる。

『尾張名所図会』の「亀尾天王社」項の添文によれば、那古野神社は慶長十五年の築城の折、他所へ遷座するための会議が催されるも、神慮（神のみこころ）がわからないということになり、家康の発案により神前にて御籤が引かれた結果、三の丸内に留まることになったのだという。そしてこの一件をきっかけに、那古野神社は「御城擁護の鎮守」・

●なぜ城外へ移転したのか

さて実のところ、名古屋城が成る慶長十五年以前の那古野庄、すなわち現在の三の丸付近には、古道に沿って並ぶ寺社や屋敷のなかに、若宮八幡社と天王社（那古野神社）が隣接する形で存在していた（『金城温古録』）。つまり、那古野神社が築城後もそのまま置かれたことによる措置だろう。由緒ある神社が築城のためとはいえ、たった一度の御籤の結果によって古地

「府下の氏神」に位置づけられ、名古屋城とその城下町を守護することとなった。一方で、若宮八幡社は城外へ移転したが、これはおそらく遷座の神意が下ったことによる措置だろう。由緒ある神社が築城のためとはいえ、たった一度の御籤の結果によって古地

から引き離されたというのは、現代の感覚からすると何とも奇異な話ではないだろうか。

若宮八幡社は移転後、尾張徳川家の氏神かつ名古屋の総鎮守として地元民の信仰を集めるようになった。現在も続く5月の例祭「若宮まつり」は、名古屋東照宮の東照宮祭（4月）と那古野神社の天王祭（7月）とあわせて名古屋三大祭と総称され、高い格式を誇る。例祭は2日間にわけて実施されているが、2日目の本祭では神輿渡御と山車奉曳がおこなわれ、多くの観衆に見守られながら目的地の那古野神社まで本町通りを往復する。江戸時代の府下の町人にとってこの渡御は、藩主の上覧を賜る重要行事であるとともに、氏神を参拝する貴重な機会でもあった。実のところ若宮祭と天王祭は、当初はともに6月16日に開催されていたが、明治中期に太陽暦の採用などを理由に、前者は5月、後者は7月にそれぞれ変更となった。その頃から天王祭でも若宮八幡社への渡御がおこなわれるようになり、現在も7月になると、威勢のよい掛け声で御輿を担いで前進する赤褌の担ぎ手を見守る人々で賑わいをみせている。かつて隣接し、ともに除疫の神として機能していた若宮八幡社と那古野神社は、離れ離れになりながらも例祭での御輿渡御を通じて現在も強く結びついているのである。

　このように、平安時代の御霊信仰に端を発する若宮八幡社は、名古屋城とその城下町の形成や尾張徳川家との関わりを背景に、神格・鎮座地などを変えながら存続した。いま一度こうした歴史の断片を頭に入れて、往時の街並みに思いを馳せながら名古屋の中心街を歩いてみてはいかがだろうか。

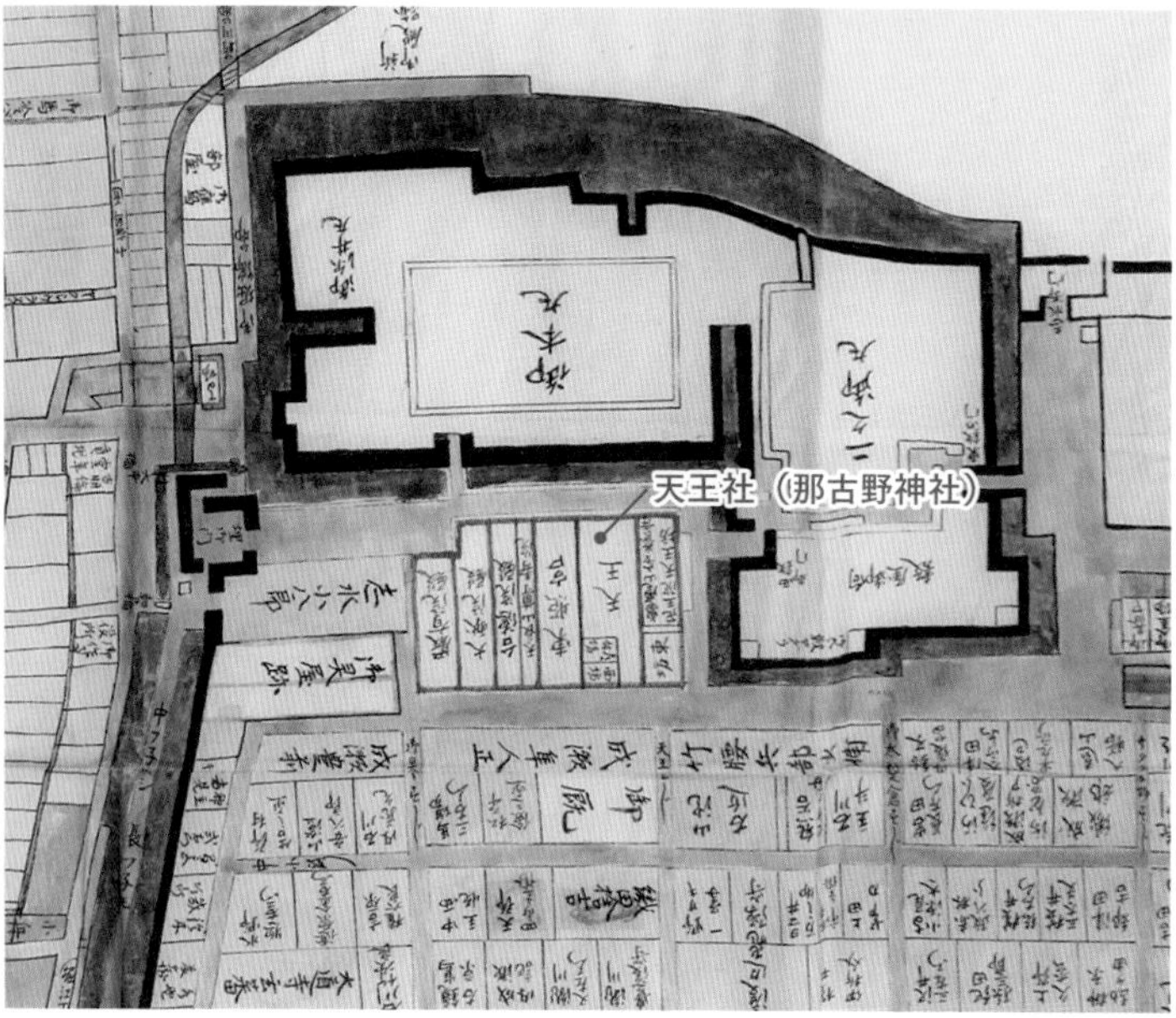

図5　天王社（那古野神社）
（図1の拡大）

「第壱区名古屋市街替地町全図」で城下町名古屋の町人地を読み解く

千枝大志

平成も終わりに近づいた頃だったか、私は何気なく立ち寄った古書店で一枚の古地図（図1）を目にした。近代の地籍図ではあったが、構図自体が興味深かったため即座に買い求めた。販売時「第壱区名古屋市街替地町全図」というタイトルが付されて、かなり安価だったということも購買意欲をかきたてた。

「第壱区名古屋市街替地町全図」は、地籍図が描く範囲がほぼ長方形型（7区画）であり、かつ四方の境界にすべて別の町村名が記されている。現在ならまだしも、近代ならばかなり珍しい空間構造であり、現地比定等が容易ではないかと判断できそうであった。個人的には、この図の素性とその史的意義等を明らかにする過程にはなかなかおもしろいエピソードがあるため、ここではその一端を紹介したい。

●地籍図解読の実際

地籍図は、土地台帳「地籍帳」の付図で「地籍字分全図」として、町村単位で作成された地図のことであり、1961年から土地法典が利用されるまで使われた。池川・堤・道路等を色分けして表現するとともに、土地の一筆ごとに境界・地番・地目等を記載する。愛知県では、1884年（明治17）に県が郡役所や戸長役場に、1月1日現在の状況で作成するよう指示しており、その時つくられた原本（後述するが当該地域は明治18年頃の成立か）が愛知県公文書館に所蔵（1976村分2198枚）されている。

さて、「第壱区名古屋市街替地町全図」の記載を詳しくみてみよう。まずは道路が赤色、河川が青色に塗り分けられていることに気がつく。これらの色分けについては、官有地は改租図に色を塗ってわかりやすくするように明治政府の下命があり、それにより公図上で赤線（赤道）は里道、青線（水色）は公衆用の水路を示すことになったことを反映した彩色と考えられる。

では一体全体、この地籍図はどこを指しているのかを考えてみると、まずヒントになるのは西端の河川に「江川《えがわ》」の注記があることだ。これは現在の江川線にかつて存在していた江川のことである。

次に、地籍図にみえる地名等の表記について、その名が使用された時期もあわせて考えてみよう。当初私は、「第壱区名古屋市街替地町全図」にある「名古屋市街替地」を名古屋市内で交換された土地

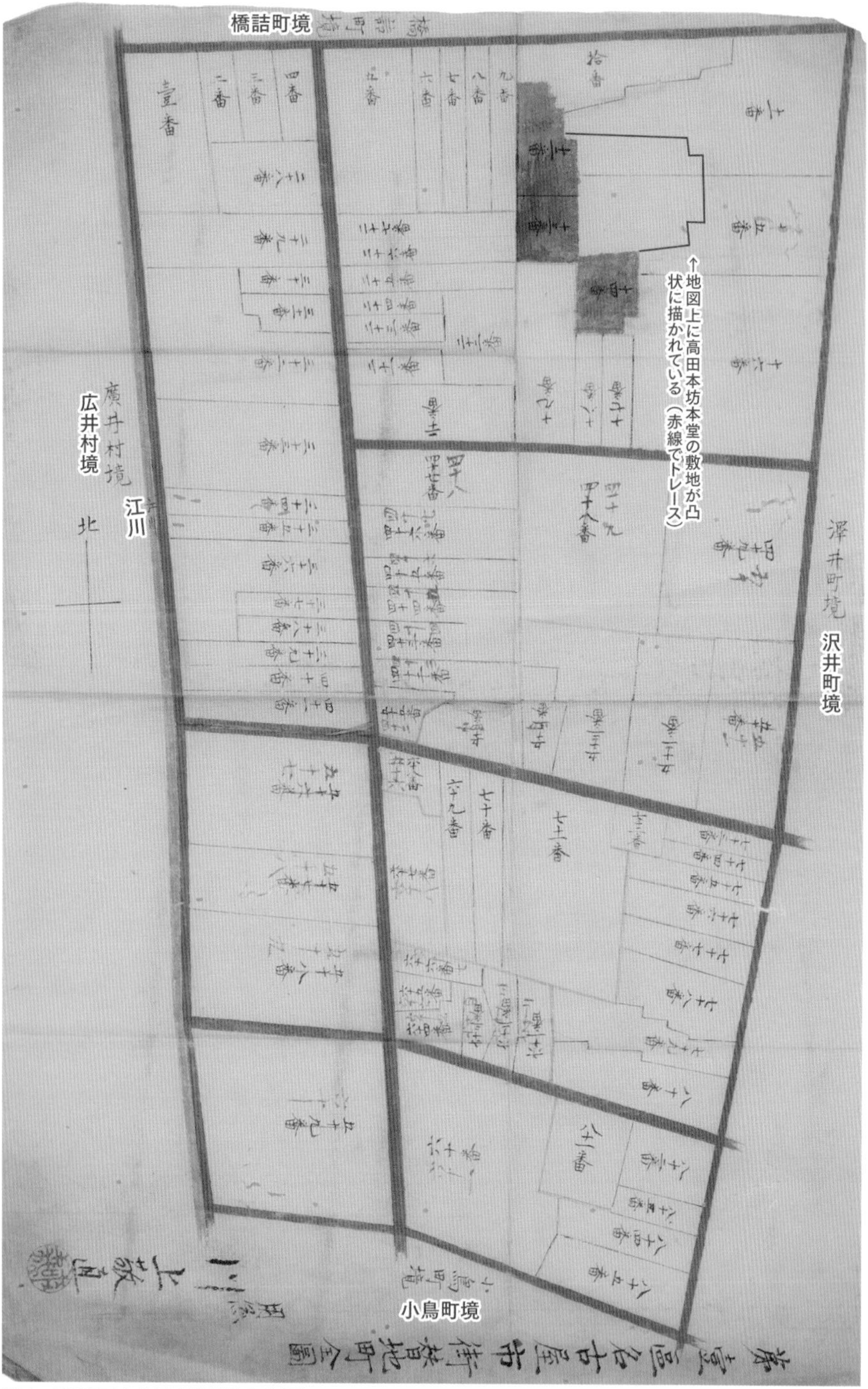

図１　「第壱区名古屋市街替地町全図」

と解釈してしまい、リサーチ当初より要らぬ労力を費やす羽目になった。

　では再解釈の過程を示すと、まずは「第壱区名古屋市街」の表記だが、1876年（明治9）に従来の第一大区に含まれる名古屋市街の区画は第一区とされ、1878年の「郡区町村編制法」等のいわゆる三新法の公布により名古屋は市街地をもって「名古屋区」となる。ちなみに名古屋市の成立は1889年であるからここでいう「名古屋市街」とは名古屋市という意味ではなく名古屋の《まち》、すなわち都市部という意味だ。

　次に、「替地町《かえちちょう》」については1876年〜1978年まで使用された地名であり、現在の西区那古野一丁目のことを指す。つまり、現在の那古野地区の一部は実は「替地町」なる旧町名だったのだが、町名としては現存せずに店名等の形で伝承されるのみである。このように昭和50年代初め、すなわち昭和後期まで使われていた町名にも関わらず、今では地元民以外では知る人は少なく、知っていればかなりの事情通といえよう。

　替地町同様、この地籍図にみえる橋詰町《はしづめちょう》（江戸時代から1978年〔1971年から76年までは上広井町〕）や小《こ》鳥町《とりちょう》（1878年から1977年）、また沢井町《さわいちょう》（1878年から1977年）も昭和50年代初めまで使われていた町名である。さらに広井村《ひろいむら》も江戸時代から1889年（明治22）までは使用された村名であった（広井村はその後、広井という大字名となり、1902年から1977年までは広井町という町名に変更されている）。このようにこれらの町村名に挟まれた区画が替地町なのだ。

　以上から、「第壱区名古屋市街替地町全図」はその名の通り、替地町全域を描いた地籍図であることは明らかである。

◉成立年代をさぐる

　では、いつ書かれたものなのかという問題が次に浮上しよう。替地町の町名の使用開始は1876年（明治9）からであるので、それ以降の地籍図とひとまず推定できよう。

　実は、愛知県公文書館に所蔵される1885年頃に作成されたとされる「愛知県名古屋市街地籍全図」の替地町の区画を見比べてみると、両図は酷似している。そのため、「第壱区名古屋市街替地町全図」は1885年頃の成立なのではないかとまずは推測できる。次にその検証のためにも表1を用いて同図にみえる地番について考えてみよう。

　表1は、名古屋市市政資料館が所蔵する1885年の西区替地町の土地台帳と名古屋市公文書館が所蔵する1884年の地籍帳などをもとに1885年時点での替地町の土地所有者を復元したものだが、同表から主に次の6つのことが指摘できる。
①地番は一から八十五まであるが、地番三十六の一があるので地番の数は合計86となる。
②1885年の土地台帳の地目項目で市街宅地とあるものは1884年の地籍帳では宅地か寺院敷地、墓地は

表１　明治18年（1885）における替地町の土地所有者一覧（名古屋市市政資料館所蔵土地台帳・愛知県公文書館所蔵地籍帳等より作成）

地番	地目	地籍帳	所有者氏名	所有者住所	備考
1	市街宅地	宅地	阿知波むめ	船入町	後に木挽町と修正（転居のため）
2	市街宅地	宅地	神谷義助	替地町	
3	市街宅地	宅地	鬼頭惣助	替地町	
4	市街宅地	宅地	加藤政蔵	橋詰町	
5	市街宅地	宅地	神戸利左エ門	門前町	
6	市街宅地	宅地	鈴木清助	替地町	
7	市街宅地	宅地	加藤延太郎	橋詰町	
8	市街宅地	宅地	林甚七	替地町	
9	市街宅地	宅地	高木半治	替地町	
10	市街宅地	宅地	高田本坊	替地町	「真宗」と肩書あり
11	市街宅地	寺院敷地	高田本坊	替地町	「真宗」と肩書あり
12	墓地	埋葬地	坂文四郎	上長者町	「共有惣代」と肩書あり
13	墓地	埋葬地	山中久八	小鳥町	後に船入町と修正
14	墓地	埋葬地	坂文四郎	上長者町	「共有惣代」と肩書あり
15	市街宅地	宅地	山中久八	小鳥町	後に船入町と修正
16	市街宅地	宅地	高田本坊	替地町	「真宗」と肩書あり
17	市街宅地	宅地	平賀日賢	小鳥町	後に沢井町と修正（転居のためか？）
18	市街宅地	宅地	渡辺たし	替地町	「図面ニハ二村たしトアリ」と貼紙あり。二村姓に改姓か？
19	市街宅地	宅地	山口清兵衛	替地町	
20	市街宅地	宅地	山口清兵衛	替地町	
21	市街宅地	宅地	竹内源助	替地町	
22	市街宅地	宅地	中西充	替地町	
23	市街宅地	宅地	渡辺安次郎	替地町	
24	市街宅地	宅地	高木半治	替地町	
25	市街宅地	宅地	三井忠有	替地町	
26	市街宅地	宅地	野々部定次郎	橋詰町	
27	市街宅地	宅地	神戸利左ヱ門	門前町	
28	市街宅地	宅地	伊藤喜三郎	沢井町	
29	市街宅地	宅地	青木進逸	替地町	
30	市街宅地	宅地	鬼頭辰次郎	替地町	
31	市街宅地	宅地	千賀愛治	替地町	
32	市街宅地	宅地	中野鎗太郎	替地町	
33	市街宅地	宅地	山口清兵衛	替地町	
34	市街宅地	宅地	磯輸吉次郎	替地町	
35	市街宅地	宅地	磯諭銀次郎	替地町	
36	市街宅地	宅地	磯諭源七	替地町	
(36-1)	市街宅地	宅地	小川喜助	替地町	「愛知県名古屋区市街地籍全図」では「三十六番ノ内一　宅地」と地番36を分筆
37	市街宅地	宅地	小川喜助	替地町	
38	市街宅地	宅地	小川喜助	替地町	
39	市街宅地	宅地	丹羽栄助	替地町	
40	市街宅地	宅地	荒川宗七	替地町	
41	市街宅地	宅地	河合いち	呉服町	
42	市街宅地	宅地	並河つね	七間町	
43	市街宅地	宅地	住田弥七	替地町	
44	市街宅地	宅地	浅野善蔵	替地町	
45	市街宅地	宅地	丸山やゑ	替地町	
46	市街宅地	宅地	加藤ゑい	替地町	
47	市街宅地	宅地	堀田清助	替地町	
48	市街宅地	宅地	加藤寅彦	替地町	明治19年3月22日に加藤善八と改名

49	市街宅地	宅地	加藤寅彦	替地町	明治 19 年 3 月 22 日に加藤善八と改名
50	市街宅地	宅地	西脇吉右エ門	上園町	
51	市街宅地	宅地	（台帳無）	（台帳無）	地籍図上では 50 番の分筆地番に該当
52	市街宅地	宅地	加藤ゑい	替地町	
53	市街宅地	宅地	加藤寅彦	替地町	明治 19 年 3 月 22 日に加藤善八と改名
54	市街宅地	宅地	伊藤源助	木挽町	
55	市街宅地	宅地	並河つね	七間町	
56	市街宅地	宅地	（加藤善八）	替地町	加藤寅彦の改名後の名前が記載されているため明治 19 年 3 月 22 日以降の台帳か？
57	市街宅地	宅地	加藤寅彦	替地町	明治 19 年 3 月 22 日に加藤善八と改名
58	市街宅地	宅地	加藤ゑい	替地町	
59	市街宅地	宅地	加藤寅彦	替地町	明治 19 年 3 月 22 日に加藤善八と改名
60	市街宅地	宅地	酒井喜七	花車町	
61	市街宅地	宅地	加藤寅彦	替地町	明治 19 年 3 月 22 日に加藤善八と改名
62	市街宅地	宅地	太田久七	替地町	
63	市街宅地	宅地	吉田安治郎	替地町	
64	市街宅地	宅地	伊藤源助	木挽町	
65	市街宅地	宅地	伊藤源助	木挽町	
66	市街宅地	宅地	橋野栄次郎	替地町	
67	市街宅地	宅地	小川与七	替地町	
68	市街宅地	宅地	（加藤善八）	替地町	加藤寅彦の改名後の名前が記載されているため明治 19 年 3 月 22 日以降の台帳か？
69	市街宅地	宅地	種田錠之助	替地町	
70	市街宅地	宅地	松村春望	替地町	
71	市街宅地	宅地	加藤ゑい	替地町	
72	市街宅地	宅地	加藤寅彦	替地町	明治 19 年 3 月 22 日に加藤善八と改名
73	市街宅地	宅地	伊藤伊三郎	替地町	「税名帳ニ銀次郎トアリ」と貼紙あり
74	市街宅地	宅地	中村新四郎	沢井町	
75	市街宅地	宅地	水野松次郎	替地町	
76	市街宅地	宅地	石黒茂助	替地町	
77	市街宅地	宅地	冨成権七	替地町	
78	市街宅地	宅地	肥田伊代蔵	替地町	
79	市街宅地	宅地	古田小七	替地町	
80	市街宅地	宅地	伊藤源助	木挽町	
81	市街宅地	宅地	加藤寅彦	替地町	明治 19 年 3 月 22 日に加藤善八と改名
82	市街宅地	宅地	鬼頭とみ	伝馬町	
83	市街宅地	宅地	平松三右エ門	替地町	
84	市街宅地	宅地	寺田鍬吉	替地町	
85	市街宅地	宅地	伊藤新左エ門	大船町	

埋葬地に該当する。

③大半は替地町の土地所有者であるが同町以外で名古屋の計12町（木挽町・橋詰町・門前町・上長者町・船入町・沢井町・呉服町・七間町・上園町・花車町・伝馬町・大船町）の住民も土地を所有する。

④土地所有者として計59件の名義（高田本坊・墓地の共有地惣代は1件）がある。

⑤市街宅地（宅地・寺院敷地）が大半で、墓地（埋葬地）が若干存在する。

⑥1885年当時の記載がない台帳も若干存在する。

「第壱区名古屋市街替地町全図」にみえる地番と表1を見比べると、同図には分筆された地番は皆無である一方、同表では分筆された地番である三十六番の一が含まれるが、

「愛知県名古屋市街地籍全図」の替地町の箇所にも三十六番の一の地割記載が存在する。

これらを勘案すると、「第壱区名古屋市街替地町全図」は「愛知県名古屋市街地籍全図」の替地町の地割に若干先行する内容であると思われ、それは「第壱区名古屋市街替地町全図」が下書き的な要素（朱筆による地番の修正。貼紙による河川表記。墨筆での作図。鉛筆での高田本坊本堂の描写。「用係　川上敬直［朱印］」の記載。用係とは戸長の仕事を手伝う吏員のことであり、署名捺印のある地籍図は下絵の可能性が高い）が看取できることからも肯定されよう。つまり、「第壱区名古屋市街替地町全図」は1885年頃に作成された地籍図の下書きと判断できるのだ。

過日この図を片手に、伝統的建造物が立ち並ぶ那古野一丁目地区、すなわち旧替地町域を散策した際、ほぼすべてといっていいほど区画は変わっていないことに深い感銘を覚えた。戦後の区画整備は主としてグネグネとした道を直すためだったが、旧替地町の区画は明治の時点でもまるで現在の舗装道路のように整備された区画だ。だから、圃場整備を入れる必要性も生じなかったのではないか。それゆえに名古屋市内でも数多くの古い町屋が奇跡的に残ったのだろう。

表1も併用して伝統的家屋等の表札をみてまわると、表1にみえる土地所有者と同一姓の表札が確認できる場合が少なくないことに気づく。プライバシーの観点から具体例はあえてここでは記さないが、本書を片手に現地で確認してみると区画によっては驚くほどの一致をみる。つまり、一致する家屋は少なくとも明治以来所有の一族は変わっていないのであり、現在まで連綿と続く当該地の歴史を実感できることだろう。

◉〈替地町〉とは？

さらに、この地籍図で気になるのは《替地町》という一風変わった地名についてであり、あわせて、この町名は1876年（明治9）に名古屋市街地の区画整理時に命名されたのだろうが、それ以前は如何なる地名であったかだ。すなわち、遡及的に由来を追及することは当該域の成り立ちを考えることに繋がる行為でもある。早速、地誌から由来を調べると、例えば、『金鱗九十九之塵《こんりんつくものちり》』では、かつては「替地出来町《かえちできまち》」なる町名であったと記される。すなわち、替地出来町は二代尾張藩主徳川光友が隠居屋敷を大曽根出来町に造営する際、その替え地として1696年（元禄9）につくられた町屋地区なのだ。替地出来町は、北は橋詰町、東は信行院筋、南は元円頓寺筋、西は江川までの総称といい、中央の南北の小路は新長屋と呼ばれ、町名自体は、新田出来町や新長屋の別称でも呼ばれていた。

つまり、江戸初期の替地として成立したのが替地出来町、すなわち替地町であったから、それゆえに整えられた区画であったわけである。そのため、1856年（安政3）の「名古屋邑三之丸片端図」（図2）

図２　「名古屋邑三之丸片端図」　架蔵

図３　高田本坊　『愛知県写真帖』　1910年（明治43）

といった替地出来町域を含むいわゆる《名古屋城下図》でも「第壱区名古屋市街替地町全図」とほぼ同様に表現された区画が整然と描かれている。

特に「名古屋邑三之丸片端図」に褐色の枠取りのなかに「高田本坊」とみえる寺院は、もとは真宗高田派信行院とよばれた現在の真宗高田派名古屋別院のことであり（図3）、「第壱区名古屋市街替地町全図」でも同位置に境内地等が記されている。

また高田本坊周辺の堀川右岸の五条橋付近には、真宗大谷派慶栄寺《けいえいじ》や日蓮宗円頓寺《えんどうじ》が存在している。高田本坊等の御開帳時には、周辺の門前町は参詣者を対象とした都市的遊興の場として機能したというが、これが現在の円頓寺商店街の賑わいのルーツといえるものだ。

◉なぜ町割りだけなのか

ただ、読者のなかには「名古屋邑三之丸片端図」にみえる替地出来町の区画（灰色の彩色）は、「第壱区名古屋市街替地町全図」に似た区画であることはわかるが、ではなぜに、「第壱区名古屋市街替地町全図」と同様に土地所有者ごとの細かな地割がないの

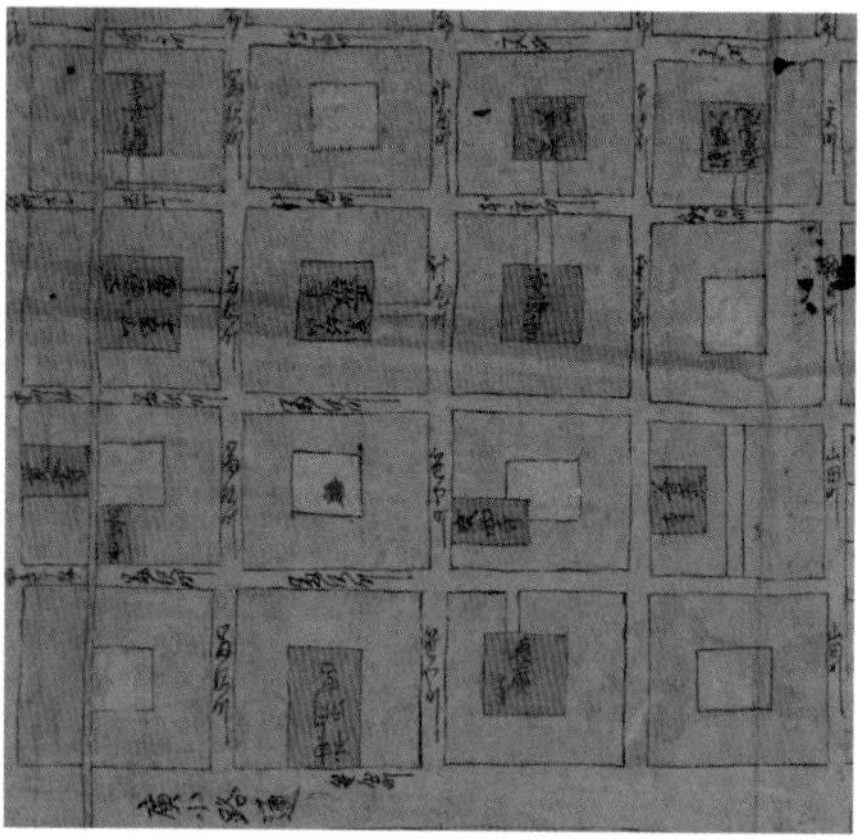

図４　寺社地や空き地として使われた会所　「前津小林周辺名古屋城下図」　架蔵

か、さらには所有者もわからないのか、という疑問を持たれる方もいるかもしれないが、この問いの答えは簡単である。

なぜならば、「名古屋邑三之丸片端図」を含む名古屋城下図は、武家地、すなわち尾張藩士の居宅と、寺社の管理が主目的であるため、武士名と寺社名は記される一方で、商工業者、すなわち町人地（町屋）の人名等は記載がなく原則、町屋部分は街路で仕切られた町割のみ記されているからだ。つまり、「名古屋邑三之丸片端図」では、替地出来町は町屋地区であり、町人が居住した地域であるため所有者ごとの地割は不明と言わざるを得ない。

さらに同図で替地出来町と同様に灰色で表現された名古屋城三之丸の真下で堀川の左岸に広がるいわゆる「碁盤割」地区も町人地だ。

碁盤割は、城下町名古屋特有の一辺約１００ｍの正方形の町割から構成された町場である。町屋の出入口は東西南北の四方の通りに面するため、結果として、正方形の中央部には空間が生じる区画構造となっている（図４）。碁盤割中央のスペースは「閑所」（江戸期は「会所」）といい、１００坪から２００坪ほどの寺社地や、空き地のままで周囲の町屋との共有地に使用されたという。碁盤割にはいわゆる「清須越《きよすごし》」商人といった商人が居住し、経済活動を展開していた。しかし、例えば、万屋町《よろずやちょう》を拠点とした美濃屋《みのや》弥兵衛《へえ》家なる商家伝来の江戸後期の不動産売券（架蔵）をみると、「河合秋山老」や「鈴木容蔵」といった医師の屋敷地や「教授寺《きょうじゅじ》」なる浄土真宗本願寺派寺院もみえるように、碁盤割は商人に限らず町人の居住地や小規模寺社密集地と認識したほうがよい。

このように、近代の地籍図といった広域的地割図がほとんど存在しない替地出来町や碁盤割といった町人地での近世時点での所有者把握はなかなか困難な作業なのである。

最後に、替地出来町の話題に帰ろう。第二次世界大戦の空襲により真宗高田派名古屋別院の境内の大半の建物は烏有に帰したものの、山門や鐘楼は、替地出来町、さらには替地町の時代の区画と同様、今でも変わらず現地に遺されている。

そのため、那古野一丁目としての今の賑わいに重ねつつ、本書片手に往時の情景を思い描きながらの旧替地町域での街並み散策もまた一興といえるのではなかろうか。

「尾州名古屋檀家帳」を使って、伊勢御師の檀家廻りを追体験しよう

千枝大志

ネットオークションでは思わぬ掘り出し物が見つかることがある。「天明七丁未年（1787）九月」付の「尾州名古屋檀家帳」と表紙のある小冊子（丁数4丁からなる竪帳で寸法は横25・2㎝×横17・1㎝）を落札したのも偶然の出会いからだ。図1は今回落手した冊子で、御祓賦《おはらいくばり》帳《ちょう》と呼ばれる伊勢御師《いせおんし》の檀家《だんか》リストの表紙部分である。

ここではこの冊子を用いて、江戸時代の名古屋での活動の痕跡を読み解いていきたいが、その前にまずは、一般的には聞きなれない伊勢御師や御祓賦帳の説明からはじめよう。

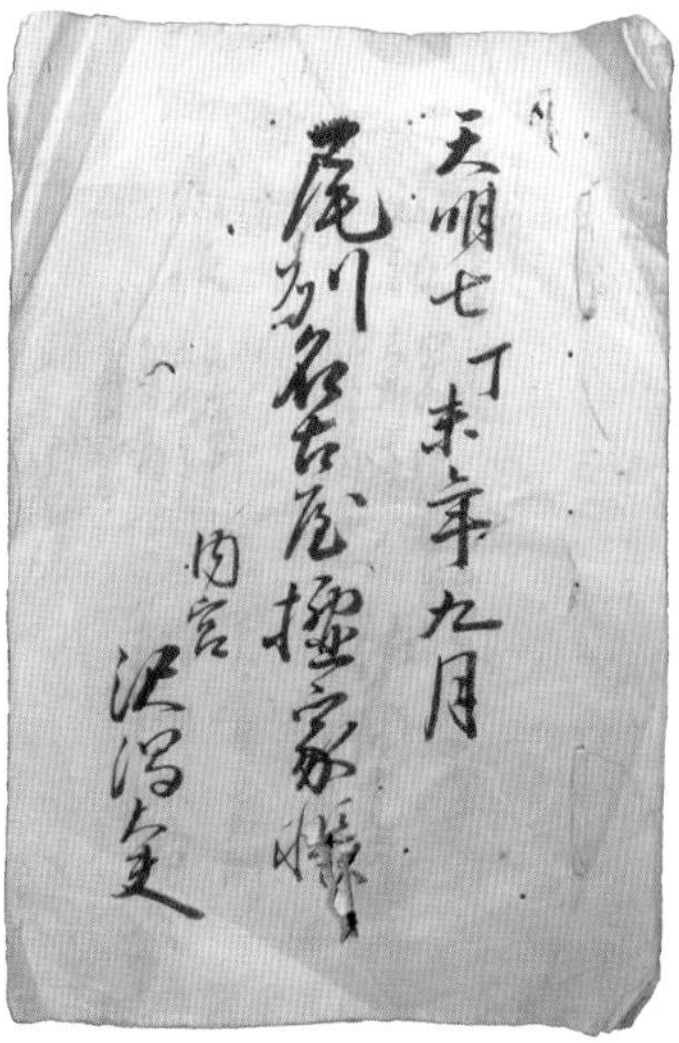

図1　『尾州名古屋檀家帳』表紙

●伊勢御師とは何か

伊勢御師は、全国各地に存在する自己の檀家に伊勢神宮の御祓大麻《おはらいたいま》や土産等を配布（基本的に経営規模の大きい伊勢御師の場合は当主でなく手代《てだい》が廻檀《かいだん》）することで伊勢信仰を広める役割を担っていた。

このように彼らは、伊勢参詣を勧誘・斡旋し、伊勢参宮客を伊勢神宮（内宮《ないくう》・外宮《げくう》）門前町として知られる伊勢国度会郡宇治《うじ》・山田《やまだ》で営む旅館へ宿泊させることを生業とする宗教者集団なのだ。現代で言えばコンシェルジュ的旅館業者と、祈祷等をおこなう伊勢神宮神職とを兼業した総合エージェンシー的職種となろうか。

彼らと檀家との間には、師《し》檀関係《だんかんけい》という一種の専属契約が成立しており、各地には縄張りである檀家の居住地域（檀那所《だんなしょ》）が形成された。全国の檀家は伊勢御師に伊勢神宮へ武運長久や五穀豊穣等の祈祷《きとう》や神楽奏上《かぐらそうじょう》等を依頼し、その報酬として彼らのもとには神楽料や初穂《はつほ》料等の莫大な金品が集積することになった。利益をもたらす師檀関係は、一旦締結をみると、よほ

どのことがない限り解消されることはなかった。伊勢御師にとって檀家は、生業の死活問題に関わるほどに不動産と同様か、それ以上に重視される家産として認識されており、中世後期には永続性の強い利権として株化された。

　そのため、彼らは檀家を把握するために各檀那所の空間を的確に認識していたが、その際、活用された商売道具のひとつが御祓賦帳であった。

　つまり、伊勢御師はこの冊子に載る専属的な顧客の諸情報をもとに檀家廻りをおこなっていたのである。

●尾州における沢瀉《おもだか》家の檀家構造

　ここで冒頭の話題に戻そう。これは表紙に「内宮 沢《おも》瀉大夫《だかだゆう》」とあるように宇治今《うじいま》在家町《ざいけちょう》に住む内宮側の伊勢御師沢瀉大夫の御祓賦帳、しかも尾張国名古屋の檀家を記した冊子だ。

　そもそも私がこの冊子を入手できたのは、江戸から明治へと時代が代わった際に御師制度は廃止され、伊勢御師が最も重要視していたのであろう生業関係の古文書・古記録類が散逸・消滅の憂いに遭ったがゆえのことであろうから、不思議な縁である。

　沢瀉家は、1879年（明治12）7月付の『旧師職総人《きゅうししょくそうじん》名其他取調帳《めいそのたとりしらべちょう》』（宇治今在家町）によると、明治初期の時点で、「尾張国愛知郡ノ内名古屋ノ内弐拾壱ヶ町 近在弐ヶ村」といった同冊子に掲載される尾張国をはじめとする全国各地に檀那所《だんなしょ》（東京・武蔵国・下総国・上総国・岩代国・相模国・常陸国・伊賀国・大和国・摂津国・大坂・丹波国・山城国・西京・近江国・美濃国・伊勢国・紀伊国）を持ち、日本各地で配ったお札の数は2万6557体にも及ぶ。

　この時点で、尾州を檀那所とする伊勢御師は133名（内宮側46名、外宮側87名）存在していたが、各家ごとに膨大に存在していたのであろう御祓賦帳は、今ではほとんど残っておらず、特に城下町名古屋の冊子は極めて少ないのが現状である。

　そのため、私が落手した薄い冊子も貴重であり、関連史料も神宮文庫にも片割れというべき『沢瀉家旧蔵資料』が所蔵されているぐらいだ。これらを用いることで、沢瀉家を介して名古屋を主とした尾州における近世伊勢信仰の受容実態（檀家構造）の一端を明らかにすることができる。

　御祓賦帳には、檀家情報を的確に把握するために、檀家名をはじめ、伊勢御師側が配布した御祓大麻と伊勢土産の種類や員数、檀家側から頂戴した初穂料・神楽料等といった奉賛品の情報はもとより、檀家の改名や肩書・身分、また家族構成、さらには居住地といった情報が記載される。『尾州名古屋檀家帳』から具体例をあげると、本文一丁目表の冒頭には図2のようにある（翻刻参照）。

　これをみると、沢瀉家は名古屋高岳院前《こうがくいんまえ》に住む佐久間十兵衛に「御祓《おはらい》」、すなわち、おそらくは「天照皇大神宮《あまてらすこうたいじんぐう》」と記された内宮側の御祓大麻と、伊勢土産《いせみやげ》としての「五十作り伊勢熨斗」（熨斗鮑《のしあわび》）や「大折暦」（伊勢暦《ごよみ》）や「むく

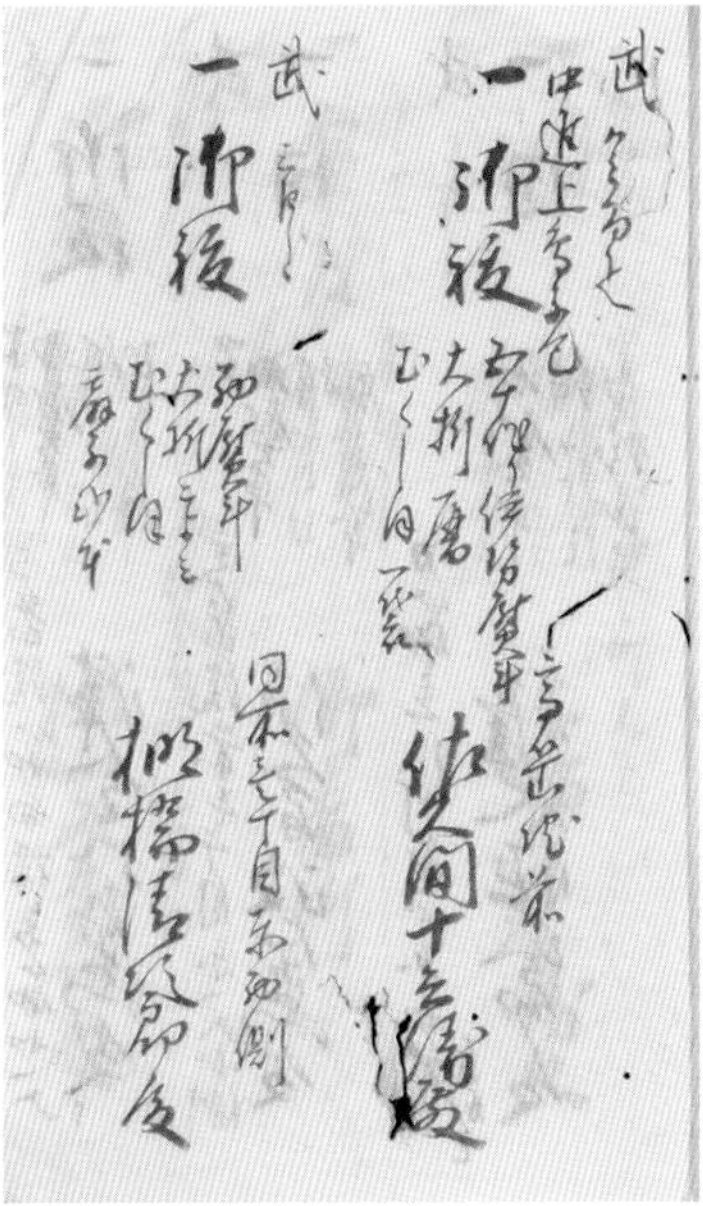

武　金百疋
中進上鳥子包
一　御祓　五十作り伊勢熨斗
大折暦
むくしほ　一袋
高岳院前
佐久間十兵衛殿

図２　『尾州名古屋檀家帳』
本文１丁目表冒頭

しほ」（無垢塩）一袋を贈答し、その一方で佐久間家からは見返りに初穂料として金百疋と「中進上鳥子包」（鳥の子紙）が贈答されていることがわかる。佐久間十兵衛は「武」とあるように尾張藩士であるが、本冊子では筆頭檀家として記されている点や、贈答品目の点等から窺うと沢瀉家にとっては城下町名古屋の檀家では最も敬意を払うべき人物であったといえる。

◉史料の地理情報を活用する

このように史料から師檀関係の実像を鮮明にするという研究分野もあろうが、ここでは『尾州名古屋檀家帳』の檀家の地理的居住地情報に着目し、城下町名古屋の都市構造も把握するという史料の利用法を紹介しよう。

当然ながら記載情報は、各家により、また、廻檀する地域等により差がみられる。しかし、都市部を檀那所とする場合は、単に檀家の肩書だけではなく、詳細な地理的情報が記される場合が多い。なかにはルートナビ的な注記がなされる場合も存在する。それは廻檀活動を通じて、原則的に毎年檀那所を訪問する際の備忘として記されているからである。その情報は檀家廻りを担当し記入した当人のみならず他者がみてもわかるように注記されている場合が大半だ。本来は担当の手代が交代した場合を意識して記したのであろうが、わたしたちが史料を元に壇家廻りする際のルートナビにも利用できるのである。

つまり、『尾州名古屋檀家帳』にある檀家の地理的居住地情報と、名古屋城下図といった別の史料とを組み合わせ、さらには現在の地形等を踏まえて検討することで、伊勢御師側の空間認識を動態的に復元しつつ、現地散策することが可能なのだ。

沢瀉家は、1721年（享保6）9月付の『桑名 名護屋 御旦家帳』（神宮文庫蔵『沢瀉家旧蔵資料』）によると、同年には名古屋に檀家を持っているから少なくとも18世紀初期には名古屋との繋がりがあったとみてよい。同家自体は1634年（寛永11）には「内宮おもたかや」（神宮文庫蔵『宇治会合文書』）と伊勢御師として名をみせ、少なくとも17世紀初期からの旧家であるため、おそらくは経営規模は大きく沢瀉家当主自らが名古屋で檀家廻りをしたのではなく同家手代がおこなっていたと推測できよう。

明和３年（1766）	身分	備考
◎	武	
○	武	
◎	武	
◎	武	
○	武	
○	武	
◎		「大船町」の住所も。「舩御番所」。享保５年に配札有
○	武	
○		
◎	武	「相応寺町筋」
◎	町	甚兵衛後新田関連事項を全て担当
◎	〔農？〕	
○	〔町？〕	
◎	〔武〕	
◎	町	
	武	
	武	喪中のため初穂料等の神納は無し
計 18	享保６年から明和３年までで天明７年時と無関係の檀家の詳細は省略。◎→同姓同名表記　○→同姓表記	

◉檀家廻りを追体験する

以上の点を踏まえて、『尾州名古屋檀家帳』を分析した内容が表1であり、これ以降、同表をベースに沢瀉大夫の1787年（天明7）時点での名古屋における檀家廻りの実際を探りたい。なかでも動態的に把握でき、かつ、現在でも痕跡の残るところをメインにみていこう。

なお、その際に用いる名古屋城下図は、本冊子と景観年代が近い1783年（天明3）から1794年（寛政6）までの空間が描かれた8枚組の切絵図タイプの『御城下八枚絵図』（架蔵）である。

まずは、先に触れた佐久間十兵衛の住む高岳院（浄土宗）周辺の檀家についてみてみると、沢瀉大夫は、記載順では冒頭［1］の佐久間十兵衛【沢瀉家からの贈答品↓御祓＋伊勢土産（五十作り伊勢熨斗・大折暦・無垢塩一袋）】に配札し、次に二番目［2］記載された棚橋清次郎【御祓＋伊勢土産（初熨斗・大折暦・無垢塩・扇子二本）】、三番目［3］には津金八左衛門【御祓＋伊勢土産（半熨斗・紺暦・無垢塩）】、四番目［4］に佐久間政右衛門【御祓＋伊勢土産（半熨斗・紺暦・扇子二本）】の順で檀家廻りをおこなったと判断できる。

五番目［5］の碓氷恒次郎以降は、高岳院周辺ではないため、高岳院周辺で一旦は廻檀を終了していたと考えられる。高岳院周辺の廻檀の際、『御城下 八枚絵図』のうちの「御添地之部」をみれば（図3）、A↓B↓Cの経路を利用したのはほぼ確実である。［4］へは記載された地理的情報に従うと、［3］に行く前にAの中程で左折し北上する経路を利用したことになるが、［3］に訪問後に［4］

表1 『天明七丁未年九月 尾州名古屋檀家帳』にみる1787年（天明7）時点の伊勢御師沢瀉大夫の名古屋における檀家構造

No.	檀家名	住所表記等	初穂料等	享保6年（1721）	元文2年（1737）
1	佐久間十兵衛	高岳院前	金100疋＋中進上鳥子包	◎	◎
2	棚橋清次郎	同（高岳院前）壱丁目東西側	300文	◎	○
3	津金八左衛門	高岳院筋向橋東筋北へ入	100文	◎	◎
4	佐久間政右衛門	高岳院前壱丁目東へ入北側		◎	◎
5	碓氷恒次郎	力筋立杉町角ゟ東五軒目南かわ	300文	○	○
6	大嶋平兵衛	中之町大下	200文	○	○
7	御番所		100文		◎
8	杉山又九郎	南鷹匠町辻番西	200文	○	○
9	右之御隠居	大津町いせ町之間	100文		○
10	西村兵右衛門	宗音寺町筋西ゟ東へ六軒目	100文	○	○
11	高木孫左衛門	塩町	200文	◎	◎
12	庄屋 杢右衛門	愛知郡甚兵衛後新田	2朱＋411文		
13	丸屋文四郎	本町七丁目	48文		
14	井上常庵老		100文		
15	笠原茂右衛門	堀江町 家主池田屋	200文		
16	佐藤市郎右衛門	力筋立杉町角	500文		○
17	近藤武左衛門	しゆもく町立杉町ゟ弐軒目	忌中		
計17（16名＋1機関）			計 金2朱＋銭3859文＋中進上鳥子包	計27	計21

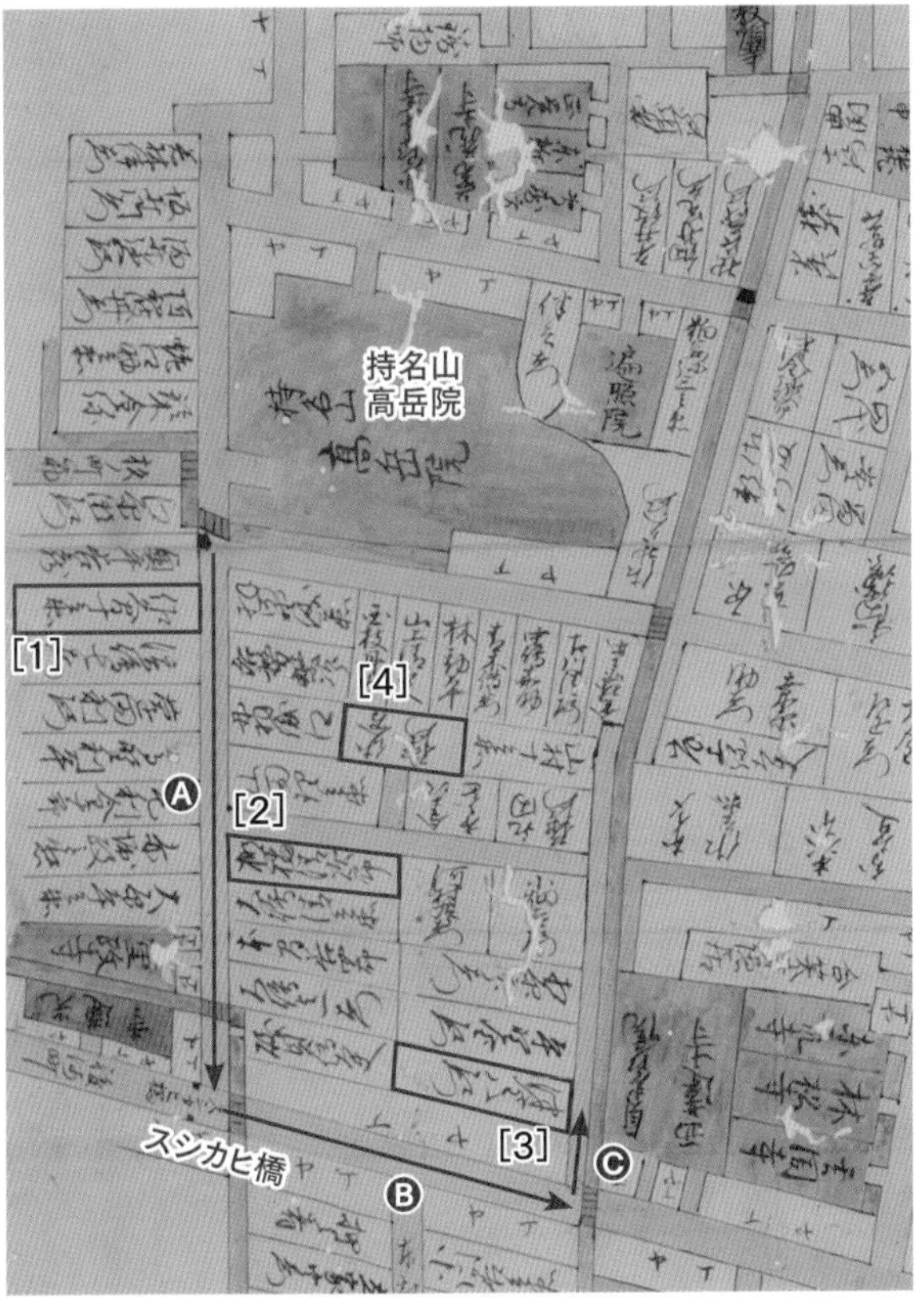

図3 「御城下 八枚絵図」のうちの「御添地之部」

に行く場合は、C→B→Aの中ほどで右折し北上する経路か、ないしCを北上し、左折し右折するルートを利用したと推定できるため、現時点では3つの経路が想定されるのみで決定打に欠ける。興味深いのは、［2］から［3］へと檀家廻りする際、「スシカヒ橋」を渡らなければならないことが「御添地之部」上の該当箇所から読み取れることだ。この名を聞いて、すぐに思い浮かぶのは名古屋城の北西部の堀川にかかる筋違橋だが、沢瀉大夫の檀家廻りに使われたであろう「スシカヒ橋」はそれとは異なる。

先日、現状確認のため、古地図散歩を実施したが、景観は大きく改変され、当時を彷彿できる痕跡は道路のほかは境内地が大幅に縮小した高岳院のみであり、残念ながら廻檀の追体験は不十分であった。

しかし、表1の［5］からの記載情報からの城下町名古屋内の古地図散歩はなかなかの収穫があったので次に紹介していこう。

●今も残る江戸の痕跡

まず主税筋や撞木筋の檀家構造をみてみると、［5］の碓氷恒次郎【御祓＋伊勢土産（初熨斗・紺暦・白粉二箱）】、［16］の佐藤市郎右衛門【御祓＋伊勢土産（初熨斗二把・大折暦）】、［17］の近藤武左衛門【御祓＋伊勢土産（初熨斗・紺暦・扇子二本）】が該当地域の檀家である。佐藤市郎右衛門と近藤武左衛門は記載が続いているため、沢瀉家は同一機会に廻檀したと判断できる。その際、『御城下八枚絵図』のうちの「山口之部」をみれば（図4）、A↓B↓Cの経路を利用したのはほぼ確実であるが、［5］への配札については［16］と［17］と近距離ではあるものの、同

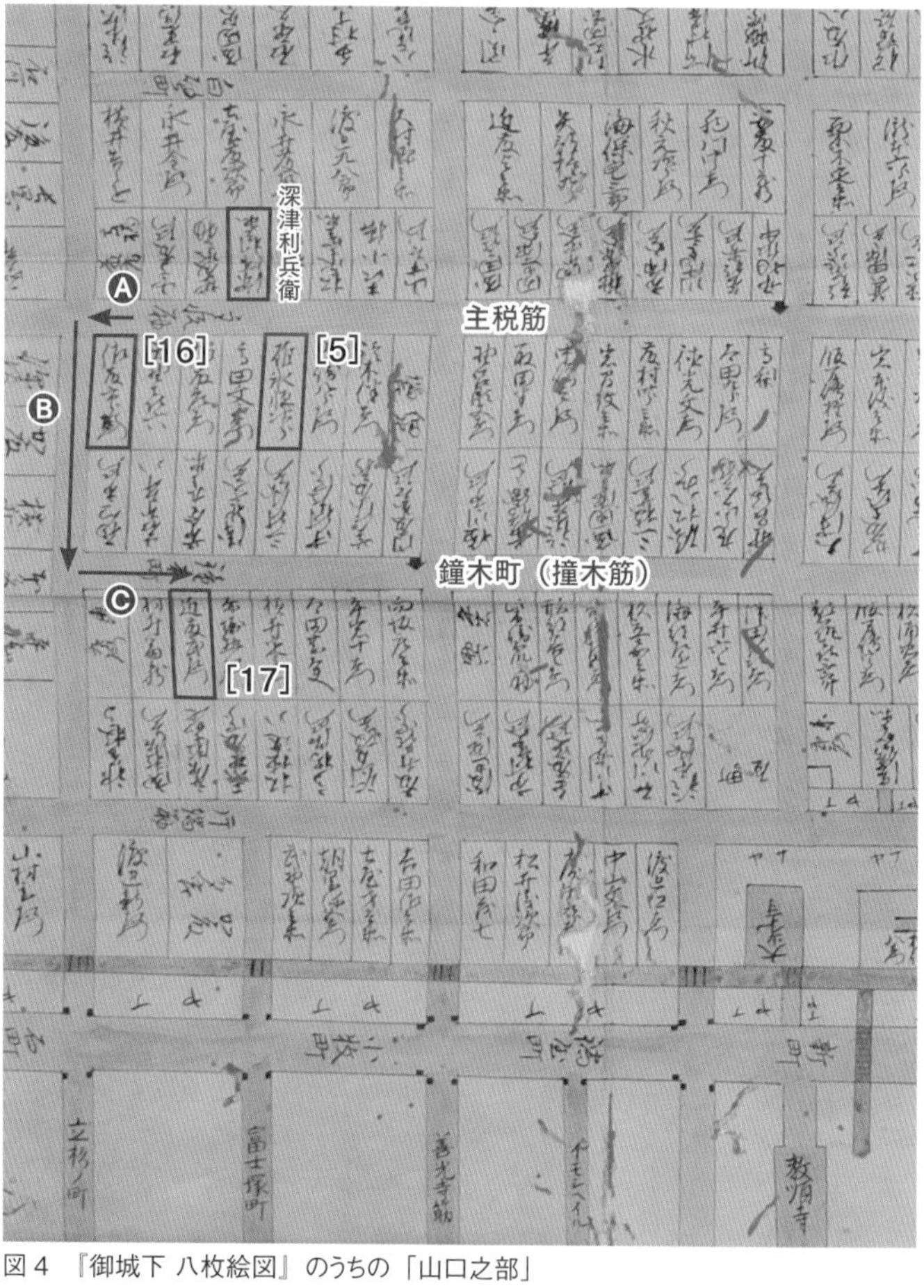

図4　『御城下 八枚絵図』のうちの「山口之部」

一機会であったかは断定できず別の日の配札の可能性もある。

幸いにしてこの界隈は戦災から免れており、古い町屋が数多く点在し、沢瀉大夫が用いた道路も（道幅は異なるものの）ほぼ当時の形で現在も踏襲されている。だが、残念ながら碓氷恒次郎・佐藤市郎右衛門・近藤武左衛門の各屋敷は現存していない。とはいえ、近代建築をリノベーションしているイタリア料理店の敷地は（図5）、もともと佐藤市郎右衛門邸の南側の一部であろう。また、碓氷恒次郎邸跡は現在の主税町公園（図6）の一部に該当すると思われるが、その推測を可能にするのは、主税町公園の北西対向面にみえる近代に建てられたという深津家の屋敷門である（図7）。「山口之部」の碓氷恒次郎邸の北西対面には尾張藩士「深津利兵衛」の名前があるが、まさにその末裔が現在も同地にお住まいだ。これにより、主税町公園（の一部）＝碓氷恒次郎邸跡であると確定できるのである。

以上のように、『尾州名古屋檀家帳』を紐解くことによって、沢瀉大夫の城下町名古屋での檀家廻りを部分的にでも追体験できるのだ。また、少ないながらも名古屋を檀那所とした別の伊勢御師の御祓賦帳は現存する。さらに、伊勢以外にも津島や富士といった別の神社の御師関係文書も残されている。それらの中から檀那所としての名古屋の情報が記された史料を探し出し、追体験する楽しみ方もあろう。このように、名古屋外の宗教者史料を活用することは向心力となって、名古屋の江戸の痕跡をより鮮明にしてくれるはずである。

図5　イタリア料理店

図6　主税町公園

図7　深津家の屋敷門

「新尾頭・尾頭両町周辺図」で名古屋のウオーターフロント・金山を読み解く

千枝大志

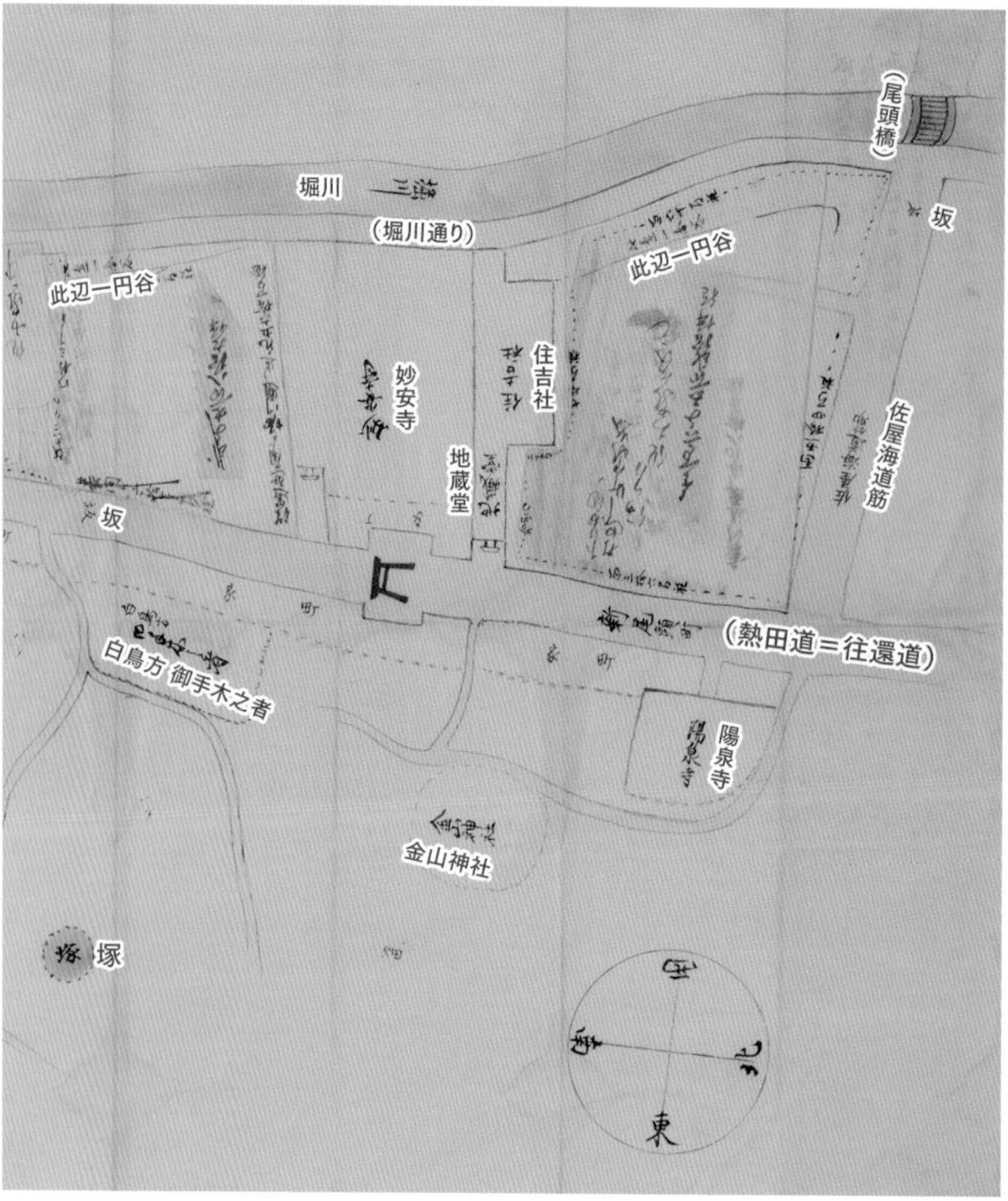

　生粋の名古屋人に、「金山は名古屋のウオーターフロントだったと思うんだよね」と突然話題を振ったら、「何た～けたこと言っとりゃ～す。」と失笑されるかもしれない。
　では、江戸時代の古地図を使って、当時の地形に思いをはせながらタイムトリップ的にそれを検証してみよう。

●尾張藩関連の絵図か

　名古屋の古書店より購入した図1の絵図は、偶然にも金山地区のいにしえの空間を描いた絵図だった。仮に「新尾《しんお》頭《とう》・尾頭《おとう》両町周辺図」と命名してみた。外題に該当する部

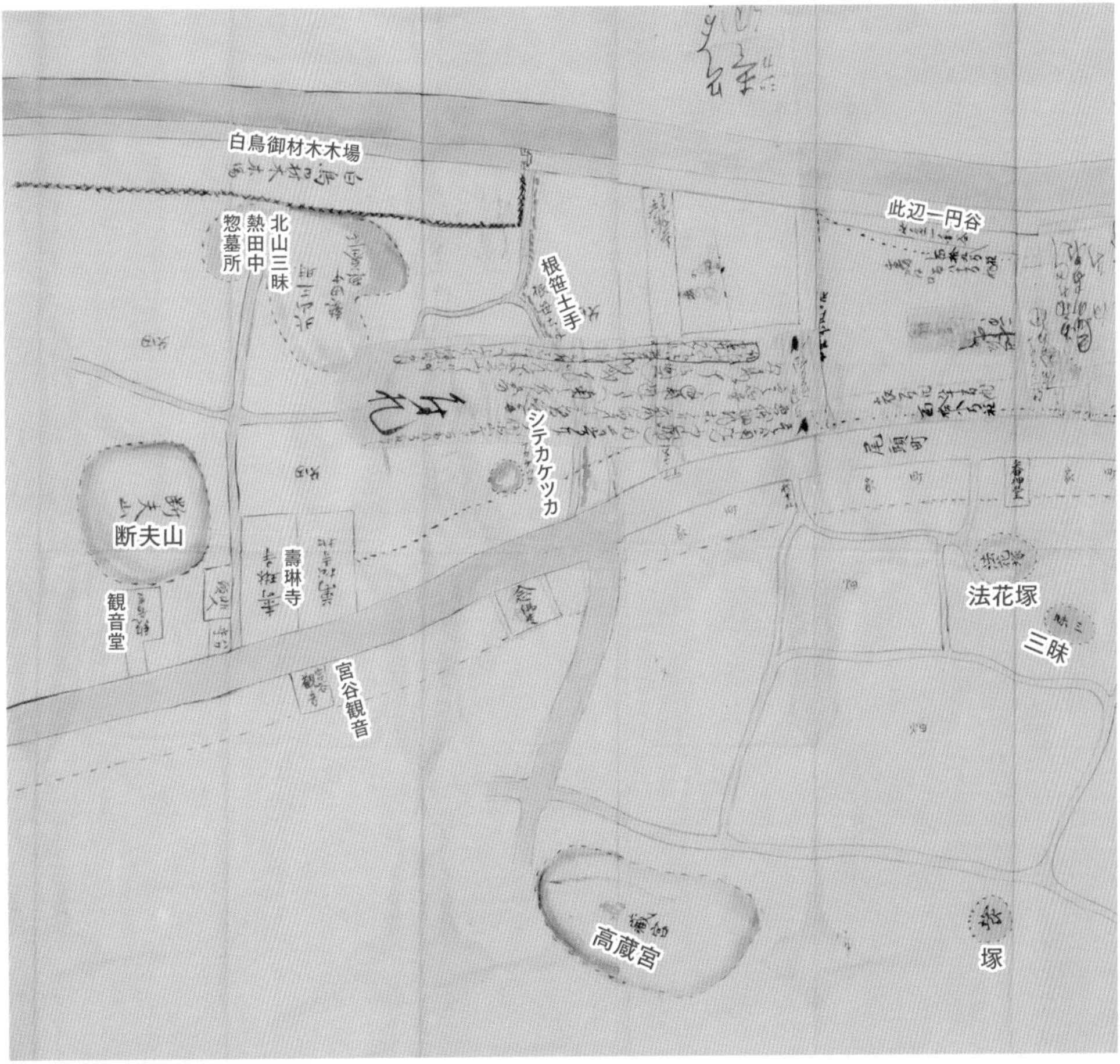

図１「新尾頭・尾頭両町周辺図」　架蔵

分には、「戌十二月九日御達相成御図十四日長野殿御持参場所おゐて懸ケ紙仕替御達相成候処一円付札ニ而御渡相成候ニ付新図ニ取調御達相成別ニ写有之候事　戌 十二月十六日」と墨書された長方形の貼紙と、「人」と朱書された正方形の付箋が記されている。

前者の貼紙の内容に「御達」や「御図」とある以上、図1は尾張藩関連の公的な絵図だ。図面上の夥しい貼紙は「新図」作成をめぐる記載情報の修正・補正の痕とみられ、御図を「御持参」した「長野殿」は尾張藩士と推測できる。

後者の「人」は、絵図や和本のシリーズを示す天地人の表記のそれであるから、他にも天や地と記された付箋のある関連絵図があった可能性がある。

本図は北限を尾頭橋《おとうばし》付近、南限を断夫山付近とする熱田道沿いの新尾頭町と尾頭町の空間が描かれている。そもそも両町を含む空間を描く絵図は、天保年間（1830－44）の「尾張志付図　熱田」（名古屋市蓬左文庫蔵）をはじめ複数存在するが、熱田神宮やその門前に広がる宮宿《みやしゅく》が主たる構図となるため熱田の地が中心となって描かれるものが大半である。そのため、新尾頭町と尾頭町のみを描く絵図は「新尾頭・尾頭両町周辺図」しか確認できないため、構図的には大変レアな存在だ。

描き方としては、武家地と寺社地のみが具体的であり、町人地は「町家」表記のみであるという特徴を持つ。さらに、夥しい貼紙の存在から勘案すると尾張藩提出用の町村絵図の下絵の可能性がある。

尾頭町は、江戸期以来の町名であり、熱田台地の尾根を通る名古屋本町《ほんまち》への街道筋沿いに該当する。尾頭町内の浄土宗雲心寺《うんしんじ》（本図にも描かれている）の山門前に建つ「不許葷酒入山門」と刻まれた1740年（元文5）4月8日銘の戒壇石の北面には「尾陽熱田古尾頭町」とあるように古尾頭町という北に続く新尾頭町に呼応した別名でも呼ばれることもある。

新尾頭町は、北端を佐屋街《さやかい》道《どう》（本図では「佐屋海道筋」）、古尾頭境を南端とする町名であり、江戸期から1980年まで使われた。両町共に、1664年（寛文4）に成立した町場とされ、それ以前は、松並木が生い茂る場として認識されていた。さらに町場として両町の開発が進行したのは1666年に佐屋街道が完成し4つの宿場が置かれた影響も少なくなかろう。

●古地図を手に歩く

絵図に見える主な記載について、熱田道（本町筋）で分けられた東側の区画を熱田方面に進行する形で話を進めていこう。まず絵図の北端に「陽泉寺《ようせんじ》」とみえるのは、もともとは熱田高御堂町にあった織田信長や織田信雄の重臣で名高い安井将監の開基本願の曹洞宗明長寺である。1748年（延享4）に本図の場所に移転と同時に現在の寺号の陽泉寺に改め、さらに昭和50年代頃にJR尾頭橋駅前に移転し、現在は面影もない。

次に同寺の南東には「金山神社」と記載があるが、「金山彦神」を主祭神とした尾張鍛治発祥地としての由緒を持ち現在も金属業関係者に深く崇敬される神社のことである。1885年（明治18）頃の熱田地区の地籍図「熱田全市街地籍町分全図」（愛知県公文書館蔵）の該当箇所をみると、東側に「字金山」と記載がある。現在は金山駅辺りを金山と認識してしまうが、明治の地籍図をみる限り狭義では金山神社周辺が金山地区といえそうだ。

金山神社の次には「白鳥方御手木之者」の書き込みがあり、18世紀の「名古屋並熱田絵図」（徳川美術館蔵）では「御手木屋鋪」とみえるが、今はまったく痕跡がない。また、「白鳥方御手木之者」の東隣から「亀屋河戸《かめやこうど》」（熱田道から現在の瓶屋橋までの八幡郡道）の対面に至る小道の痕跡は、現在の花町公園の西隣から新尾頭二丁目の交差点に至る道路の周辺に比定できそうだが、土地の改変が激しく断定できない。

同様に、「ハタ」「畑」と記された周囲の畑地に「法花塚」や「塚」とある点在した円形も比定できそうな気もするが残念ながらこれらの痕跡も皆無。ただ、『熱田旧記』や『蓬州旧勝録』といった地誌における周辺部での多数の古塚の記述、さらには塚神社等が鎮座する花ノ木古墳の存在から類するに、本図で描かれた法花塚や塚は、同古墳と同様に沢上の古墳群の一部の可能性があろう。

なお、「三昧」の文字に朱で塗られた楕円は『蓬州旧勝録』では「法花三昧」の俗称を持つ法花塚に関連づけられた墓所であり、おそらくは法華宗、すなわち日蓮宗系の墓域であったが現存していない。

さらに南下すると東端に「高蔵宮」と熱田神宮境外摂社で高倉下命が祭神の高座結御子神社の表記がみえる。ここで注目したいのは楕円形に描かれた境内地には緑色の彩色がなされていることだ。同社の『尾張名所図会』での挿絵をみれば現在と同様に鎮守の森というべき樹木が生い茂る表現となっているから、緑色はやはり樹木の表現ということになる。

となると、先述した「法花塚」や「塚」はもとより、「断夫山」（現断夫山古墳）や「北山三昧」や「シテカケツカ」といった円形表現、さらには「白鳥御材木木場」や「根笹土手」といった区域を囲む垣根的表現も同色であるから、これらにはすべて樹木が存在したことになるわけだ。このように、本図は江戸期の植生状況さえも復元できる点が興味深い。

本図の南端には「観音堂」や「宮谷　観音」といった多数の寺院表記がみられるが、現地に今でも遺るのは浄土宗「壽琳寺」のみである。

◉高台の寺社と重臣の別荘

南端に到着したのでここから北上して元の場所に戻ってみよう（図2）。熱田道からみて西側の区画には貼紙が夥しく貼られているが、「是ゟ南之懸紙者本紙ニ直ニ認之事雲心寺ノムキ違也　懸紙上之通可然」と雲心寺本堂の方向が間違っているため修正すべ

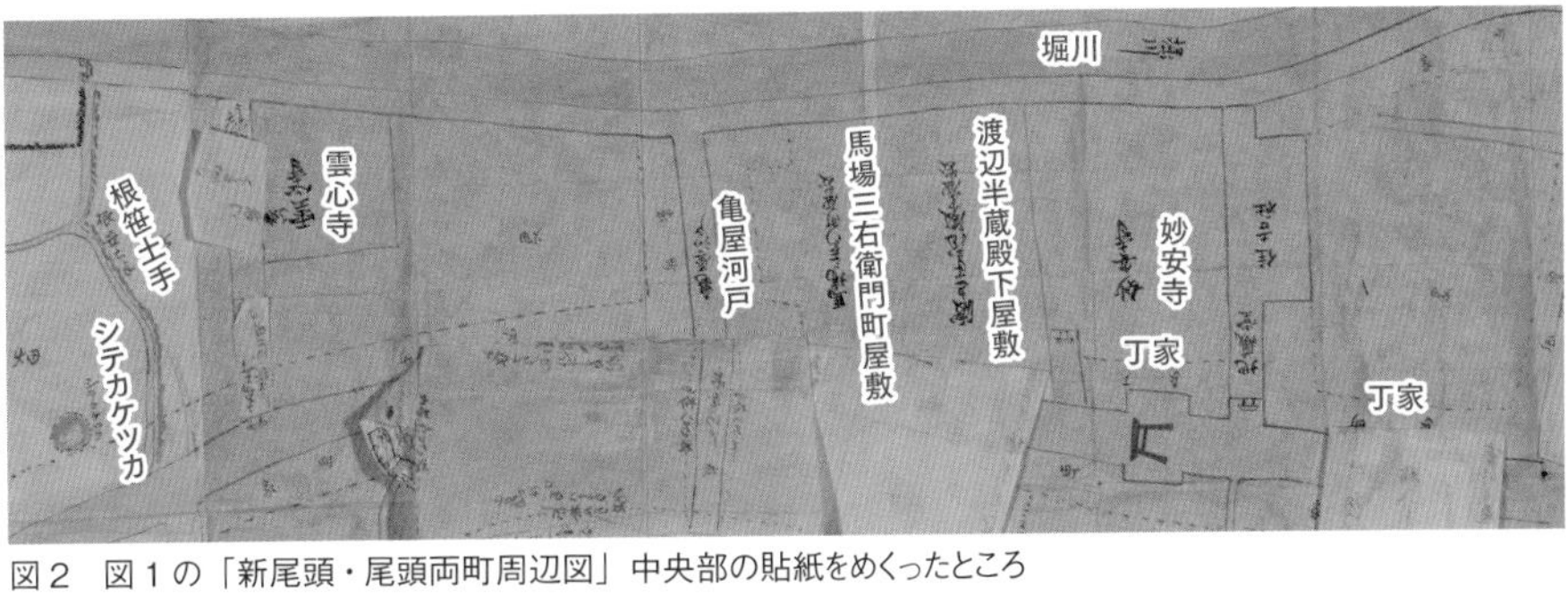

図２　図１の「新尾頭・尾頭両町周辺図」中央部の貼紙をめくったところ

き旨があるなどさまざまな指示がある。

　古地図散歩をおこなう上では大半は不要な指示だが、「往還道角ゟ堀川通り迄凡五六拾間程」とある「往還通」、すなわち熱田道の端から、「堀川通り」、すなわち本図西端の堀川に東接し描かれた道までの長さが朱書きされるなど興味深い注記もある。

　特に注目できるのは、「堀川通り」東接部にある「此辺一円谷」の朱書きである。『尾張名所図会』の挿絵のうち、断夫山と妙安寺（沢観音の別名でも知られ熱田周辺の四観音の一つで、名古屋三景の一つともいわれた臨済宗寺院）と住吉社をみると、すべて水辺に浮かぶ帆掛け船を描いており、高台から見下ろす構図になっている（図3）。

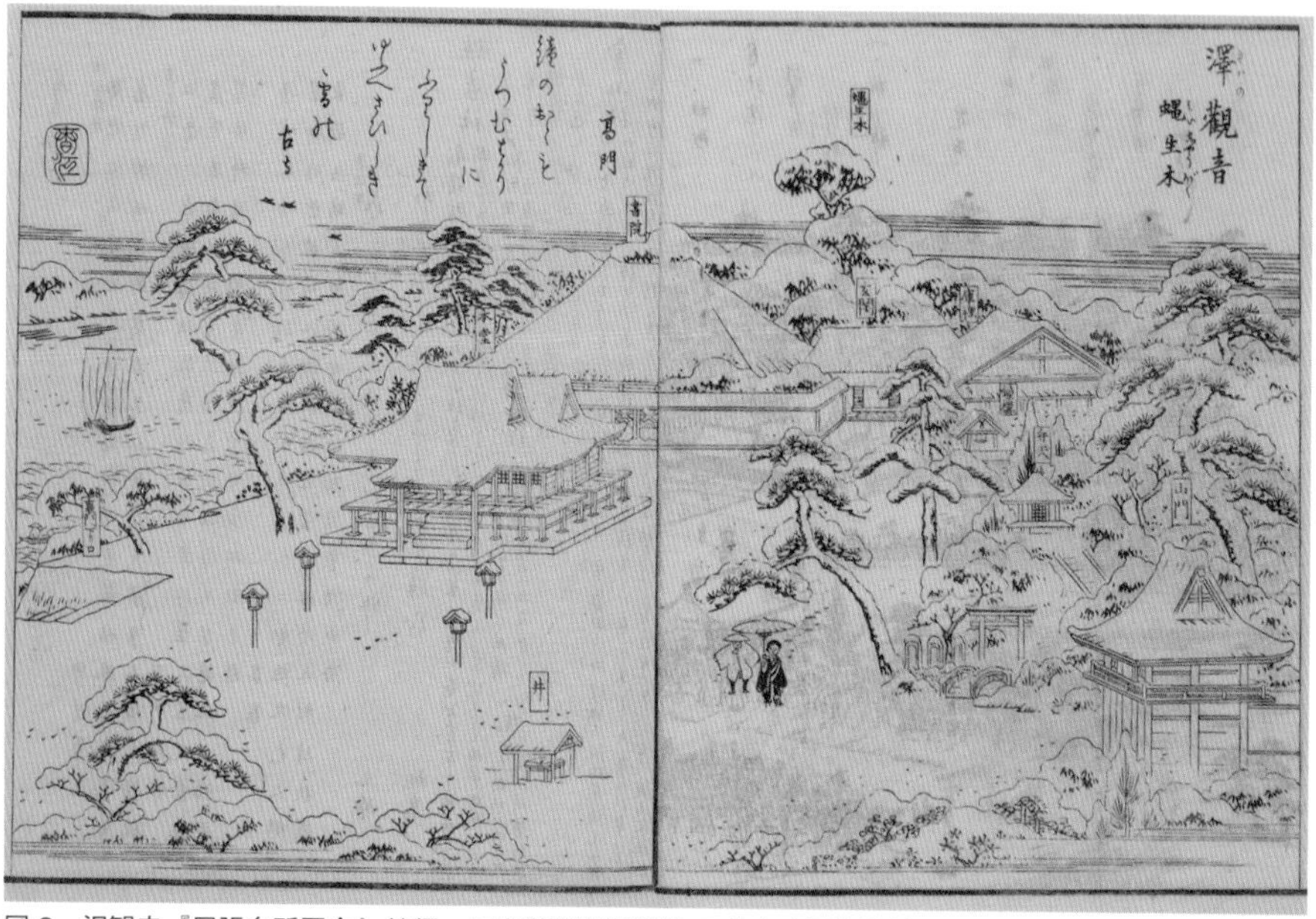

図３　沢観音『尾張名所図会』前編　国文学研究資料館 三井文庫旧蔵資料

　現在では、伊勢湾はともかく、堀川の当該域では船はみえないが、すべて高台に位置している。つまり、現在も堀川に沿ってやや蛇行するように存在する「堀川通り」の東隣には崖が展開し、その上には寺社が存在するのである。

　しかし、高台にあったのは寺社のみではなかった。本図には「渡辺半蔵殿下屋敷」や「馬場三右衛門町屋敷」といったような下屋敷（町屋敷）の敷地が描かれている。これらは全て尾張藩士の特に重臣（渡辺・馬場・星野・高木・鈴木等の各家）の別荘等として使われた控屋敷であり「佐屋海道筋」から「亀屋河戸」の間等に大規模に敷地が展開していたようだ。さまざまな当該地を描いた絵図をみる限り下屋敷の持主は時代に

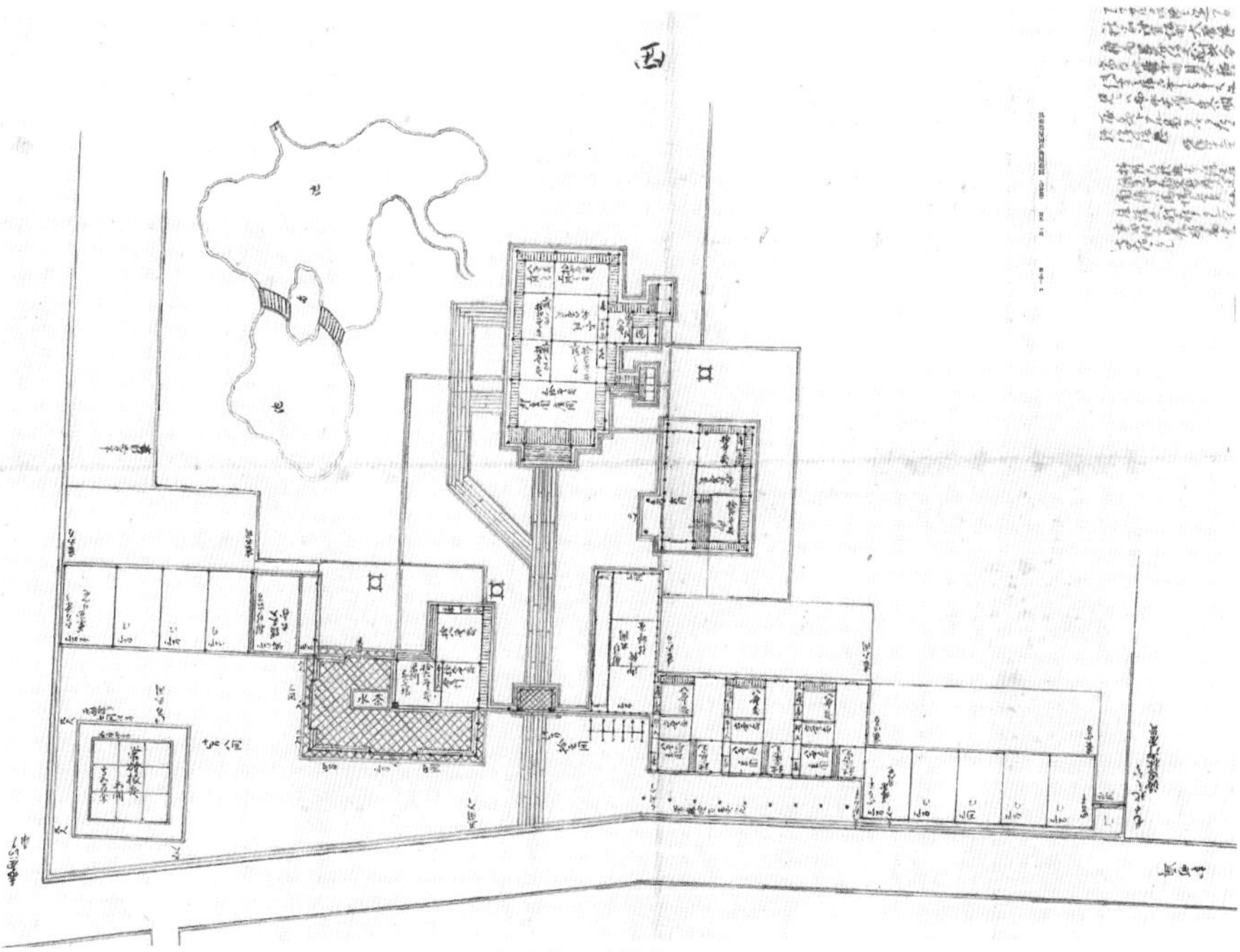

図４　熱田亀屋河戸角屋敷図　名古屋市鶴舞中央図書館蔵

図５　南山寿荘

より変化していたことが読み取れる。とりわけ、渡辺家に南接した下屋敷（馬場家か？）の屋敷図（名古屋市鶴舞中央図書館蔵「熱田亀屋河戸角屋敷図」）をみると（図4）、庭園をはじめとした広大な敷地、また亀屋河戸角には常夜灯、茶屋見世、さらに社家宅といったさまざまな施設が存在する、まさに水辺で遊ぶ別荘としては申し分ない空間がかつて展開していたようだ。ここで本図に戻ると、馬場三右衛門町屋敷の東側の熱田道には「坂」の表記がみられるが、現在もこの辺りから一の鳥居跡までは高低差がある。

　尾張藩御用絵師松吉樵渓の「堀川図屏風」（名古屋市博物館蔵）は、19世紀代の名古屋城から熱田湊までの堀川沿いの美観が描かれ、所有者が尾張藩家老渡辺半蔵と思われる下屋敷も堀川からの視点で描かれている。このように高台に造られた下屋敷と堀川とが織りなす絶景は、現在ではその場で実感することはできない。しかし、1832年（天保3）渡辺半蔵規綱により建立された渡辺家別邸の茶室と書院は、現在の昭和美術館敷地内に移築の上、南山寿荘として堀川に見立てられた池と新尾頭町の断崖に見立てられた勾配と共に現存する（図5）。ここから往時の堀川沿いの美観を彷彿させることもできよう。

　このように熱田道から堀川にかけては勾配があり、それは「佐屋海道筋」の墨書と尾頭橋（堀川七橋〔五条橋・中橋・伝馬橋・納屋橋・日置橋・古渡橋・新橋〔尾頭橋〕〕）の一橋。現在、畑中地蔵の境内に移築・鎮座する「七はしくやう塔」は、もともと1738年（元文3）に尾頭橋の東袂に建立された供養塔）のイラストの間に「坂」とみえることからも明らかだ。おそらくは、そのような凹凸状の地形からなる堀川沿いの景観の美しさもあって尾張藩重臣の下屋敷としての開発がおこなわれたとも推測できよう。

◉堀川水運の情景を求めて

　次に、当該地域における堀川水運の要素だが、それは本図にみえる「住吉社」に深く関係する。1762年（宝暦12）に大坂廻船名古屋荷主の笹屋惣七と藤倉屋長六はじめ名古屋の極印講（大坂からの仕入れの便のため同年結成）中12名が運送守護のため社殿を創建している。1734年（享保19）成立とされる住吉社（現住吉神社）は絵図にみえる「地蔵堂」（東輪寺末）の境内社的な小さな社であったという。その後同社は、極印講といった尾州小早廻船中からなる水運勢力が境内に1764年（明和元）の常夜灯を建立するなどにより境内地が整備され（図6）、『尾張名所図会』の挿絵でも拡張された境内地内部が詳細に紹介されるほどに著名な存在になる。

図６　住吉神社の常夜灯。「尾州小早廻船中」等の銘文がある。

　一方で、地蔵堂は同挿絵では境内地らしきものは描かれるも一切説明が無いといったように、まさに庇を貸して母屋とられる感じで没落、現在は何の痕跡も残していない。

　実は、先述した笹屋惣七は、名古屋の老舗商家岡谷惣七（現岡谷鋼機株式会社）のことであり、岡谷家は極印講の行事役に従事するなど尾州廻船の要をなしていた。金山神社に遺る1851年（嘉永4）の常夜灯の基壇にも「願主笹物店」と建立時の願主として岡谷家の通称が刻まれている。そのため、地蔵堂の表記があるものの、住吉社の境内地が広く描かれていることからすると、本図は1762年（宝暦12）以降の空間を示しているのは明らかであり、すなわちそれは堀川水運の繁栄期の情景を描いていることをも意味する。まさに、『尾張名所図会』の当該域の堀川上にみえる帆掛け船は尾州廻船勢力の繁栄を象徴していたといえよう。なお、本図は、外題の貼紙に「戌」年とあるため少なくとも1862年（文久2壬戌）までに成立したことは間違いない。

　と、ここまで読んでいただいた方の中には、やはり金山は江戸時代、ウオーターフロントだったと感じる人も出てきたかもしれない。

◉一の鳥居の謎

　最後に、妙安寺の東側に大きく朱書きされた記号（⛩）を読み解いておこう。まさに鳥居の形であり、これは『尾張名所図会』にも「一の鳥居」の見出しで挿絵が載る熱田神宮の一の鳥居のことだ。同宮の鳥居は8つあったとされるが、最も大きかったのが丹塗りの檜造りで高さは三丈五尺、柱廻りは一丈もあったこの鳥居である。いわばここを潜れば熱田神宮領内、広義では熱田神宮門前町に入ったということになろうか。

　強いインパクトを残す巨大な宗教モニュメントだったが、1878年（明治11）の「愛知県第一区名古屋并熱田全図」（架蔵）には「一ノ鳥居跡」と注記があり（図7）、同年にはすでに撤去されていたようだが、今ではその跡地には戦前の記念碑が建つのみで現存していない。本図で注目できるのは、鳥居周辺に広がる凹表現だ。本図の熱田道の両側等には「町家」「丁家」の注記、すなわち町屋の区画が道沿いに展開しているが、鳥居の東西端のみ凹形の町並みが形成していたようで『尾張名所図会』でも町並み表現が凹となっている。1907年（明治40）以降成立の「南区熱田ノ内新尾頭全図」（名古屋市政資料館蔵）でも、鳥居周辺の凹表記はみられるなど、近代も凹の町並みは残っていたようだが、戦後には周辺空間は変容を遂げて、現在と同様、凹の無い景観になった。

　このように、旧来の熱田道が現在の国道22号線になるように道路拡張時に町屋や寺社からなる両側町的に展開した歴史的町並みは消失したと思われる。そのため、道路拡張の痕跡は「熱田神宮第一神門址」と刻まれた石碑の向きが現在は車道側になっているのが図らずも1907年に名古屋市に組み込まれた当該地域の都市化の歴史の一端を伝えるものと化している。

　以上、「新尾頭・尾頭両町周辺図」を軸に新尾頭・尾頭両町の江戸の痕跡を探してみた。現在では伝統的建造物は少ないが、凸凹地形、すなわち《熱田台地》の痕跡は読み取れたのではないだろうか。さらには、「そんなことあらへんがね」と言っていた生粋の名古屋人も、「金山は近世名古屋のウオーターフロントだがね」と思い直してくれたのではないだろうか？

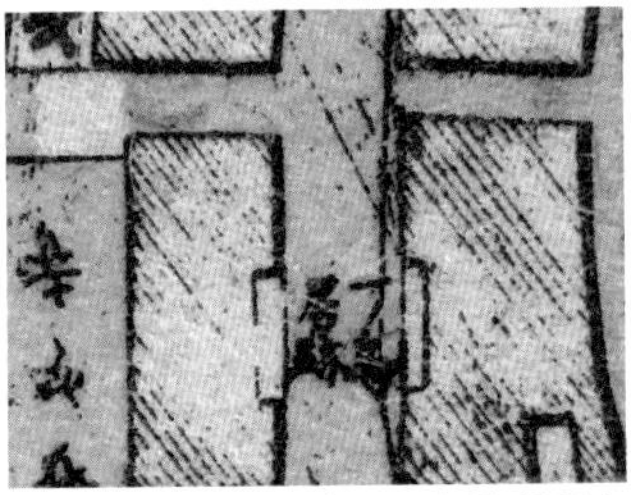
図7　「一ノ鳥居跡」と凹表現が記されている。　「愛知県第一区名古屋并熱田全図」　1878年（明治11）

江戸期名古屋御坊の風景

川口淳

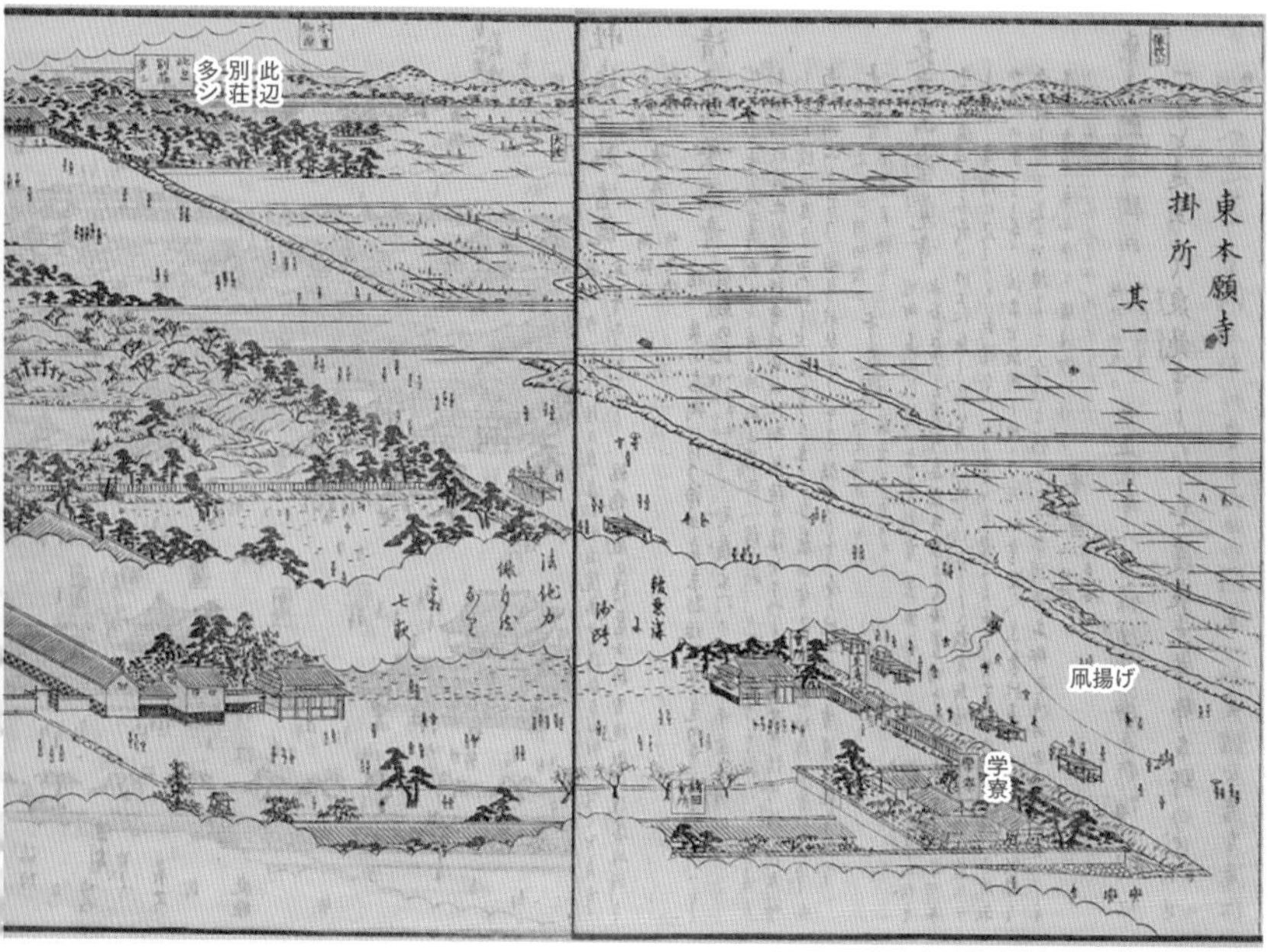

図1　東別院　『愛知県写真帖』 1910年（明治43）

◉1万坪の大寺院

東別院、名古屋御坊などとして知られる真宗大谷派名古屋別院は、古くは、織田信秀築城で信長元服の地とも伝えられる古渡城跡1万坪に創建された古参の大寺院である（図1）。1690年（元禄3）、二代尾張藩主徳川光友の許可を得て、京都東本願寺第十六代門首である一如《いちにょ》を開基として「東本願寺掛所」が創建されたのが始まりだ。現在でも毎月一如の月命日（12日）にちなんで法要と御坊縁日「一如さん」が開かれ、境内には多くの露店が軒を連ねて賑わう。

ところで、この敷地の1万坪とは、現在の、名古屋テレビ（メーテレ）本社や下茶屋公園を含む広大な土地である。東本願寺掛所（以下東別院と

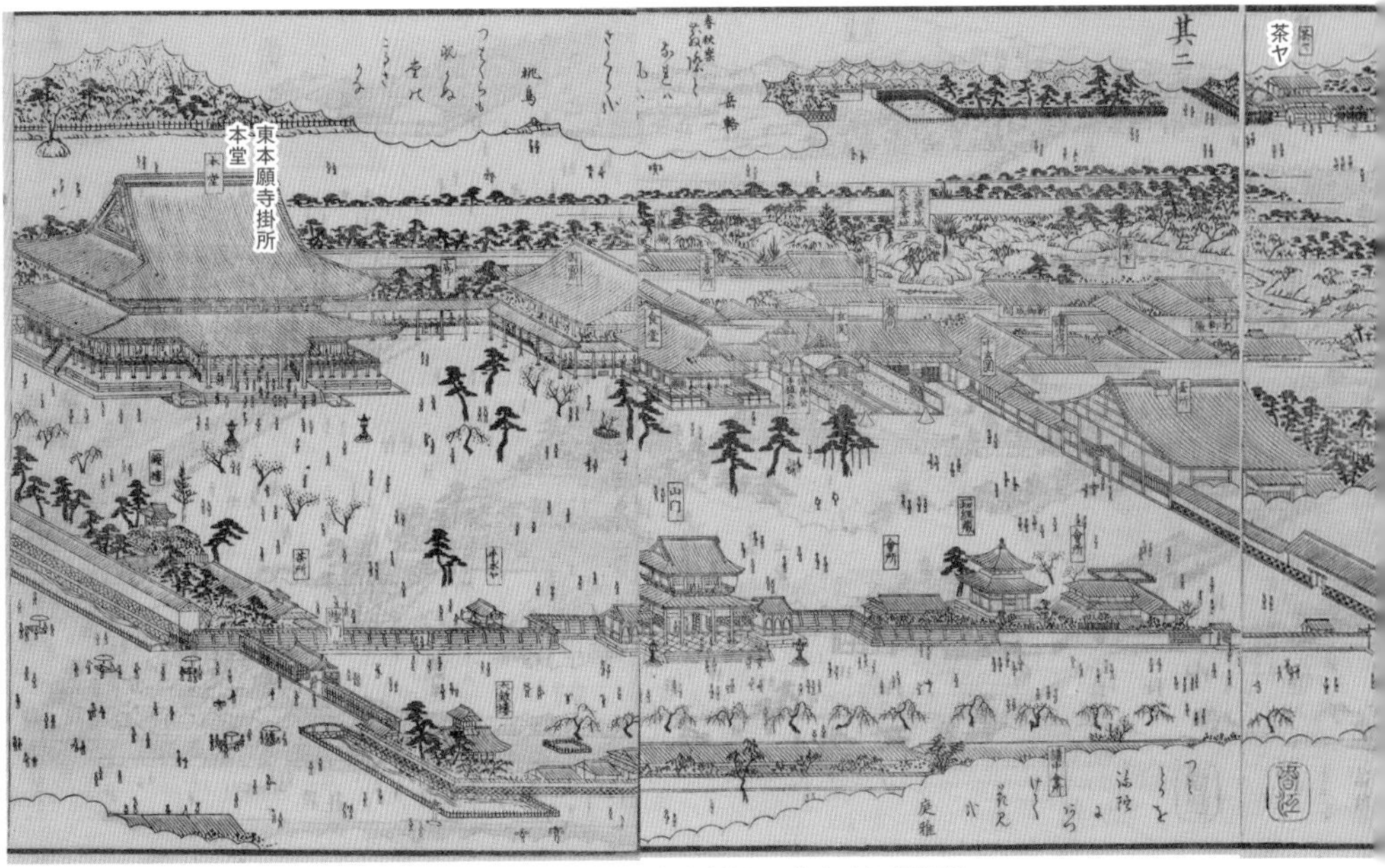

図２　東本願寺掛所　『尾張名所図会』前編　国文学研究資料館 三井文庫旧蔵資料

図３　現在の下茶屋公園内

略）の広大な境内を図したものが図2である。

この図は『尾張名所図会』所載の東別院で、これを見ると、右側下に「学寮」と書かれているが、この学寮とは現在の同朋大学の前身である。またこの場所は現在の名古屋テレビ（メーテレ）本社にあたる場所である。図2の右下には近世の流行であった凧あげをする人物が描かれ、そこから左上にななめに進む道は、現在の大津通であるが、江戸時代は現代と同じようには道は延びていなかった。そして現在の下茶屋公園（図3）にあたる箇所が描かれ、さらにこの写真の上部には、「此辺別荘多シ」、「茶ヤ」と記されている。なるほど、この図からも、東別院の門前町として茶屋（遊郭）や別荘ができて栄えたことが知られる。これが下茶屋という語の由来である。現在の栄にあたる碁盤割の茶屋町と区別して、近代には下茶屋と呼ばれるようになったといわれる（『なごやの町名』）。この下茶屋公園は、東別院の近世の絵図からは、「御庭」と表記されており、別院の庭園としての役割

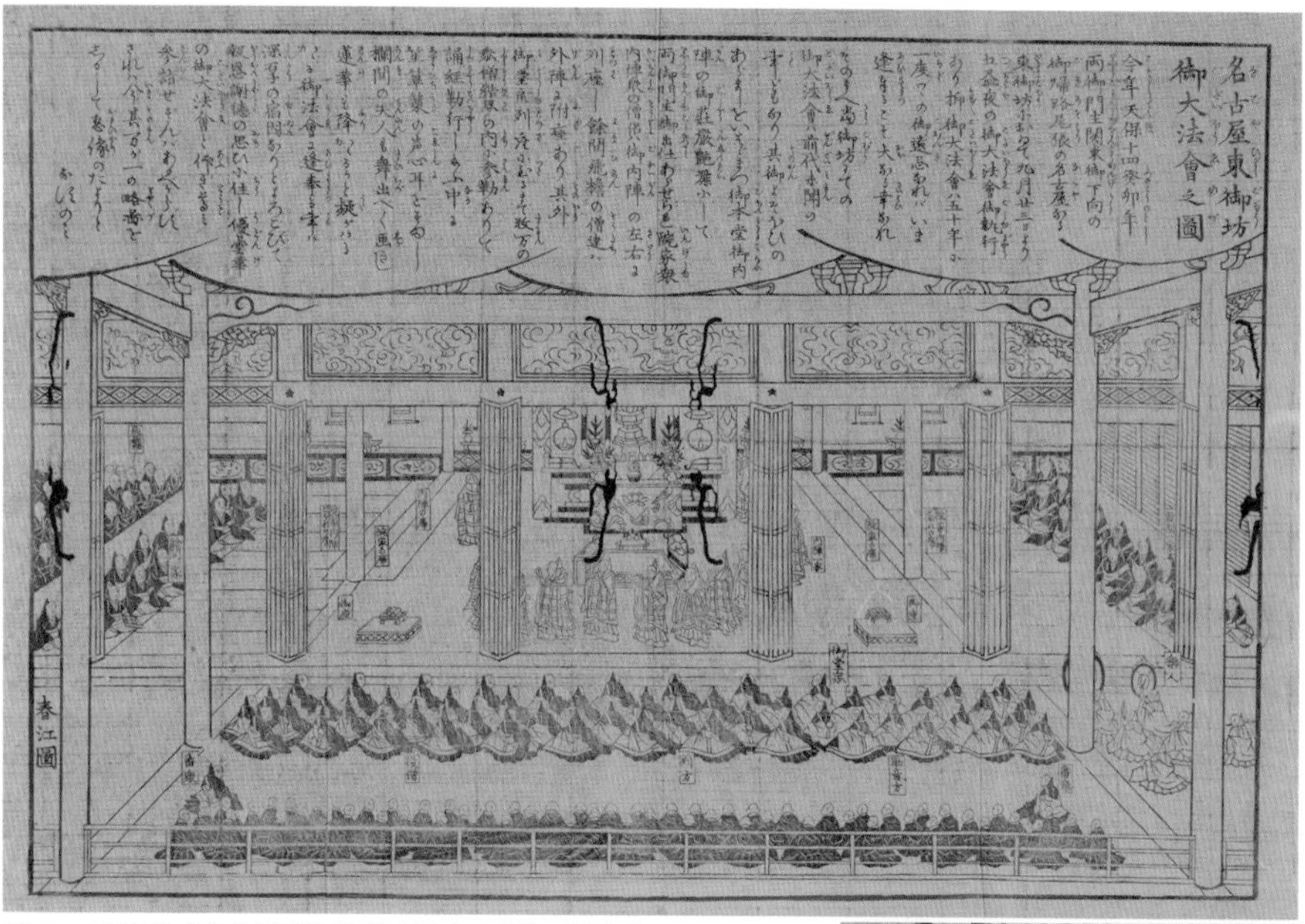

図４　春江画「名古屋東御坊御大法会之図」 個人蔵

図５の中心部を拡大。瓶子が置かれている。

図４の中心部を拡大。経巻が３巻置かれている。

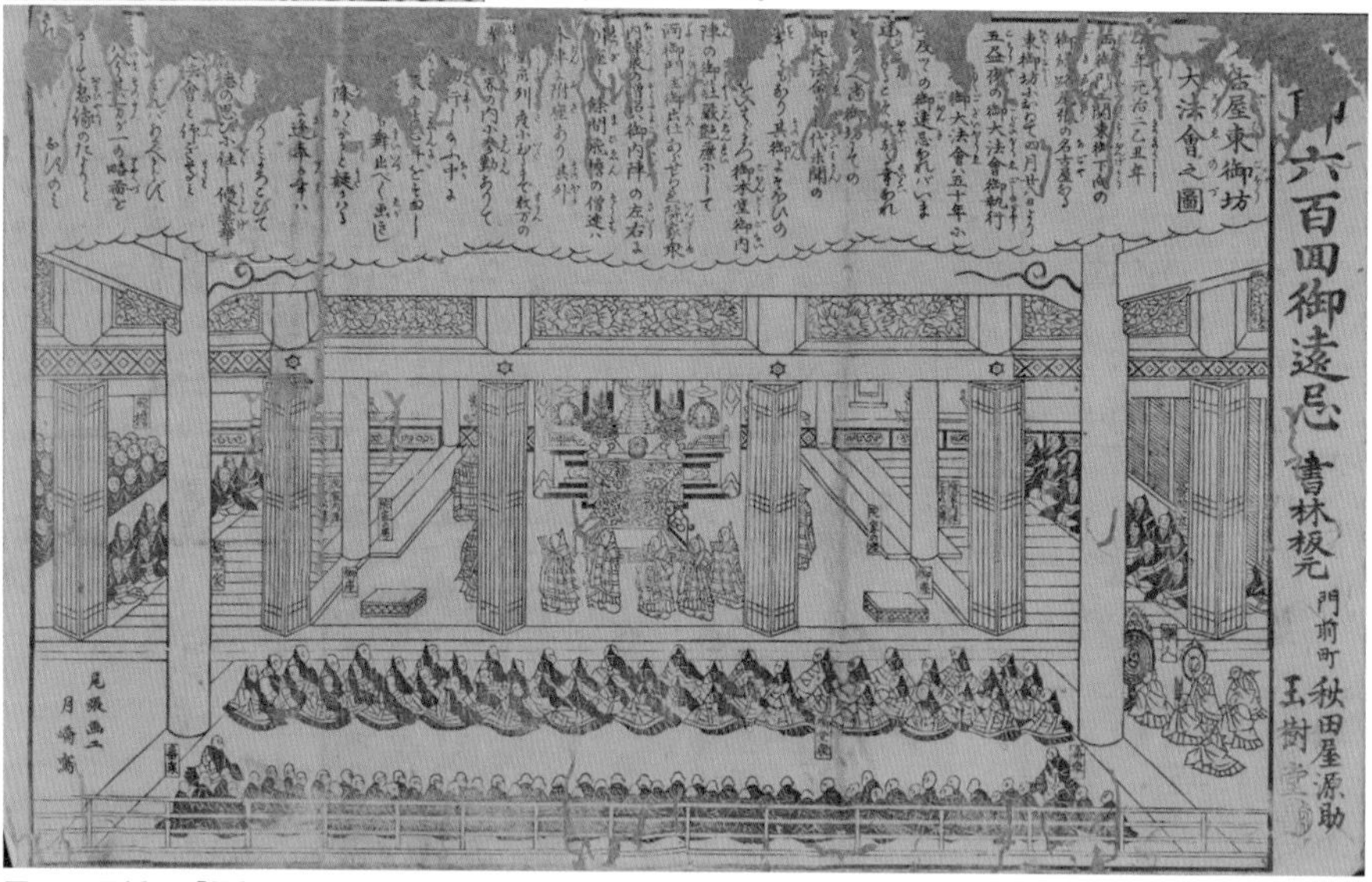

図５　月嶠画「祖師六百回御遠忌図」 個人蔵

を持っていた（「〈名古屋〉東本願寺掛所図会」西尾市岩瀬文庫蔵）。

◉江戸時代の本堂内部

では外観だけではなく、東別院境内や本堂の内部はどうなっていたのだろうか？　江戸時代のそれを知ることができる史料にも注目してみたい。図4、5を見ながら、現在の本堂の内部と比べてみるのもいいのではないだろうか。

この2枚の図は、1843年（天保14）の親鸞五百五十回忌法要と（図4）、1865年（元治2）親鸞六百回忌法要に際して、東西本願寺の門跡（現門首、門主）を招待した、大法会の図である（図5）。五百五十回忌法要と六百回忌法要で50年の開きではなく、二十余年の開きしかないのは、文化文政年間に続いた名古屋御坊再建のため、五百五十回忌の大法要が延期となったからである（「金鱗九十九之塵」『名古屋別院史 史料編』）。

間違い探しのようであるが、よくみると、中央の登高座の台に経巻が三巻置かれる春江《しゅんこう》図画と違い、月嶠図画は瓶子が置いてあるようにも見え珍しい。月嶠図画のように実際に瓶子が置かれていたというより、春江の方が細部に亘る観察のもとで描かれたのではないかと思われる。この写真を参照しながら現代の法要の荘厳をうかがってみるのも面白いのではないだろうか。

月嶠が描いた2枚目の図は1865年（元治2）の大法要の図である。その前年の京都は、1864年（元治元）7月19日、京都は河原町御池の長州藩邸より出火。激動の幕末、尊王攘夷の志士たちと幕府の弾圧が繰り広げられた、政変の時代である。火災は京都の町に次々と燃え広がった。これにより京都、東本願寺は堂宇全焼の惨事となった。しかし、その翌年にも東西の本願寺門跡は日光社参と江戸参府のため、関東へ向かう。この関東からの帰路に、この名古屋にて東西本願寺門跡は大法要に出仕したのである。2つの大法要の図を紹介した。

◉超高層からの眺め

では本堂の内部の次は、本堂の屋根に登ってみよう。この大伽藍はおそらく江戸時代の超高層ビルであり、さぞかし眺めがよかったのではないだろうか。そんなことを考えた昔の人がやはりいた。猿《えん》猴庵《こうあん》著『絵本富加美草』には「新御堂之従頂上四方眺望《しんみだうのちやうじやうよりしほうをながめやる》之図《のず》」という絵図が残っている（図6）。これは新御堂棟上の祝いの際に御堂の頂上に登ったものである。もちろん完璧な風景模写ではなく後日、近藤大人の四方面図の書をもとに風景を描いたもので想像力豊かに描かれたものと思われる。図6は、「第一東方之景色」とされる図である。

北東（寅）には、美濃の恵那山、飛騨の乗鞍が嶽、三州の猿投山、甲州の八ヶ嶽が見え、東（卯）には三州の足助、石村天《あま》が岑《みね》、六所（豊田市）、南東（辰）には三州の岡崎が見えるなどと記されている。富士山も、「白雲にたぐへてかすかに見えたり」と遠く富士山を望む光景が描か

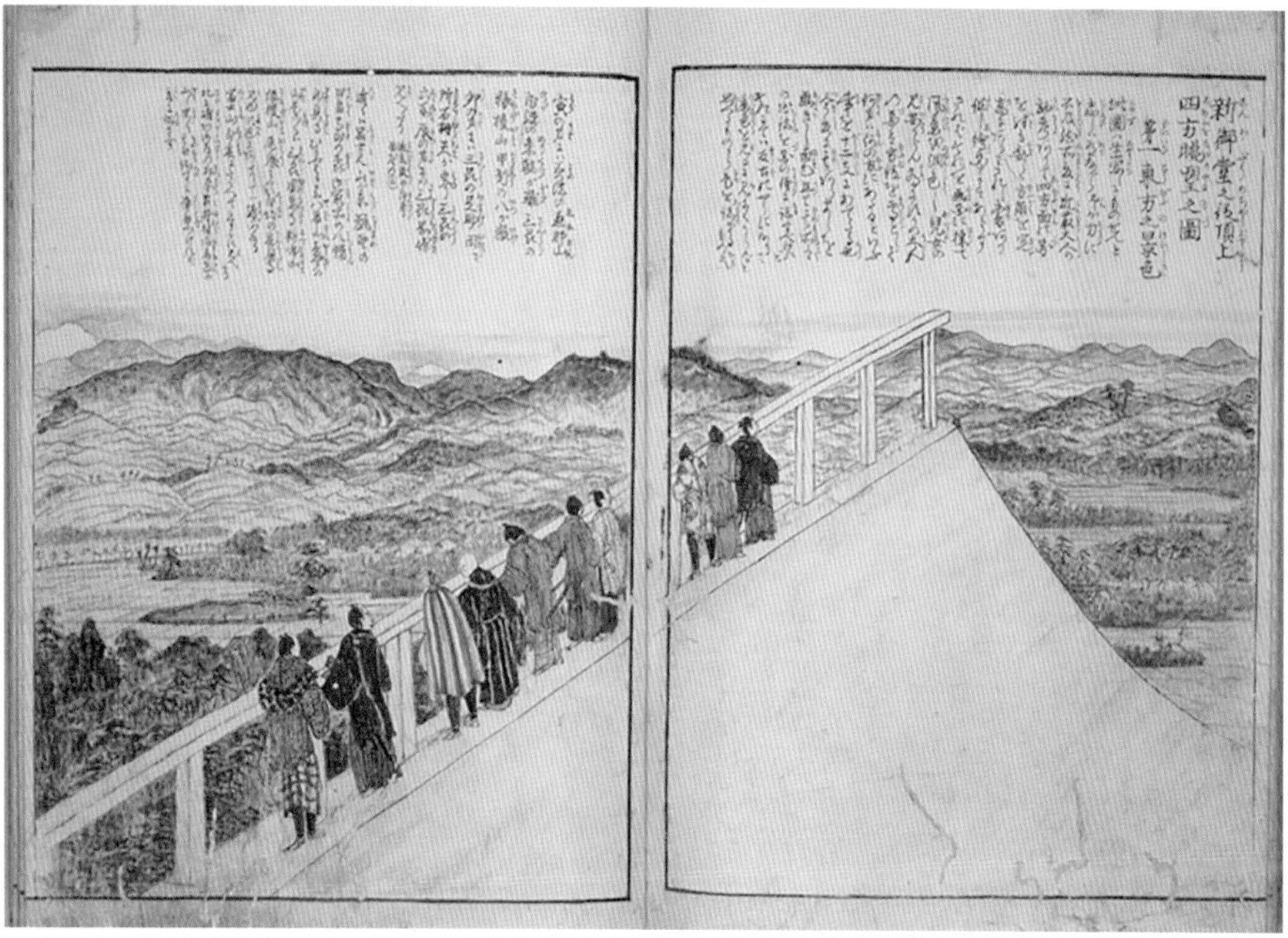

図６「新御堂之従頂上四方眺望之図」 猿猴庵『絵本富加美草』 公益財団法人東洋文庫蔵

れている。他にも「南方之景色」「西方之景色」「北方之景色」があるが、紙幅の関係で、他の絵をお見せすることができない。詳しくは、『名古屋別院史 史料編・別冊』に、カラーで出版されているので、そちらをご覧いただければと思う。

　それによると、南方の眺めは、特に高倉熱田の大宮の森、白鳥、木の目の渡し、新開や道徳新田といった現名古屋市熱田区・瑞穂区・南区の風景が広がる。

　かわって西方の景色は、東別院から見下ろす街並みが見渡させる。近くは橘町、日置の里の民家、庄内の村里など、現名古屋市中区・西区の風景が見える。さらに佐屋や万場（中川区）、清須、津島、海東、海西の地区が見渡せたという。

　次に北方に視線を移すと、大須にある亀嶽林萬松寺、景陽山総見寺の二院と、そこに繋々とそびえる松杉が存在感を示していたようである。この松杉で碁盤割の町々は、別院の屋根に登っても見えないほどであったという。門前町に連なる寺院や家々も見渡すことができるとある。

　以上、4つの景色をみて、川の濃い青と木々の緑豊かな美しい江戸時代の名古屋の街並みや田園風景を想像してみることができるだろう。

　本稿は、東別院周辺を、鳥瞰図的にみることから始まり、寺院の内部をうかがい、最後に寺院の頂上より見た風景を見てみた。現在の街並みと比べながら、東別院周辺を散策してみるのもよいだろう。

御朱印巡りのむかし

——知られざる『蓬ヶ島新四国八十八ヶ所順拝』

川口 淳

◉ 「御朱印」の起源

ここ数年、ちょっとしたブームになっている御朱印巡りを取り上げよう。現代は、御朱印集めなどといって、いくつもの寺院や神社を巡って、たんに自分好みの御朱印帳だけを1冊の御朱印帳に集めることが目的である場合がある。

また「朱」印とはいっても現代その形はさまざまで、「朱」印が押されないで、朱ではなく「金」印であったり、魅力的なイラストであったりするのだが、一応我々はそれらのすべてに対して「御朱印」と呼んでいることが一般的である。

いわゆる御朱印帳の起源をたどれば、寺院へ経を奉納すると院ネットワークがあり、その「納経」のしるしであるというのが、有力である。この納経のしるしを集めたものとして記載された1冊である。これらは、現代人のいわゆる御朱印集めとつながっている御朱印集めとつながっている。歴史的視点として、一般人が集めたかつての1冊の記録が興味深い史料であり、時に、古いものは高値で取引されることもある。

また、西国三十三所のように納め札をおこない、詠歌を奉る意味ではなく、寺院に記すもの。あるいは納経という意味ではなく、寺院ある法宝物（仏法の宝物）なとを記してもらうもの（廿四輩巡拝〔親鸞の門弟や由緒地を巡るもの〕）などがある。これらの帳面には必ずしも朱印が押してあるというのではな

く、法宝物、詠歌などが書かれているものなどが存在する。いずれにしても、ある寺院を巡拝（順拝）した記録は、仏教特有の思想背景からではなく、「むしろある歴史状況の中で、仕掛ける側の目的と参拝する側の希望がうまく対応して初めて成立する（「仏教思想から見た四国遍路の意義」）からであるとされている。これは名古屋もその例外ではない。名古屋という城下町が成立し、地域が活性化していくということと、その名古屋での寺院巡りの起源は、おそらく重なっている。寺院ネットワークが成立し、巡拝

◉ 名古屋の巡拝ネットワーク

霊場巡りといって、西国巡礼・四国遍路をはじめとしておそらく重なっている。寺院ネットワークが成立し、巡拝

たとえば、寺院へ経を奉納すると院ネットワークがあり、その寺院を巡拝（順拝）した記録は、仏教特有の思想背景から

れているものなどが存在する。いずれにしても、ある霊場と呼ばれる地方で成立した霊場も数多くあった、あるいは現にあるのは、数多くの巡拝ルートがあった、あるいは現にあるのは、仏教特有の思想背景から

有名なものがあるが、その写

を促すことと、地域経済の活性化は切り離して考えない方がよいだろう。

ところで『名古屋市史』明治年中行事に記載されている巡拝霊場は、「七福神」「六地蔵参詣札所」「天満宮廿五箇所拝礼」「大聖歓喜天順拝十八箇札所」「金毘羅大権現巡拝三拾三所」「秋葉大権現拾八箇所巡拝」「府下元祖圓光大師二拾五箇所詣」「当国弘法大師・八拾八箇所順拝」「御城下弘法大師二十一箇所順拝」「府下四拾八箇寺参詣」「府下三十三所観音順礼札所」「日蓮宗廿八箇寺参詣所」「日蓮宗四高祖廻リ」「阿弥陀如来四十八願所」が挙げられている。この『名古屋市史』に記される巡拝（霊場）ルートだけでも、実に多くの巡拝ネットワークが形成されていたようである。これら一つひとつに目を向けることもおもしろいが、それは紙面の関係上、別の機会に譲りたい。

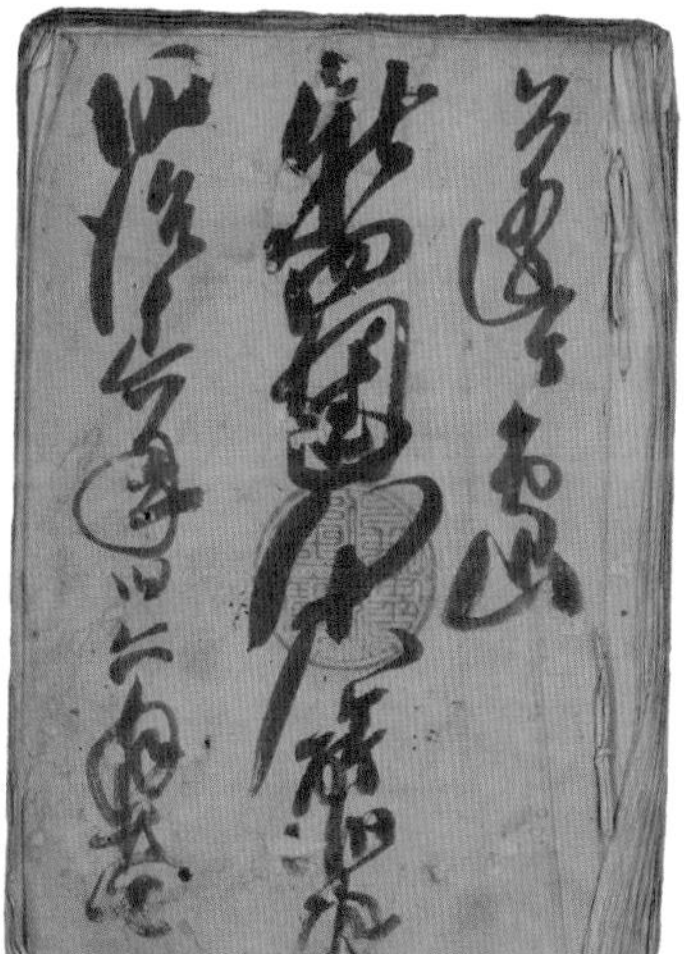
図1　『蓬ヶ島新四国八十八ヶ所順拝』表紙　千枝大志蔵

◉「蓬ヶ島」の由来

ここでは、縁あって、本書の執筆者の1人である千枝大志氏の集めた1冊を取り上げる機会を与えていただいた。『名古屋市史』にも記録されていないという点から、史料的価値を有すると思われる。『蓬ヶ島新四国八十八ヶ所順拝』と表紙中央に書かれた1冊である（図1）。いつから始まりいつまであったのかは、現状ではわからない。確認できるのは、1883年（明治16）の蓬ヶ島新四国八十八ヶ所順拝の朱印帳である。表1に朱印帳をもとに作成した巡拝札所を記載してある。少し紹介すると、第7番「白鳥町白鳥山」とは、白鳥山法持寺のことで、『尾張名所図会』でも知られる名刹である。第32番「亀井山」とは亀井道場としても知られる円福寺のことである。また第53番、「笠寺笠覆寺」とは、笠寺観音（図2）として現代でも親しまれている。第63番、天道山は八事の高照寺のこと、第

図2　笠寺笠覆寺　『愛知県写真帳』1910年（明治43）

表１　蓬ヶ島新四国八十八札所

札所	地区	町村	寺号
第１番	熱田	田中町	清雲寺
第２番	熱田	白鳥町	瀧之坊
第３番	蓬島	白鳥町	秀泉禅寺
第４番		白鳥町	成福寺
第５番		白鳥町	法正寺
第６番		白鳥町	妙覚寺
第７番		白鳥町	白鳥山
第８番		白鳥町	梅咢院
番外カ	蓬ケ島		清月院
番外カ	蓬ケ島		月笑軒
第９番		白鳥町	洗月院
第１０番			（※未記入）
第１１番			弥勒院
第１２番	蓬ケ島		龍珠寺
第１３番			曹洞宗福重寺
第１４番	熱田	中瀬町	松屋院
第１５番	アツタ	中セ町	廣心院
第１６番	熱田	（元石橋カ）	楞伽院
第１７番			大法寺
第１８番		元石橋	宝持院
第１９番	熱田		真言宗地蔵院
第２０番			福寿院
第２１番	熱田	田中町	白休寺
第２２番	熱田	田中町	大真院
第２３番	熱田	田中町	十王堂
第２４番	熱田		藤江寺
第２５番	熱田		善福寺
第２６番		元中瀬子	蓮花院
第２７番	熱田	元大子町	聖徳寺
第２８番		大瀬子丁	等覚院
第２９番	熱田		寶勝院
第３０番			海上山瀧善寺
第３１番			実相院
第３２番	熱田	神戸町	亀井山
第３３番		中瀬町下ノ切	地蔵堂
第３４番			蔵福寺
第３５番			喜見寺
第３６番			海国寺
第３７番	熱田		高仙寺
第３８番	熱田	伝馬町	長盛院
第３９番	熱田		法林寺
第４０番	熱田	伝馬町	乾徳寺
第４１番	熱田		正覚寺
第４２番	熱田	伝馬町	姥堂
第４３番		伝馬町	政林寺

札所	地区	町村	寺号
第４４番		瑞穂村	天聖寺
第４５番			長福寺
第４６番		ミズホ	龍泉寺
第４７番		山サキ	安泰寺
第４８番		元山崎	白毫寺
第４９番		山崎	黄龍寺
第５０番		元山崎村	誓願寺
第５１番		戸部村	長楽寺
第５２番		元橋	東宝寺
第５３番		笠寺	笠覆寺
第５４番		笠寺	西方院
第５５番		笠寺	泉増院
第５６番		笠寺	東光院
第５７番		笠寺	慈雲院
第５８番		笠寺	西福院
第５９番		チカマ	求道寺
第６０番		チカマ	勢王寺
第６１番	愛知	弥富村	宝蔵寺
第６２番		弥富村	観音寺
第６３番			天道山
第６４番			八事山
第６５番		ヒロジムラ	大薬師不動院
第６６番		旧本願寺村	薬師寺
第６７番		高田村	海上寺
第６８番		旧大喜村	大喜寺
第６９番			円通寺
第７０番		東アツタ村	秋月院
第７１番	熱田		誓願寺
第７２番		旗屋町	全隆寺
第７３番			玉泉院
第７４番		ハタヤ	春養寺
第７５番	熱田	旗屋町	想念寺
第７６番	熱田	旗屋町	総持院
第７７番		旗屋町	観聴寺
第７８番	アツタ	ハタヤ	寿琳寺
第７９番	熱田	旗屋町	六角堂
第８０番			雲心寺
第８１番	熱田	尾頭沢	妙安寺
第８２番			陽泉寺
第８３番		古渡	大日堂
第８４番		古渡	釈迦堂
第８５番			東海寺
第８６番			伝昌寺
第８７番			洞仙寺
第８８番	名古屋区	橘町	高野山出張所

64番の八事山は、八事の興正寺であって、この2つは名刹であるから、八事ではあるが特別に入っているのだろうか。このルートは、歩きながら次の札所がすぐ近くに見つかるということも多々あり、地域経済とのつながりを意識した寺院コミュニティネットワークであるといえる。ゆえに宗派も横断している。

『蓬ヶ島新四国八十八ヶ所順拝』の「蓬ヶ島」という呼称は、尾張熱田を指す。この蓬ヶ島の由来について、『名古屋市熱田区誌』には以下のようにある。

　熱田の別称「蓬萊」について、次のような由来がある。

　中国で仙郷、不老不死の境を蓬萊というが、この蓬萊を日本に当てて、南紀の新宮、尾張の熱田、その他いろいろいわれている。その中でも『海道記』に、尾張熱田を蓬萊とみたいいまわしがあり、ついに熱田と決めて、「蓬か島」すなわち熱田との俗言まで生まれた。

　ここに短いが、蓬か島の由来に触れている。また長谷川修氏は「古代における熱田台地には、実際に蓬（ヨモギ）が群生していたのではないか」と推考しているが、門外漢の私にはただ興味深い説であると感じるまでで、ここにさらに考察を加える用意はない。

　実際、この蓬か島の巡拝で興味深いのは、「熱田（蓬か島）」という地区の範囲である。昭和の終わりに生まれた私にとっては、「熱田（蓬か島）」という言葉が示す地形的な範囲にまず面白さを感じる。

　江戸や明治といった時代は、「熱田（蓬か島）」という範囲が、現代人のもつイメージと違うように思われる。現代人からすれば、熱田が蓬か島であるなら、当然、それは地形的に「熱田区」のことを思い浮かべる。しかし、そうではなく、この御朱印帳では現代の南区・瑞穂区の一部なども蓬ヶ島巡拝ルートに堂々と入っており、昔はもっと空間的に広い認識のなかにあったということを示唆しているのである。

　『名古屋区史シリーズ　熱田

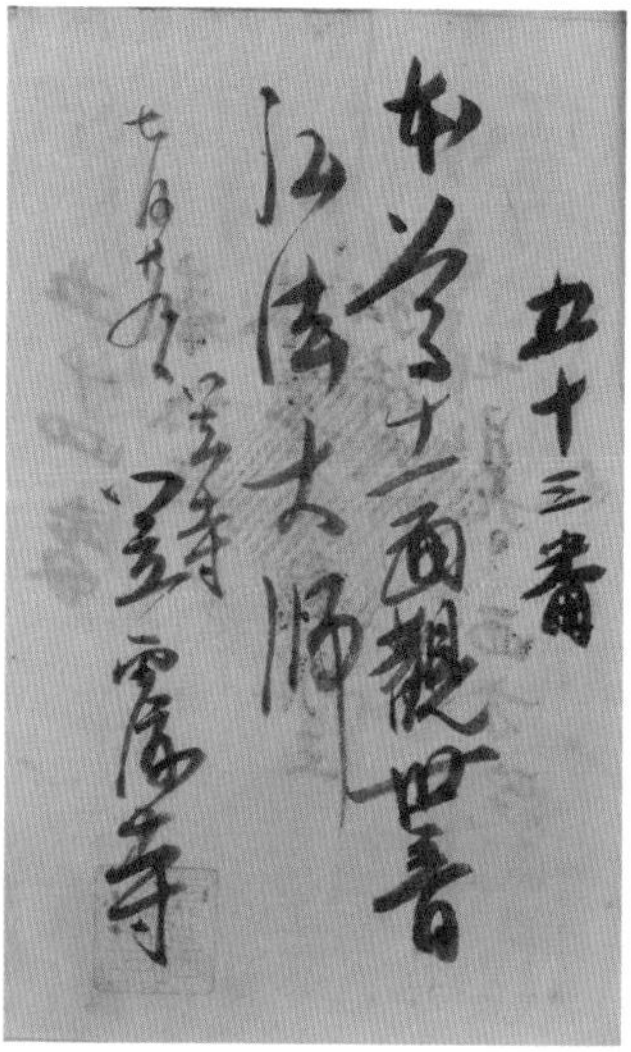

図4　53番 笠寺笠覆寺御朱印

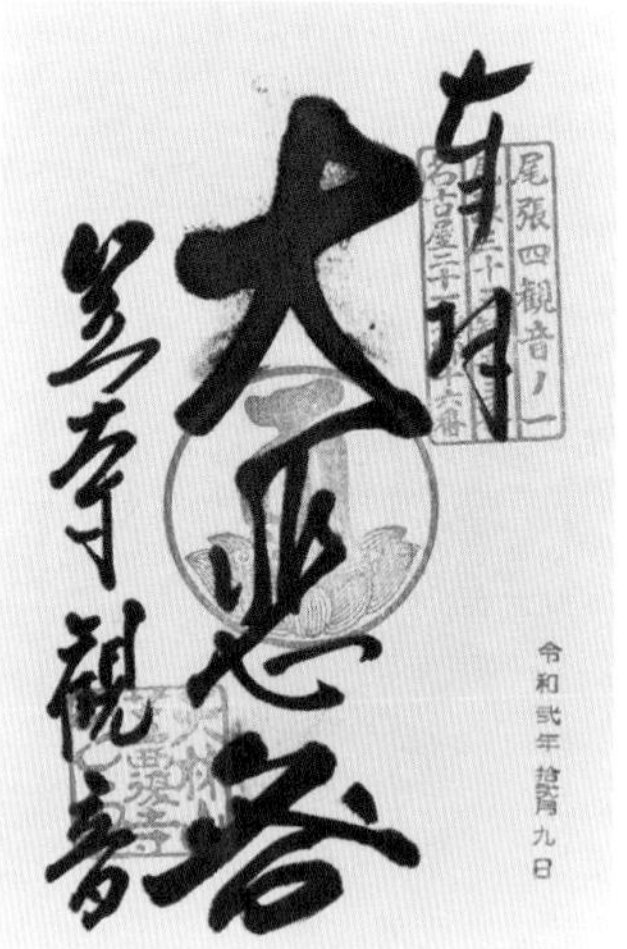
図5　現在の笠寺観音御朱印

図5　寺院分布図。「名古屋明細図」（1895年〔明治28〕）をベースに黄色で寺院の位置を示した。ここで示した地図に描かれるのは、88カ寺中50カ寺であり、他の38カ寺は当時の熱田・名古屋地区以外に分布している。

区の歴史』には、

> 　南区の笠寺台地を松巨島とする記事は「笠寺観音縁起」『尾張徇行記』等に見られ、江戸後期から今日にかけて地元で強調されている。
> 　「平家剣巻」「アッタ大明神の御本地」には、松子の島は熱田としている。

とあり、現代の南区を熱田（蓬か島）とする見方を紹介している。この巡拝に笠寺などの地域が含まれるというのは、熱田（蓬か島）の空間的な広がりは、現代人の感覚と少し違ったからなのかもしれない。ただ、『蓬州旧鈔録』巻之七（『熱田神宮史料』所載）をみると、熱田地の地理的な位置づけは一応はっきりしていたことがわかる。となると、さらに正確にいうのならば、熱田は近世には地理的な位置づけをしっかりともつ概念へと形成され、熱田のことを指す蓬か島は、依然としてぼんやりとしたままでいまの熱田区よりも広い空間的概念であり続けたということが推論できる。

◉巡拝ルートを読む

　今回考察している御朱印帳は、蓬か島という名で地名を表すが、これは意図的に、熱田というのではなく、熱田を中心としたさらにぼんやりと広い空間的概念を表す、「蓬か島」を地域名として採用したと考える。

　蓬ヶ島新四国八十八ヶ所順拝については、地域の多宗派間の連携で巡拝コースがつくられたと考えられる。御朱印帳に記される本尊も多岐にわたる点に特色がある。「地域の仏教会や商工会が、寺院を文化資源として名古屋地域の活性化を目指して成立したものと考えられる」（『空間にみる名古屋の寺院と城下町のカタチ』）と、以前推察したが、そもそもこの巡拝はどこまで遡ることができるのだろうか。まずこの巡拝ルートを表で見て頂ければと思う（表1）。

　この表1は、朱印帳に記された情報から、寺院名と、地区や町村名が記されるものを、表化したものである。この表からわかるように、町村名には「旧」や「元」と書かれたものがある。「旧本願寺村」、「元山崎村」、「元中瀬子」、「元大子町」、「旧大喜村」である。また「元山崎」に関しては、「山サキ」「山崎」ともなっており、「元」や「旧」を付けないものも、混在して書かれている。このことから、旧町村名が普通に通用し、旧町村名の時代からこの巡拝ルートが用意されていた可能性は高い。

　該当の町村名の変更年を列挙してみた（『愛知県の地名』参照）。

旧本願寺村……明治7年に瑞穂村に変更
旧大喜村……明治7年に瑞穂村に変更
元山崎村……明治11年に千竈村に変更
戸部村……明治11年に千竈村に変更
元中瀬子／中瀬子町……須賀町
元大子町／太子ノ町……須賀町　明治11年に変更

　このように明治16年の朱印帳に、変更以前の町村名が記される。

　少なくとも、この蓬ヶ島新四国八十八ヶ所巡拝は、明治初期には成立していたという推論は、言い過ぎではないであろう。ただ、江戸期まで遡るのかどうかは、今回の史料からは判断できていない。

　残念ながら、八十八ヶ所すべてが今も変わらずあるわけではないようだが、かつてのルートをもとに、街歩きをしてみるのも、楽しみのひとつではないかと感じる。愛知は日本でも寺院の数が最も多いとされているが、このルートを巡ってみて、私も寺院の多さに改めて驚かされた。現代では消滅してしまったルートのひとつであり、現代は御朱印をおこなっていない寺院もあることは注意していただきたい。

　このように簡単に確認してみたが、これだけでも、町の成り立ちや、寺院を中心としたかつてのコミュニティネットワークに、想像力を膨らませることができる。

　今回はひとつの史料そのものの考察の域をでたものではないし、さらに踏み込んだ調査が必要と痛感している。今後さまざまな巡拝ネットワークを考察していくことは、その時代の社会構造やコミュニティネットワークを明らかにする大きな一助となるであろう。地方巡拝研究というのは、あまりなされていないが、地域経済史などの観点から、マクロな視点でとらえると面白い分野なのではないだろうか。

スマートフォンで名古屋古地図を撮影する

日比野洋文

●古地図をつぶさに観察するために

1843年（天保14）から1851年（嘉永4）の間に制作されたと推定される手書きの「名古屋城下図」（図1）には、武家屋敷の住人や寺町に建ち並ぶ寺院の名称といった情報も記載されている。この情報を手がかりにすれば、たとえば現在の都市開発によって移転、敷地面積が縮小するなどした寺町周辺寺院のかつての立地や規模といったことを知ることができる。「名古屋城下図」は、当時の城下の町割を知るだけでなく、町の変遷を知るうえでも興味深い歴史資料である。

しかし、「名古屋城下図」に限ったはなしではないが、地図上に記された地名や建築物の名称といった情報は細かな文字で記されていることが多く、それらをつぶさに観察するには意外と苦労する。しかも、「名古屋城下図」は約109cm×115cmという大きな古地図であるから、広げるための場所の確保にも苦労する。

では、こうした大型かつ詳細に記された古地図を楽に観察するにはどうしたらよいだろうか。答えは、古地図をデジタルカメラで撮影して電子化するという方法である。デジタル画像であれば実物のように広げる場所を確保する必要がなく、パソコンやスマートフォンといった身近な機器を用いて観察でき、見たい場所を電子地図のように拡大することができる。そしてなにより、観察時に貴重な歴史資料である古地図を破損するといった不安がない。古地図の電子化は観察するだけでなく、保存のうえでも有効な手段なのである。

もっとも、「名古屋城下図」のような大型の古地図の場合、デジタルカメラで撮影して電子化するにしても、細部を観察するにはかなりの解像度が必要である。単純に古地図全体を撮影するだけで必要な解像度を得ることは難しいだろう。そもそも被写体が大型であるがゆえに、撮影しようにもひとつの画像に全体が収まらないといったこともあり得る。したがって大型・詳細に記された古地図をデジタルカメラを用いて電子化するには、全体を一度に撮影するのではなく、撮影範囲を複数に区切って撮影し、各部の画像を合成してひとつの高解像度画像に仕上げるという、いわゆるパノラマ合成という手法が有効である。難しそうに

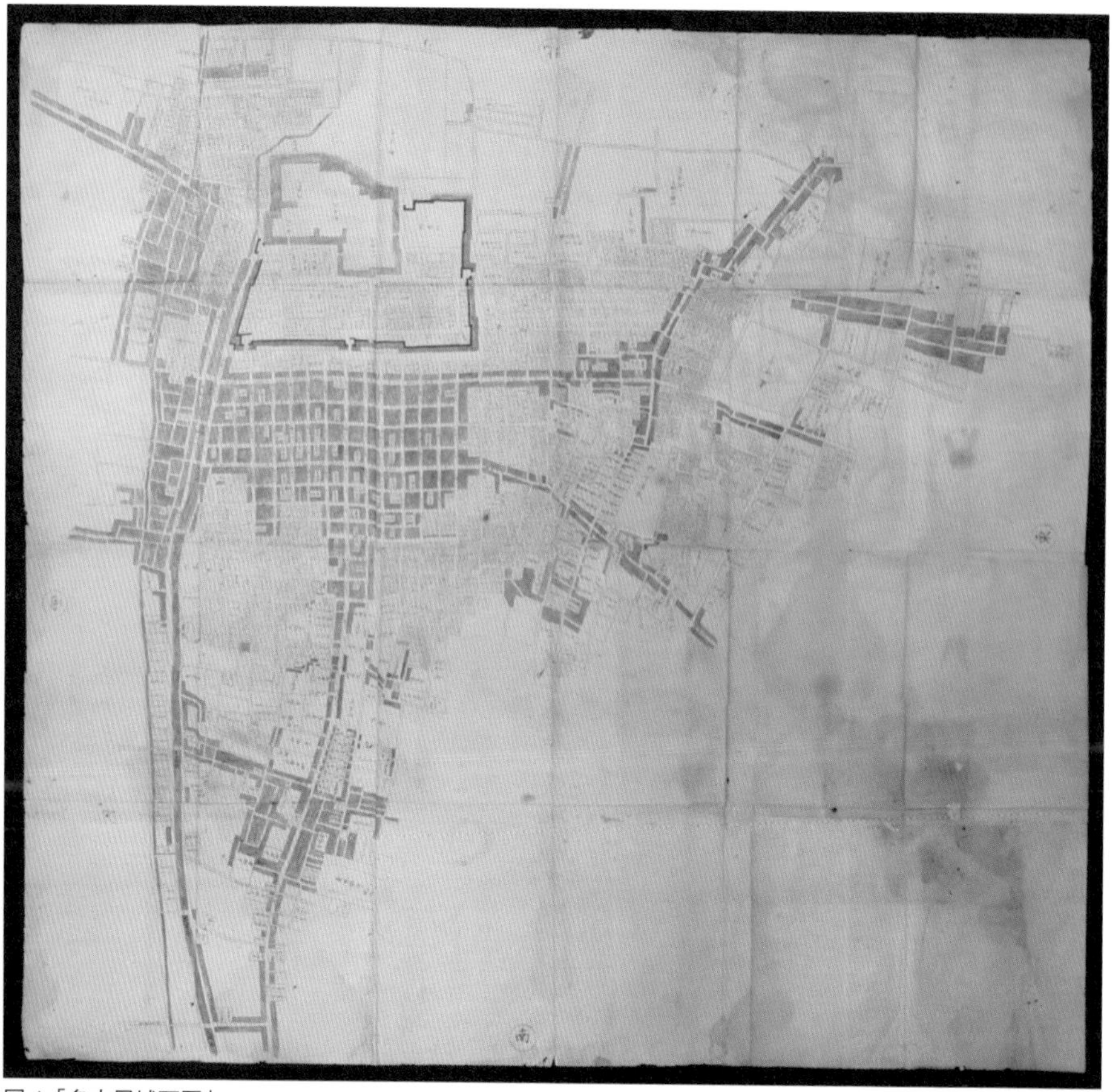

図１「名古屋城下図」

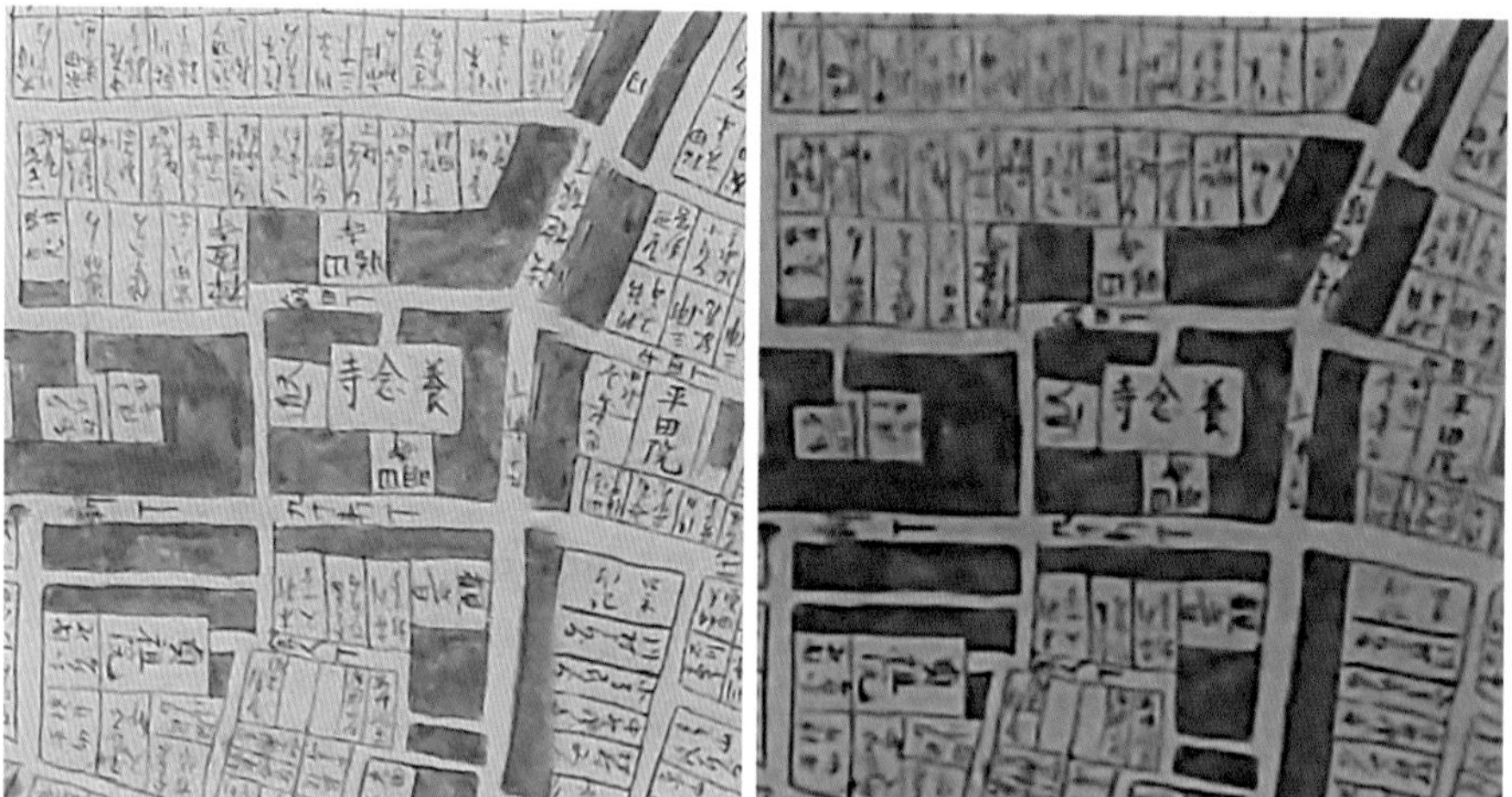

図２　左が合成画像、右が全体を一度に撮影した画像（同一のスマートフォンで撮影）

思われるかもしれないが、簡易なパノラマ合成であれば、スマートフォンに搭載されたカメラ、三脚、Microsoft Corporationが公開するパノラマ画像作成ソフト「Image Composite Editor」(フリーソフト、英語版のみの提供、以下「ICE」と略す)といった手軽な機材で作成できる。

実際に右に述べたような機材を用いて作成したものが前出図1の「名古屋城下図」の画像である。この画像は、筆者が日常使用するスマートフォンに搭載されたカメラで撮影した4点の画像(被写体を十字に4等分に区切り撮影した画像)をもとに作成している。画像には多少の歪みがあるが一目では合成画像であると気づかないのではないだろうか。ただし、画像の作成にはICEの利用規約により、類似機能を有した他社のソフトウェア(有償)を使用している。もっとも、ICEで作成した場合も概ね同じ品質の画像が作成できる。

また、「名古屋城下図」の図1の合成画像と、全体を一度に撮影した画像の同一部分を拡大し比較すると、合成画像のほうが文字の視認性がよく解像感が優れていることがわかる(図2)。

パノラマ合成という手法によって作成した「名古屋城下図」の画像は、スマートフォンに搭載されたカメラという手軽な機器で撮影した画像をもとにしているにも関わらず、観察するに十分な画質を有しているといって過言はないだろう。

●古地図撮影のテクニック

前置きが長くなったが、本項では大型・詳細に記された古地図を観察するのに役立つ、スマートフォン搭載カメラを用いた古地図の簡易なパノラマ画像作成の方法を図1の「名古屋城下図」の画像を例に解説する。なお、撮影方法はパノラマ合成にICEを使用することを想定しているが、パノラマ画像を作成するにはソフトウェアの操作方法よりも、撮影した古地図の画像精度のほうが重要である。したがって本記事では古地図の撮影テクニックの解説に重点を置き、ICEの操作方法については割愛する。もっとも、ICEについては英語版しか提供されていないが、簡単な英単語しか使われておらず、かつ単純な操作でパノラマ画像を作成できる。日本語で解説したウェブサイトもいくつも存在しているので、疑問があればそちらを参照されたい。

①撮影に使用する機材

カメラ内蔵スマートフォン(水準器アプリが利用できるもの)、カメラを横方向に設置可能な三脚(Velbon・VS-543ASや、SLIK・エイブ300HCといった製品)、スマートフォン用三脚アダプター(Manfrotto・MCLAMPといった製品)、マイクロソフト・ICEをインストールしたwindowsPC(本ソフトは次のurlからダウンロード可能 https://www.microsoft.com/en-us/research/product/computational-photography-applications/image-compositeeditor/）撮影にスマートフォンのカメラを使用する具体的な理由は、パノラマ画像を作成するには古地図を真俯瞰で撮影する必要があり、モーションセンサーが内蔵されたスマートフォンであれば水準器アプリを使用して設置角度を調整でき、別途物理的な水準器を準備する必要がないからである。水準器アプリについては、スマートフォンのディスプレイを上向きにした際に本体の傾きを計測できるものであればよく、読者が撮影する際には好みに応じたものをダウンロードするなどして使用してほしい。

②撮影場所の確保

被写体となる古地図と、その横に三脚を設置できる平面な撮影場所を確保する。撮影場所が確保できたら、地図を広げる前にスマートフォンのカメラの設定と三脚の準備をする。先にスマートフォンや三脚の準備をする理由は、準備中に貴重な古地図の上に誤ってスマートフォンを落下させるなどの事故のリスクを軽減するためである。使用するスマートフォンのカメラのアスペクト比が選択可能であるなら、16:9といったワイドな形状ではなく、4:3のようなスクエアに近い形状を選択する。後者の設定で撮影された画像のほうが、歪みが少なく画質が良好な傾向にある。シャッタータイマー機能があれば、撮影時に利用できるよう設定しておく。タイマーの設定は3秒程度で十分である。これは三脚に固定したスマートフォンのシャッターボタンをタッチした際に起こるブレを軽減するためである。右に述べた設定が済んだらスマートフォンを三脚に取り付ける。

③カメラの設置

撮影場所に古地図を広げ、その横にスマートフォンを取り付けた三脚を設置する（図3）。

今回のように十字に四分割して撮影する場合は、四分割したうちの一箇所に加え、上

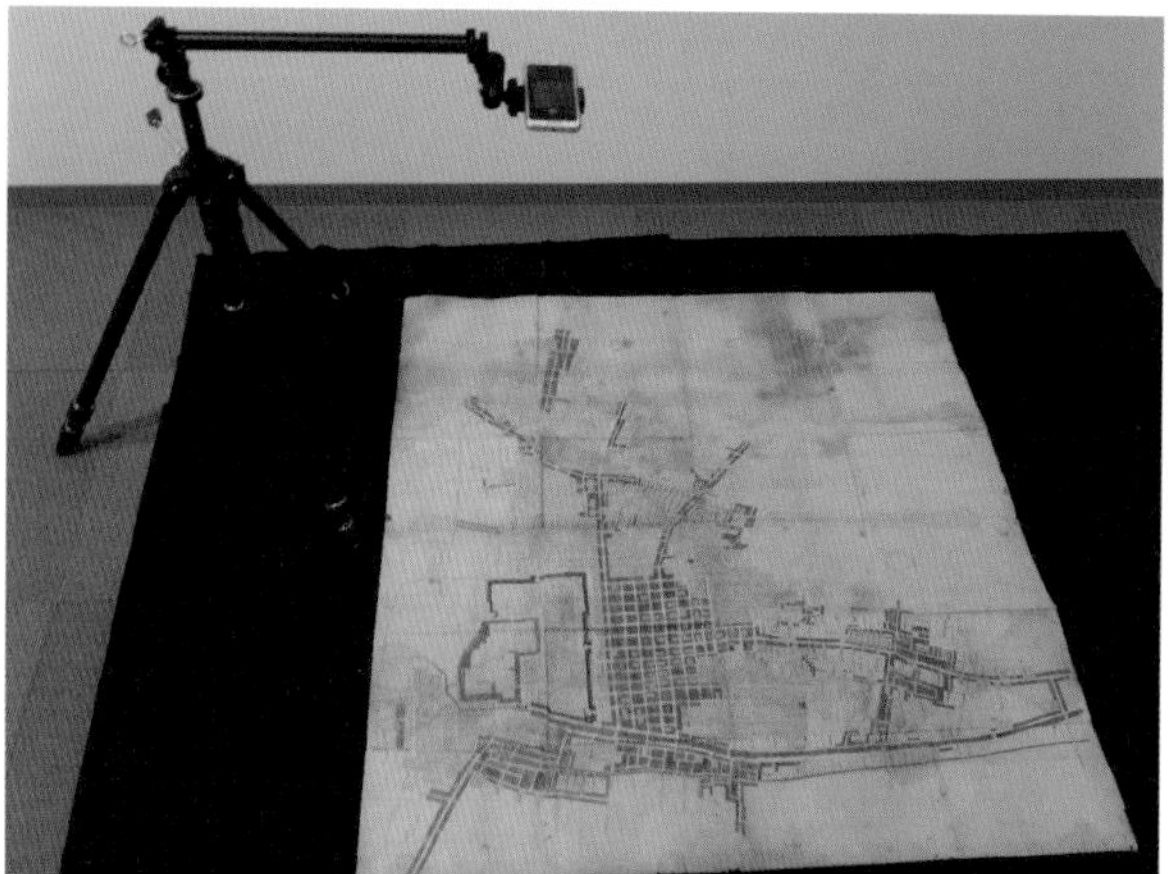

図３　三脚の設置と撮影の様子

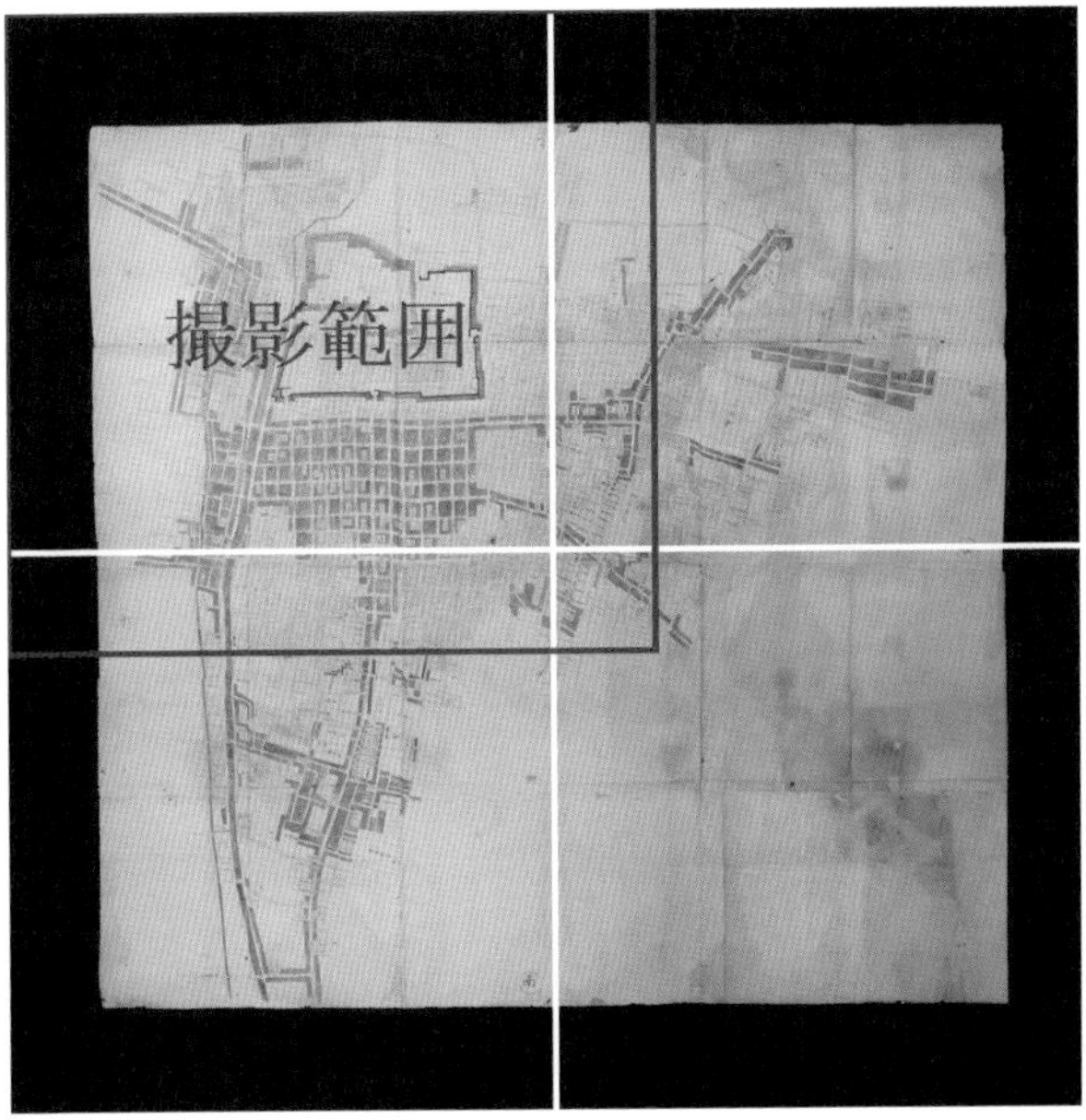

図4　赤枠内側が4分割で撮影する場合における1箇所あたりの撮影範囲

下左右の隣接する撮影箇所のおよそ20％程度の範囲がカメラの画角に収まる位置に撮影用のスマートフォンがくるように三脚の高さや設置場所を調整する（図4）。

隣接する撮影箇所と一部重複するように撮影する理由は、画像に重複部分が存在しないとICEで合成できないからである。重複範囲が狭すぎても広すぎても合成に失敗する確率が高くなる。筆者の経験では、20％ぐらいの範囲が隣接する画像間でそれぞれ重複していれば、合成がうまくいく。

また、三脚設置時に水準器アプリを用いてスマートフォンが古地図に対して真俯瞰（平行）となるよう傾きを調整する。そしてこのとき、三脚が大切な古地図を踏んで痛めるといったことがないように注意すること。三脚はあくまでも地図の脇に設置し、三脚のポール（アーム）を横方向に伸ばしてスマートフォンが古地図の真上にくるように調整すること。なお、撮影方法は四分割で撮影する場合に限らず、2分割、3分割といった他の枚数で撮影する場合も同様である。

＊パノラマ画像を作成する際の画像点数について

パノラマ合成によって作成する画像の解像度は、素材となる画像の点数が多いほど理論上高くなる。その反面、一枚あたりの画像に求められる精度も高くなり、合成を失敗する確率も高くなる。古地図のパノラマ合成を試すならば、まずは2分割といった少ない画像点数から始めるのがよいだろう。

④撮影

準備が整ったら撮影する。1箇所目の撮影が済んだらスマートフォンを固定したまま三脚を隣接する2箇所目を撮影できる位置に移動させ、一箇所目と同じ要領で撮影する。このとき、三脚の高さや、カメラ（レンズ）の焦点距離を変更してはならない。変更してしまうと撮影した各画像における古地図各部の倍率が一致しなくなり、パノラマ合成を失敗する確率も高くなる。加えて、広げた古地図にも触れてはならない。撮影途中に古地図に触れてしまうとたわみが生じたり、たわみの形が変わってしまい撮影した各画像における古地図の形状にズレが生じ、やはりパノラマ合成に失敗する確率が高くなる。

2箇所目の範囲の撮影が済んだら、まったく同じ要領で残る3箇所目と4箇所目を撮影する。これで撮影は完了である。上記の手順で撮影したのものが図5の4つの画像である。

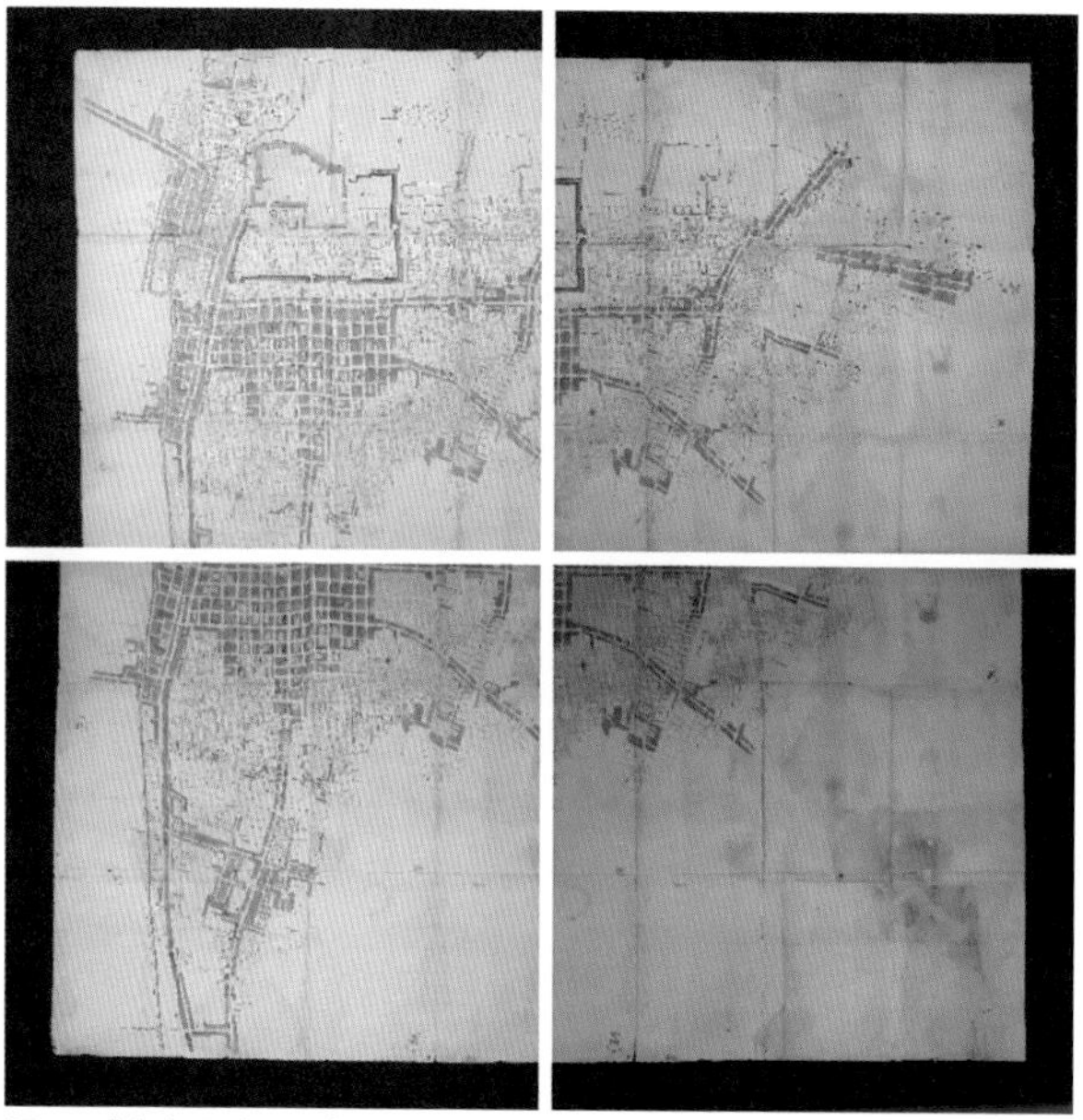
図５　「名古屋城下図」を四分割撮影した画像

残る作業は、この4つの画像をICEに取り込み合成するだけである。ICEでパノラマ画像を作成するには、画像の傾きの調整と、画像縁周りのトリミングこそユーザー自身がおこなわなければならないが、合成そのものはソフトウェア任せでおこなえる（合成に関する設定をユーザーが調整することもできる）。事実、図5の4つの画像を用いてICEで合成を試したところ、これといった設定を施すことなく、前出図1と同等の画像の作成にあっさり成功した。ICEは、初めて触れるにしても、操作そのものはやはりそれほど難しくないように思う。

以上、本記事では古地図のスマートフォン内蔵カメラを用いた簡易なパノラマ画像作成における撮影テクニックを中心に解説した。もし、読者が古地図をお持ちであるならば、実物を観察するだけでなく、パノラマ画像を作成し、それを観察することもぜひおすすめしたい。画像であれば古地図の破損や、開く場所の確保といったことに気をとられることなくじっくり観察できるので、実物を観察していた際には気がつかなかった新たな発見があるかもしれない。

＊撮影の際には古地図の破損などに十分注意していただきたい。撮影時の古地図の破損や事故の責任は負いかねます。撮影に関する個別の質問にもお答えできません。

topic

名古屋城下にあった寺町

——東寺町周辺

中川剛マックス

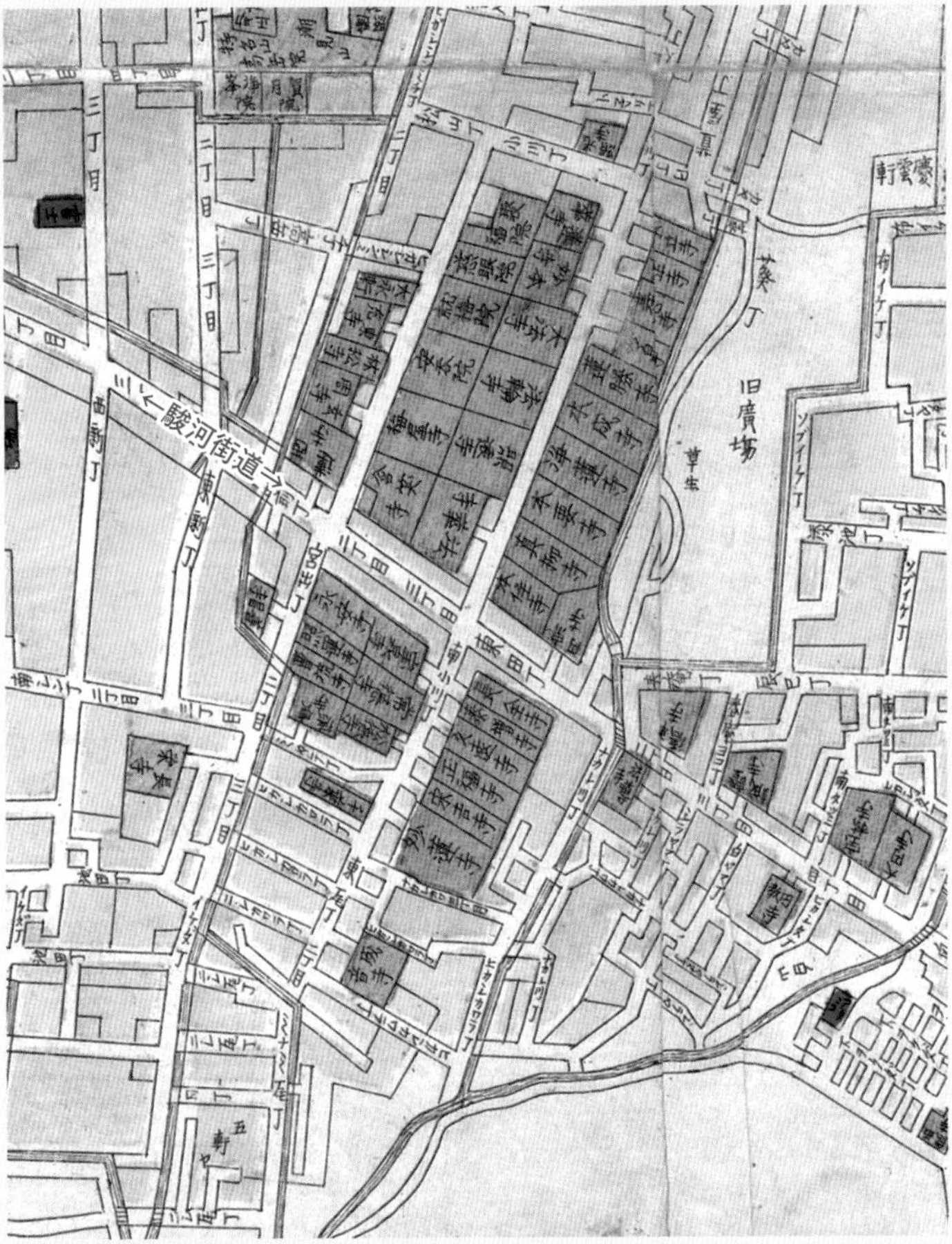

図1　東寺町には清須越では約 40 の寺院が移転してきた。幕末期はこの周辺に約 70 カ寺あったという。
「名古屋明細地図」 1886 年（明治 19） 伊藤正博蔵

◉ビルの谷間の寺院群

現在、名古屋市東区東桜周辺には中層ビルの合間に寺院が集中している地区がある。1610年（慶長15）頃、清須から東部と南部に寺院が移された（「清須越」）ことによって寺町が形成され、東寺町と称された（図1）。寺町は名古屋城下の東部、南部ともに交通の要所に配置され、また江戸期の宗教統制に資するように各宗派別に固まって配置された。南部は熱田から名古屋城下に至る本町通の両側を中心に臨済宗、浄土宗鎮西派、曹洞宗が配置された。清須越ではないが同時期に大須観音で名古屋市民に親しまれる宝生院真福寺もまた、1612年（慶長17）に美濃から移した真言宗寺院である。

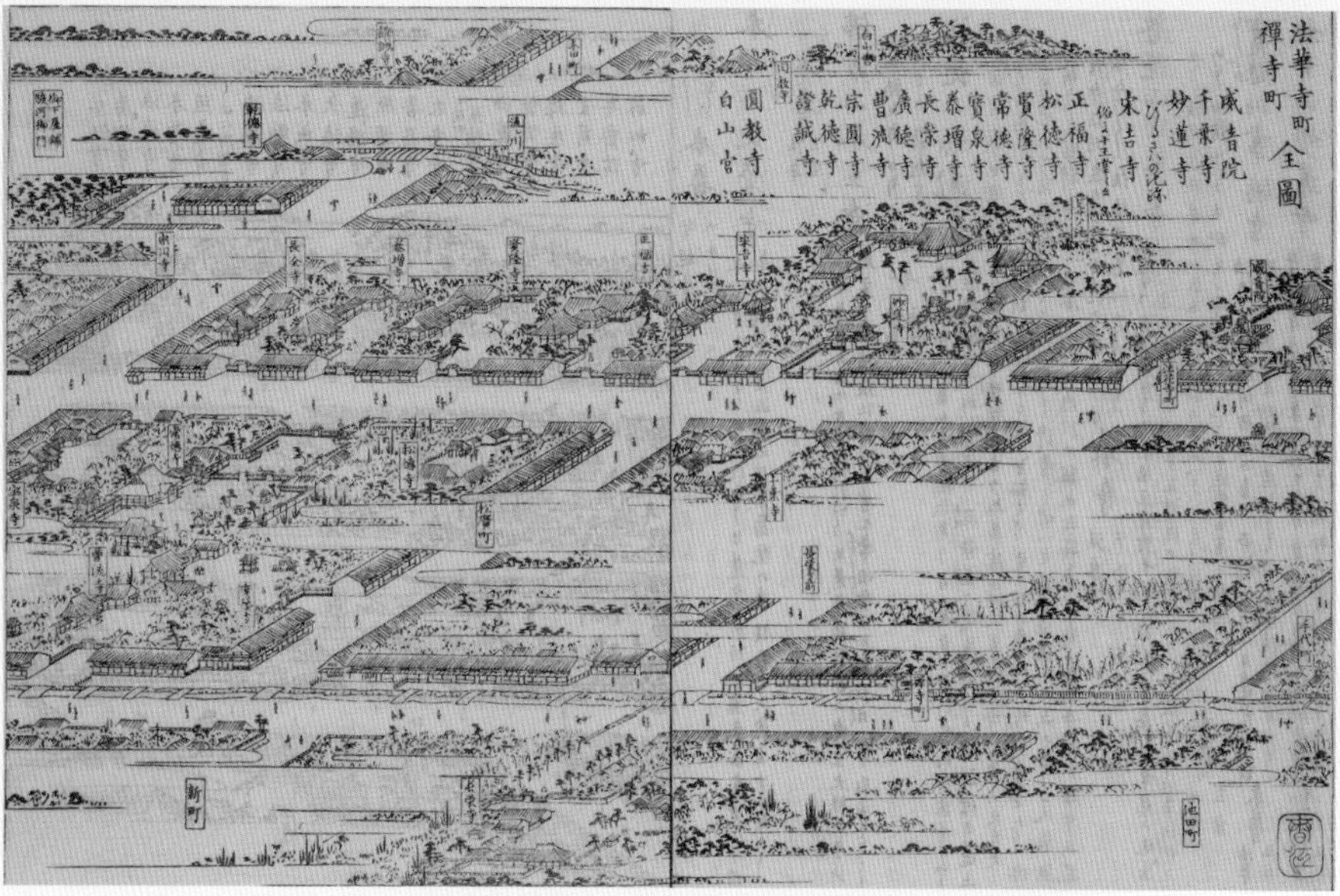

図２　法華寺町　禅寺町　全図　『尾張名所図会』前編　国文学研究資料館 三井文庫旧蔵資料

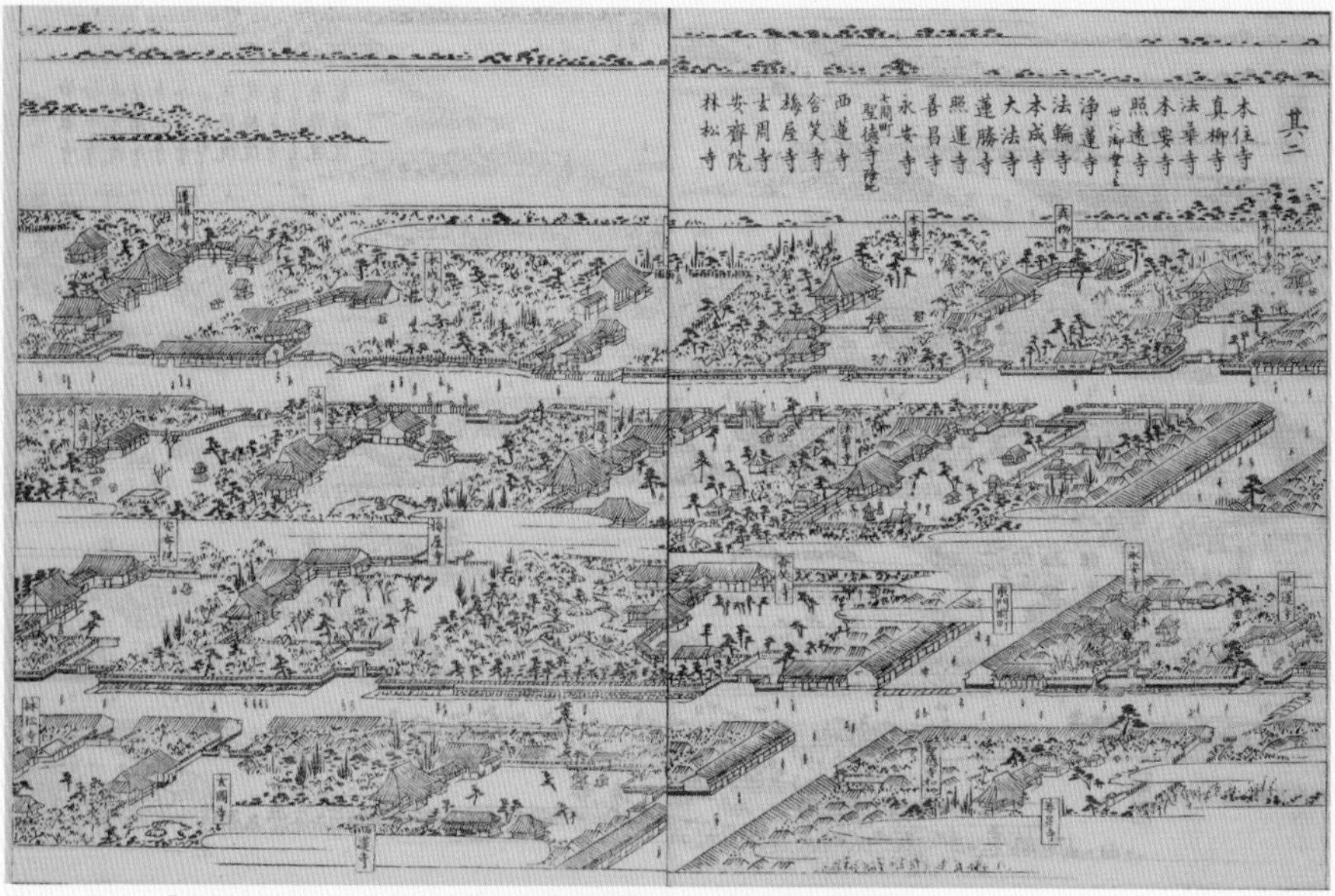

図３　其二　『尾張名所図会』前編　国文学研究資料館 三井文庫旧蔵資料

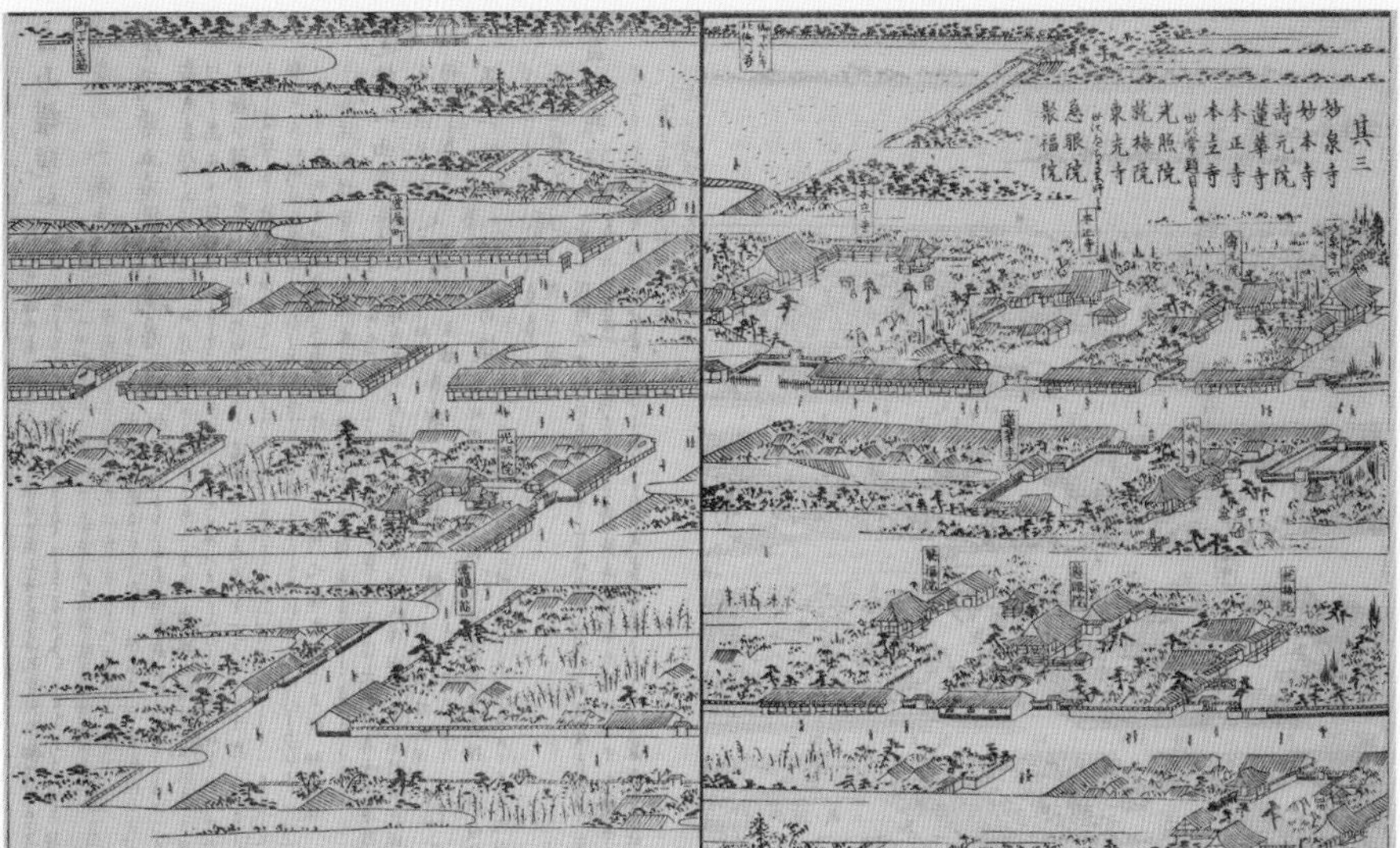

図4　其三　『尾張名所図会』前編　国文学研究資料館 三井文庫旧蔵資料

◉法華寺院が集中

東寺町は寺院交通の要所である駿河街道を挟んで、南北には法華寺町、禅寺町が形成され（図2〜4）、日蓮宗、曹洞宗、浄土宗寺院など約40カ寺が名古屋配置された。

東寺町の特色としては、法華宗系寺院が集中している点にある。南寺町（現在の大須および周辺地域）において清須越の法華宗系寺院はなく、東寺町1カ所にまとめて配置されたと考えられる。

江戸中期に編纂された猿猴庵の『尾張年中行事絵』に詳しく寺院の年中行事が記録されている点からも、庶民にも信仰の場として根づいたようである。なかでも法華宗の照遠寺（図5）は日蓮上人自作と伝わる木像を祀る御堂があり、江戸後期には日蓮宗版の札所巡礼「日蓮宗二八箇寺」の一番寺院として賑わったとされる。二八という数字は『法華経』が二八品で構成されていることによるという。28カ寺中13カ寺は東寺町の寺院で構成され、その他は、大曽根や古渡など少し離れた寺院が加わっている。

図5　照遠寺

尾張藩の政策によって同じ

宗派が一カ所に集められた特性をうまく使った一例であろう。

◉へちま薬師

照遠寺からひとすじ西に入った、浄土宗西山派の東充《とうじゅ》寺《じ》は「へちま薬師」と呼ばれ、境内には多くのへちまが奉納されている（図6、7）。東充寺の薬師如来像は鳳来寺の薬師と同じ木でつくられた由緒をもち、東充寺の住職が、托鉢先で腹痛を患った際に、薬師如来からへちまを用いた秘法の祈祷を伝授されたことから庶民に伝わり、病気直しの寺として賑わった。全身をへちまでなでて、薬師如来に供えて祈祷をおこなう。そのへちまを家に持ち帰り土に埋めると、病は治るという。今も、へちまが奉納され、素朴な信仰が垣間見える。

その他、曹洞宗寺院には、織田信秀が母の菩提寺として建立した由緒のある含笑寺などがある。ここではすべて紹介できないが、幕末には70カ寺をこえる寺が営まれていた。しかし、太平洋戦争の空襲で多くは焼失し、移転した。

戦後、名古屋市の区画整理によって、名古屋市内の寺所有の墓地が平和公園（図8）に集められたので、寺院の境内地は戦前と比べると縮小してしまったが、いまなお40カ寺がひっそりと佇んでいる。

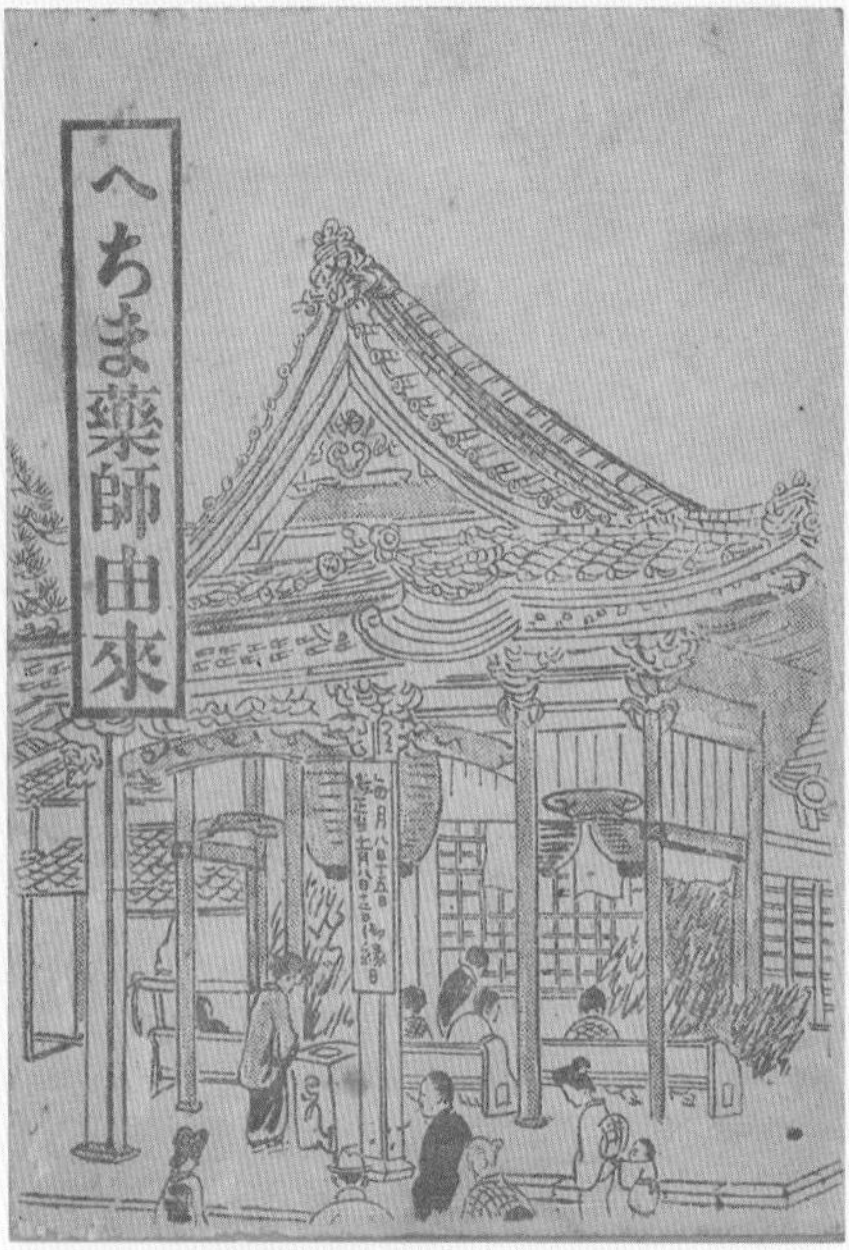

図6　へちま薬師由来を記したパンフレット　1933年（昭和8）　近藤康泰蔵

図7　奉納されたへちま

図8　戦災復興事業墓地移転記念施設として建てられた平和公園内の「平和堂」。

topic

江戸の老舗を訪ねて

——武家屋敷と町人街の境界を歩く

山田和正

東区は山であり、「清須越」によって切り拓かれた。関ヶ原の戦（慶長5年）から12年、高野山の麓の九度山に蟄居させられた、徳川家康の天敵である真田昌幸が病没。その翌年の1612年（慶長17）から1616年（元和2）にかけて、つまり大坂冬の陣（慶長19年）と夏の陣（慶長20年）というまさに戦乱の世をまたぎ、大坂方への防御の総仕上げとなる名古屋城の築城は、徳川家康の最後の築城となった。

城の東と東南エリアの東区白壁界隈は武家屋敷の区画であり、橦木町や主税町を歩くと碁盤割りの筋が今も維持されている。尾張藩士禄五百石の高梨五左衛門邸跡の石碑は妙道寺の山門横にあり（図1）、江戸時代には中級武士が住んでいた出格子付き番所（武者窓）のある主税町長屋門が今もなお、当時の場所に建ち続けている（図2）。

図１　妙道寺　高梨家跡❹

図２　主税町の長屋門❸

一方、城の南は外堀通から広小路通までの南のエリアが町人の住むエリアとされ、百以上の清須からの寺社が現在の白川公園に移築された。徳川園にある名古屋市蓬左文庫の展示室の床上に描かれた1714年（正徳4）の江戸中期の古地図を見ると、武家の屋敷には姓名が記されているが、町人の住居は白地のままとなっている。

町人の家の代表としては、外堀通と国道41号線が出合う東片端の交差点から南に下ると、国道41号線に面した鍋屋がある（以下、表1も参照）。1560年（永禄3）の桶狭間の戦いで負傷した水野太郎左衛門が初代であり、織田信長が清須の城下にて鍋や釜を製造する鋳物業で身を立てるように勧め、朱印状を得て町人に下っている。鍋屋は「清

図３　代官町交差点より鍋屋町通をみる

須越」にて入国し、東区鍋屋町通（現在の泉二丁目、（図3））に店を構え（図4）、現在の鍋屋は二代目水野太郎左衛門より分家し、初代は水野平右衛門家勝から数えて現在は15代目が当主となっている。なお、織田信長からの朱印状や代々の尾張藩主からの黒印状を含む2000点におよぶ水野太郎左衛門家文庫が名古屋市博物館に寄託保管されている。

図5　紫金堂❺

図4　鍋屋❻

この鍋屋とお隣の喫茶ボンボン（1949年創業）とに挟まれた東西を走る鍋屋町通を東に行くと、鋳物師から茶釜の御釜士として武士となった加藤忠三朗家の立て看板のある1611年創業の茶釜製造元紫金堂がある（図5）。

図6　川村屋本舗❼

さらに東へ二筋ほど越えたところには1846年（弘化3）創業の川村屋本舗がある（図6）。名古屋では茶道が栄え、そのおかげで御菓子司も栄えた。従って、名古屋には江戸時代から続く御菓子司が多数ある。名古屋城築城の際には、初代藩主である徳川義直の入国にともなって駿河から桔梗屋が名古屋入りしたが、残念なことに明治に入って最大顧客である武家の「藩」が廃藩置県によってなくなり、桔梗屋は廃業している。桔梗屋と双璧をなしたのは両口屋是清で1634年（寛永11）に創業しており、第二代尾張藩主の徳川光友より「御用菓子所　両口屋是清」の表看板を贈られている。

◉奉行所の後は色町へ

鍋屋町通に再び戻り、川村屋本舗も通り過ぎて19号線の代官町交差点まで行くと、菱形をした舎人《とねり》公園が鍋屋町通のすぐ南にある（図7）。舎人とは、大化時代（645－650）の天皇や皇族の近習、律令制の下級官人の呼称であるが、舎人親王第六十六代舎人三河守清原重経が1563年（永禄6）8月に下総国鴻台の戦に敗れ、武蔵国足立郡

図7　舎人公園❽

表1　江戸創業の食・文化に関する名古屋の主な老舗

料亭	【河文】1624 − 1645 年（寛永年間）創業。初代は河内屋文左衛門。2011 年にサービス業社へ経営権譲渡。
仕出し	【八百善】1716 − 1736 年（享保年間）創業。現在は十代目。
御菓子	【両口屋是清】1634 年（寛永 11）創業。
	【餅文総本店】1659 年（万治 2）創業。初代は餅屋文蔵。ういろうが有名。
	【川口屋】1688 − 1703 年（元禄年間）創業。水羊羹が有名。
	【つくは祢屋（つくはねや）】1781 年（天明元）創業。初代は石黒安右ェ門義吉。ういろうが有名。
	【川村屋本舗】1846 年（弘化 3）創業。
	【不老園】1848 年（嘉永元）に創業、1856 年（安政 3）より菓子作りを始業。桔梗屋の流れを汲む。
	【美濃忠】1854 年（安政元）創業。初代は伊藤忠浜衛。桔梗屋の「上がり羊羹、初かつを」を継承。
	【松河屋老舗】1862 年（文久 2）創業。桔梗屋の流れを汲む。
	【都をどり總本舗】1856 年（安政 3）創業。ういろうが有名。
	【菊屋茂富】1857 年（安政 4）創業。初代は初次郎。水まんじゅうが有名。
落雁	【大黒屋本店】1854 年（安政元）創業。落雁のほか、くずきりが有名。
煎餅	【元祖平野屋】1862 年（文久 2）創業。初代は善次郎。煎餅が有名。現在は 5 代目。
	【桂新堂】1866 年（慶応 2）創業。海老煎餅が有名。
油	【熊野屋】1716 − 1736 年（享保年間）創業。名古屋城の灯を支える。
塩	【名エン】1611 年（慶長 17）創業。塩卸「知多屋新四郎」の屋号にて、清須越にて名古屋へ。
砂糖	【駒平キウブ商事】1744 年（延享元）創業。雑貨商にて忠兵衛が初代。三代目より慶弔用砂糖を扱う。
飴	【飴音商店】1867 年（慶応 3）創業。千歳飴の製造販売。
茶	【升半茶店】1840 年（天保 11）創業。松伯園。初代は半三郎。茶舗升屋横井半三郎商店より改名。
酒	【盛田】1665 年（寛文 5）創業。
	【金虎酒造】1845 年（弘化 2）創業。初代は善兵衛。
	【神の井酒造】1856 年（安政 3）創業。
	【東春酒造】1865 年（元治 2）創業。初代は佐藤東兵衛。善光寺街道筋に龍田屋として酒造りを開始。
	【山盛酒造】江戸時代築造の酒蔵を譲り受けて 1887 年（明治 20）に創業。
	【秋田屋】1855 年（安政 2）浅野儀一（浅野家 6 代目）が酒店を創業。
薬	【中北薬品】1726 年（享保 11）創業。
	【伊勢久】1758 年（宝暦 8）、薬種問屋「伊勢屋久兵衛」の屋号にて創業。
	【アラクス】1853 年（嘉永 6）、「鎰長（いっちょう）」の屋号にて創業。
	【本草閣薬局】1830 年（天保元）創業。
醤油	【イチビキ】1772 年（安永元）味噌や醤油の醸造開始。大正 8 年に大津屋となり昭和 36 年に社名変更。
白醤油	【太田屋醸造】1831 年（天保 2）創業。
味噌	【キッコーナ】1688 年（元禄元）創業。初代は佐野屋興右衛門。
	【ナカモ】1830 年（天保元）、西京白みそにて創業。初代は中島屋茂兵衛。
海産物	【タキモ商店】1596-1615 年（慶長年間）創業。問屋「たき茂」の初代は茂兵衛。清須越にて名古屋へ。
	【大彦】1786 年（天明 6）、塩干物にて創業。天保 15 年（1845 年）に「矢野屋」を現在地に構える。
	【節辰商店】1848-1854 年（嘉永年間）、鰹節などの乾物卸として創業。
	【丸忠商店】1867 年（慶応 3）、水産物販売・加工業として創業。
金物	【岡谷鋼機】1699 年（寛文 9）、旧鉄砲町の現在の本社所在地に「笹屋」の屋号にて創業。初代は岡谷惣助（總助宗治）。
鋳物	【鍋屋】1560 年（永禄 3）の桶狭間の戦いで負傷した水野太郎左衛門が初代。現在は 15 代目。
茶釜	【紫金堂】1611 年（慶長 16）創業。鋳物師から御釜士として武士となったのが五代目の加藤忠三朗。
香道	【松隠軒】志野宗信（1443 − 1523 年）を流祖とし、初代は蜂谷宗吾。1864 年（元治元）に名古屋へ。
呉服	【タキヒョー】1751 年（宝暦元）京呉服商「絹屋」の屋号で創業。初代は兵右衛門。二代目が 1825 年（文政 8）に名古屋へ。
	【松坂屋】1611 年（慶長 16）、呉服小間物問屋として創業。初代は伊藤蘭丸祐道。
小間物	【東明テクノロジー】1819 年（文政 2）、小間物や食料油を扱う「紅葉屋」として創業。初代は富田重助　鹿助。
	【丸栄】1615 年（元和元）、小間物商の十一屋として創業。初代は小出庄兵衛。後に呉服屋、合併により百貨店へ（2018 年 6 月閉店）。
石	【かとう石店】1624 年（寛永元）創業。石材・墓石販売。
笛	【菊田雅楽器司】江戸時代では熱田神宮社家であり、神楽師であった菊田金太夫が（明治 2）創業。

舎人村にあった舎人城を失った。この時に重経は討死にしたが、三人の遺児が助命され、長男の重秀は北条氏に仕え、のち伊豆三浦にて死去。次男の経長は北条氏滅亡後、徳川家康の第四子である松平忠吉に仕え、関ヶ原の戦にも出陣し、松平忠吉の尾張清須への移封《いほう》とともに舎人源太左衛門として清須町奉行となり、さらに名古屋への移封とともに禄高400石の名古屋町奉行となった。「清須越」の際には評定所はなく、源太左衛門宅に奉行所が置かれ、そこで執務をおこなっていたようである。その後、舎人家は少し東の建中寺門前、代官町へと移転した。その舎人公園の、当初の役宅のあった所は後年、東区の芸者検番のあった色町、今は無き舎人町となった。

◉町人と武士を行き来する「埒外」

この舎人源太左衛門を本家とする分家の町医が奈倉家であり、400年後の現在もなお、十三代目と十四代目が名古屋の名東区で産科を守り続けている（奈倉レディースクリニック）。江戸時代の医師は、典医となり士分を得た者と、一般庶民の医療に従事した町医の二系統からなっている。高い順から位があり、典医には、典医執匙、奥御医師、奥御医師格、奥詰医師、番医師、寄合医師、小普請医師や官医の子弟御目見済無役がおり、町医には御用懸、御目見医師（正月に要登城）、一段席、二段席、三段席、町医という階級が存在した。医師は世襲制が基本であるが、農家の子弟でも医師が役場に姓と名を届け出ると門人として迎え入れることができ、従って町医は、士農工商の埒外にある。奈倉家は本家が舎人のために士分格の扱いであり、七代目中庵淇竹《はちく》の代には1813年（文化10）に二ノ丸の番医師として仰せ付けられた記録があるが、町医の御用懸を代々担ってき家系である。

医薬は薬草よりなり、医術は代々秘伝されるものであった。奈倉家は薬草園「栽杏園」を持ち、家伝薬「二女散」を作り命名している。おもしろいことに、遺児であった本家の長男舎人重秀の子、重良は家康の命を受けて大坂夏の陣の直前まで数年間、医師を表業として関東、越後、中国、九州を巡歴し、大坂方の内情偵察の命を受けたようであり、その子の重氏もまた医を業としている。また、尾張本草学の中心、水谷豊文の弟子である舎人重臣（舎人九十九）は1827年（文政10）に「有毒草木図説」の編者として木版刷りの本を遺している。

舎人の本家と奈倉の分家をつなぐ話として、江戸中期には、奈倉家から旧姓の舎人姓に戻し、藩士である大塚家へ養子として出している記録もあるという。

◉城の灯、町人の暮らしを守る

国道19号線を北上すると、出来町通の筋に赤塚の交差点がある。赤塚は鉄砲の射的場として赤土を塚状に積み上げて稽古場をつくったことが由来とされており、慶長年間（1596－1615年）に「清須越」にて紙商人の榎屋太平が赤塚の地に移り住んだと言われている。

国道19号線の赤塚交差点の北東角には赤塚神明社があるが（図8）、「愛知縣神社名鑑」には「社伝に、元和二年（1616年）、赤塚山口村の人々、伊勢の大神を奉斎して近郷一帯の総氏神として崇敬する」とあり、名古屋城開城の年と一致する。赤塚神明社の大きな杜は、大正年間における飯田町を起点に大曽根のスズラン通から山口町、山口町から清水口までの市電の敷設（後に赤塚から平田町へも延伸）と、昭和初期における国道19号の敷設によって大きく削られてしまった。

図8　赤塚神明社❶

その赤塚の交差点から国道19号線を西に一本入った麺処のひらのや（1933年創業）の角からの筋は、南北を並走する「下街道」、またの名を長野まで続く「善光寺街道」と呼ぶ（図9）。その「善光寺街道」沿いに、享保年間（1716−1736年）創業の熊野屋が江戸当時のままの場所で今もなお商売をしている（図10）。熊野屋は名古屋城の灯火のための油（菜種油）を届けた商家であり、整髪油、灯油から食用油へと時代とともに変転としながらも「あぶら」を基軸とし、今は優良な食料品を全国から集めて販売しており、サロンを意味する「嘉石濃陰書屋」の扁額を掲げた小さな「油屋の資料室」も併設している。もともとは和館であったのだが、灯油も取り扱うことから法改正に対応するため和館の一部を取り壊し、今は道から二間ほどを鉄骨造りに建替えた店構えとなっている。江戸の当時、赤塚には大木戸があった。下街道沿いということで人通りも多く、商売に適したことから、この赤塚交差点から代官町交差点にかけては町人の商家が並んでいたようだ。

図9　善光寺街道❾

ちなみに、この「善光寺街道」をさらに北に上がれば、1845年（弘化2）創業の金虎酒造が山田村（現在の名古屋市北区）に酒蔵を開いていた。赤塚交差点に戻って「善光寺街道」沿いに南に下ると先ほどの熊野屋、一筋

図10　熊野屋❷

図11　和ローソク　井筒屋有賀商店

図12　陶磁器用絵具　三田村商店

を超えると1921年（大正10）創業の和ろうそくの井筒屋有賀商店（図11）、1888年（明治21）創業のそば・みそ煮込うどんの森田屋、1915年に東雲湯として創業し戦後の1951年（昭和26）に平田町交差点横の現在地へ移転した平田温泉、平田町交差点の南には1918年創業の佃煮の石昆（本社）、外堀通に戻って西に向かうと、1913年に屋号を「納屋橋饅頭」に改めた1886年創業の伊勢屋、1905年に創業し1916年に傷痍軍人向けの恩給義肢の指定業者となった松本義肢製作所、1914年創業のお豆腐屋さんのくすむらが並び、江戸〜明治〜大正のタイムマシン的な雰囲気を味わえる。

この辺りは、明治以降の近代化・外貨獲得を支えた名古屋陶磁器の上絵付け職人も、かつて多く住んでいた（図12は1946年創業）。

従って、名古屋城下の江戸の初期には、東の赤塚交差点から東南の代官町交差点、そして鍋屋町通を西に向かって国道41号線に面した鍋屋までが、名古屋城下東南の武家屋敷と町民の境界線をなしており、寺社も相まって江戸の名残が今もなお、街のところどころに散りばめられ、目を楽しませてくれる散歩道となっている（図13）。

図13　赤塚、代官町周辺の老舗位置図（国土地理院電子地形図に加筆）赤丸の番号は写真と対応

第4章

江戸時代の災害地に立つ

溝口常俊

江戸時代に名古屋の町はいかなる災害にみまわれたのか。その歴史的事実を『愛知県災害誌』によって知り、18世紀前半の元禄御畳奉行朝日文左衛門の『鸚鵡籠中記《おうむろうちゅうき》』と19世紀前半の尾張藩士水野正信の『青窓紀聞《せいそうきぶん》』により具体的に体感する。これらの日記には、地震、雷、火事、風水害などの自然災害情報が満載で、災害と付き合わざるをえないわれわれ現代人にとっても、当時の状況を知っておくことは意義深いことである。そして、身近な土地での歴史災害を知るために現名古屋市16区の協力を得て各区の江戸時代の災害記録調査をおこなった。

　こうした情報をもとに、当時の古地図を持ち、災害地の現場に立ち、災害対策を考えつつ名古屋の町歩きをお勧めするのが本稿の目的である。

＊

　名古屋地方気象台監修『愛知県災害誌』は愛知県郷土の記録、年代記、府県誌、郡村誌などから営為収集されたものである。時代は古代から1965年までの長期に及び、災害日時、場所も記載されている。ただ、資料残存の多少もあり、人や家に被害のない軽微なものは除かれているので、その災害数の信憑性は正確とはいえない。実際に前述の二つの日記には著者らが体感した軽微なものまで数多く記載されているので、それらをあわせると災害件数は倍増する。しかしながら、『愛知県災害誌』に記載されている災害の事実は事実として認めるだけの重みがあるのと江戸時代を通して概観できるので、本稿ではその記述分析を中心に話を進めることにする。

　表1はこの『愛知県災害誌』の中で現名古屋市に関わる箇所を抜き出して、江戸時代（1603－1868）の災害日数を年別、地震・雷・火事・風水害別に示したものである。なお、引用原典および本文中に記載の年月日は旧暦（1872年〔明治5〕以降の新暦より、約1カ月早い）である。

　愛知県全体の中で名古屋市の災害数の割合は、地震（25・9％）・雷（60・5％）・火事（51・2％）・風水害（21・3％）で、風水害、地震に比べて雷、火事による被害が多かったのは、それだけ名古屋の都市化が進んでいて家屋が密集していたからといえよう。

　以下、地震、雷、火事、風水害の順で、その被災状況を見ていきたい。

◉地震

　江戸時代に入って地震が多発したがその多くは三河地方で、名古屋に地震と明記された最初は1669年（寛文9）で、それも「名古屋城の石垣が少し崩れた」程度であった。二つ目の1703年（元禄16）は関東・東海に及ぶ大地震であり、渥美半島、知多半島で被害が出たが名古屋城下ではそれほどでもなかった。三つ目は1707年（宝永4）の大地震（M8・4）で、15時頃大地震。強い震域は関東から九州にわたる広範囲。土佐の被害は甚大であった。鳴海・熱田では半分破壊（熱田常夜灯倒壊）、名古屋城下では家屋が倒

表 1 『愛知県災害誌』による現名古屋市域における江戸時代の災害記述年と日数

和暦（西暦）	地震	雷	火事	風水害
1610（慶長 15）				1
1614（19）				1
1626（寛永 3）				1
1632（9）				1
1636（13）				1
1652（承応 1）				1
1660（万治 3）		1	1	6*
1661（寛文 1）			1	
1664（4）			1	
1666（6）				3
1669（9）	1			
1674（延宝 2）				1
1684（貞享 1）			1	
1686（3）		2		
1687（4）				2
1691（元禄 4）		1	2	
1692（5）			1	
1693（6）		1		1
1695（8）			1	
1696（9）			2	
1697（10）		2		
1700（13）		1	3	
1701（14）		3	1	8
1702（15）			1	1
1703（16）	1			
1705（宝永 2）			1	
1706（3）			2	
1707（4）	1			
1710（7）			1	
1714（正徳 4）				1
1715（5）		4		1
1719（享保 4）			2	
1720（5）			1	
1722（7）				2
1724（9）			2	
1726（11）			1	
1727（12）			1	
1736（元文 1）			1	
1739（4）				
1741（寛保 1）			1	
1743（3）			1	
1748（寛延 1）			1	
1749（2）			1	
1750（3）				1
1752（宝暦 2）			1	
1757（7）			1	9*
1758（宝暦 8）				2
1760（10）			1	
1763（13）			2	
1765（明和 2）				4
1767（4）				3
1768（5）			1	
1769（6）			1	
1770（7）			1	
1774（安永 3）			1	
1775（4）			1	
1776（5）			1	
1777（6）			1	
1778（7）			3	
1779（8）			1	5
1780（9）		1	1	
1781（天明 1）			2	
1782（2）			2	
1783（3）				1
1784（4）			1	1
1785（5）		1	1	1
1789（寛政 1）				1
1791（3）				1
1794（6）			1	
1802（享和 2）	1		1	1
1804（文化 1）			1	
1807（4）				1
1808（5）				1
1811（8）			1	
1812（9）			1	
1819（文政 2）	1	5		
1825（8）			1	
1830（天保 1）				1
1831（天保 2）			1	
1832（3）			1	
1834（5）			1	
1835（6）				1
1836（7）				1
1837（8）				1
1845（弘化 2）			1	
1847（4）			1	
1850（嘉永 3）			1	5
1854（安政 1）	2			
1855（2）			1	5
1857（4）			1	
1865（慶応 1）				1
1868（4）				5*
合計	7	23	68	88

注　名古屋地方気象台監修『愛知県災害誌』（1970 年）による。
＊は月、季節のみ記載のため日数は不明だが、それぞれ 2 日分に換算し、加算した。

れるほどではなかったが、名古屋城では上塀ややぐらのほとんどが損傷した。四つ目は1802年（享和2）で、名古屋城本町門の石垣崩壊、五つ目は1819年（文政2）で、名古屋城の石垣が破損。城下では土塀、築地がくずれ、寺院の門が倒れたものがあった。六、七つ目は1854年（安政元）で、東海・近畿・四国地方にわたる大地震（M8・4）。倒壊、流出家屋8300戸、焼失600戸、圧死者300余人、流失者300余人。熱田の尾張藩では死者4人。熱田の海岸に高潮、神戸町へ海水侵入。「宝永4年の大地震と同程度の被害」とある大地震であった。

この中で全国規模の大地震であった1707年（宝永4）は朝日文左衛門の『鸚鵡

籠中記』に1854年（安政元）は水野正信の『青窓紀聞』で詳述されているので、紹介しておきたい。

① 宝永4年の大地震

『鸚鵡籠中記』では当日10月4日に、他日の日記の10倍ほどの5447文字を費やして記されていた。その冒頭に「朝東北に薄赤き立雲多く見ゆ。夏の夕立雲の如し」と不気味な前凶が記され、続いて文左衛門本人の地震遭遇場面が描かれている。「観誉理心頭、御国御用人、并御側同衆、其外阿部縫殿、并御城代政右と御多門へ出。両御城代の倒壊家屋…「清水にて、観音堂の側と又東がわと家十九軒潰る。家を並へたる内に如此は地形のあしきゆへか。先年蓮池を鏖抹に埋めたる処如此歟」、庄内川にかかる枇杷島橋崩れと破堤。枇杷嶋東の大橋、中程四五間柱沈む。六七寸余法界門及新屋（ニイヤ）堤裂崩。当分馬の往来無

之」などの被害があった。

香奠二百文。兼て廻文にて法事過、直に暮迄可遊との事也。仍之参詣の外、鈴木藤入・曲淵源太来る。源右衛門・権内・治部右・源兵・勘八・七内有之。書院にて夕飯出。酒で大変だとの知らせが入ったので、急いで帰宅、参城した

清五十回。昼前予高岳院へ詣。其外諸役人罷出」高岳院書院で夕食中に地震に遭い、庭に飛び出たが歩行することが出来ないくらいの揺れであった。静まってから座敷に上がり、三の丸が火事で大変だとの知らせが入ったので、急いで帰宅、参城した

のだが、その間隙をぬって地震す未の一点也。漸々強くして不鎮故、座中申合せ皆庭へ飛下る。大方跣なり。地震倍強く、書院の鳴動の事夥敷。大木ざはめき渡り、大風の吹がごとく、大地動震て歩行されているが、城外では熱田台地と矢田川低湿地の境目にあるところでの液状化…「古田勝蔵並の屋敷のうら地裂て、泥水湧出づ。或地形五六尺づゝ沈む。此外水近き地は所々如此也。池埋め立て地の倒壊家屋…「清水にて、観音堂の側と又東がわと家十九軒潰る。家を並へたる内に如此は地形のあしきゆへか。先年蓮池を鏖抹に埋めたる処如此歟」、庄内川にかかる枇杷島橋崩れと破堤。枇杷嶋東の大橋、中程四五間柱沈む。六七寸余法界門及新屋（ニイヤ）堤裂崩。当分馬の往来無之」などの被害があった。

「御城内御破損甚多し」とし「独酌三盃」していあたりが、酒豪文左衛門らしい。「御城内御破損甚多し」とし「独酌三盃」しているあたりが、酒豪文左衛門らしい。

ところが犠牲者は少なかったようである。「名古屋中にて地震にて疵を蒙る者一人もなし。況や死する者をや。但し臨産等の病人を介抱せずして、死する者は間々あり。其外尾の御領分中にて地震にて死する者未聞之。幸の又幸也」と臨産等の病人を除いて名古屋城下からは死人が出なかった。

10月4日の本震前後の余震回数を数えてみたら、その前の1カ月間に4日、後の1カ月間に12日も地震が記録されていた。余震はさらに続き宝永5年の2月3日までの3カ月間に33日もあり、ほとんど毎日が地震であった。さらに言えば、宝永4、5、6年の3年間の地震記載日はそれぞれ33、51、15日であったことから、大地震は1回きりで終わるのではなく、かなり長期にわたって余震をともなうものだ、と認識しておくべきであろう。

②安政元年の大地震

『青窓紀聞』により、1854年（安政元）11月4日の地震は次のように記されている（一部省略）。

「お城石垣崩れ／本町みその御門と物壁大われ所々也／三の丸屋敷高橋河内守殿表長屋北取り付け三分一崩れ／堀川津波といふ是は八方新田道徳新田堤切れ、堀川へ赤濁水山の如くなる／廣井御蔵にも破損の棟大分あり／四日より五日の夕迄日夜小地震ある事凡そ三十度ニ及ぶ／天白川切れ鳴海あたりも／熱田伝馬町大破壊、六日朝大地震、いく夜も仮屋、もちサツマイモ／七、

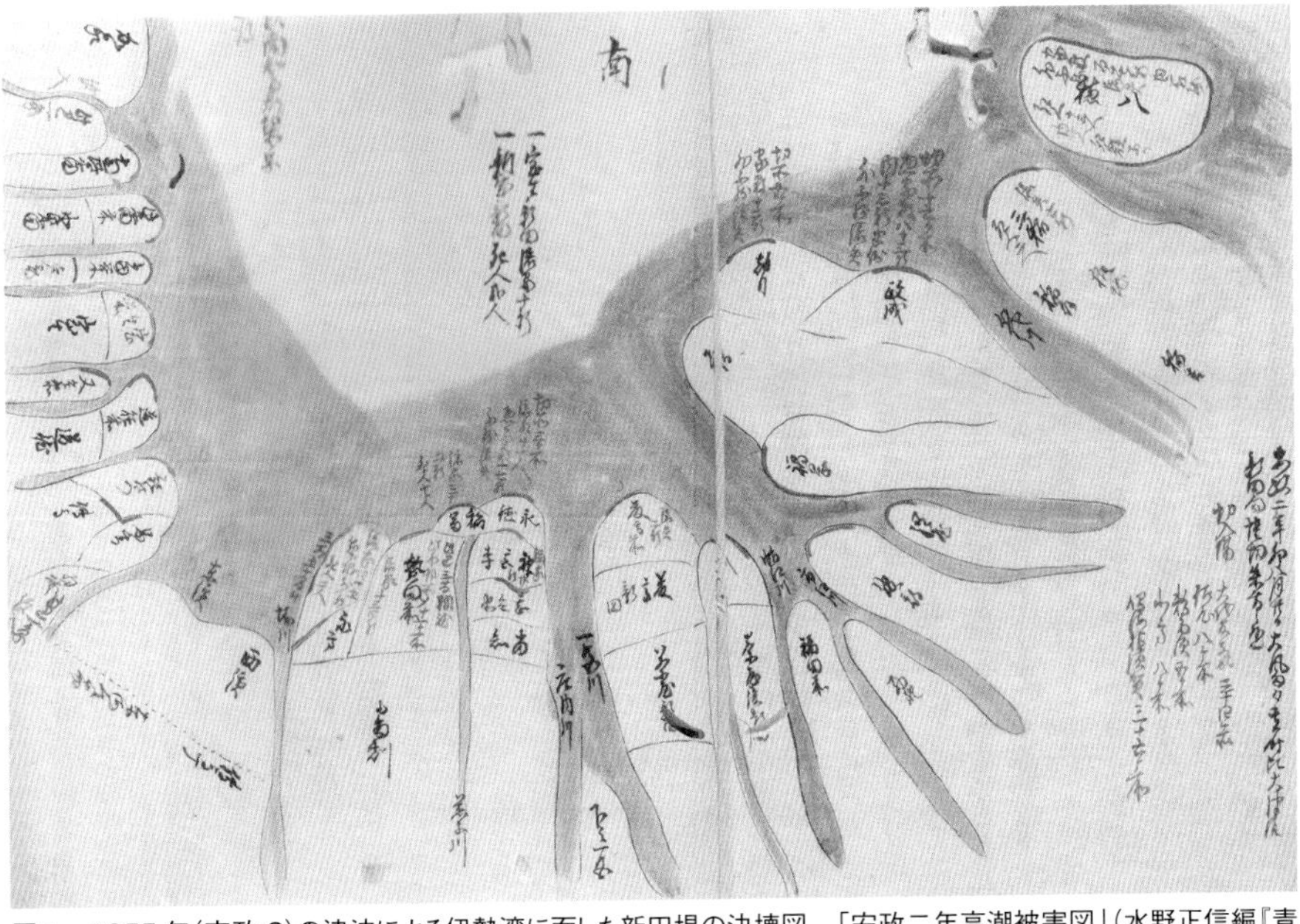

図1　1855年（安政2）の津波による伊勢湾に面した新田堤の決壊図　「安政二年高潮被害図」（水野正信編『青窓紀聞』から）名古屋市蓬左文庫蔵

八、九、十日小地震、下御庭之うち御損所：御灯篭二九十本倒壊、石組み塔三本倒壊、御船具物置倒、（その他13カ所略）／御城下寺院損所：方丈門倒（大須寶生院）、大日堂倒（七寺）など12寺、熱田の寺院12寺、在地寺院62寺（寺院名省略）／御城下町之損所（21カ所記載：省略）、御船蔵御損所（9カ所略）、熱田（19カ所略）／十一月四日朝地震後九ツ時頃津波押来たり西浜御殿、熱田に津波両度打上候付皆々恐怖罷在右ニ付社内に夥敷人集り居候旨」

安政元年の大地震の際も、余震が多かったことがわかる。被害も新田地帯や低湿地だけでなく、名古屋城下の寺院、蔵などの各所で出ていた。津波も発生し、伊勢湾に近い熱田だけでなく、堀川をさかのぼってきたこともわかる。

この余震の一つで翌年8月20日に大津波が発生し新田の堤が切れた際の絵図がのせられている（図1）。

この図の右端に「安政二年卯八月廿日大風雨夕刻時頃大津波 新田向堤切朱書之通り」とある。赤線でなぞられたところが堤防の決壊カ所で、一例として庄内川河口左岸の永徳新田の赤文字を読むと「切所三ケ所 流死十一人 惣家数十七軒不残流失」とある。流出家屋数を総計すると336軒、死者は37人であった。

◉雷

雷の音と光は現在でも強烈で恐ろしい。それが避雷針の無かった江戸時代においてはなおさらである。現在での落雷死はゴルフとか登山中に限られる感があり、落雷で建造物に被害があったというニュースはめずらしい。江戸時代の名古屋ではどうであったろうか。

『愛知県災害誌』では江戸時代を通して23回の記載があったが、記載がなかった年に雷はなかったかというとそうではなく、年に何回も毎年のように雷は落ちた。『鸚鵡籠中記』1691－1717年（元禄4－享保2）では、それを詳細にかつ過激に記述している。

落ちた場所に注目してみると以下の通りである。

武家屋敷地区で17カ所、町屋で17カ所、寺町・社地で7カ所、農村で4カ所であり、名古屋城下で共通して多かったのが大樹への落雷であった。1706年（宝永3）3月5日「御城御座之間北竹楼の前の大杉に震し杉焼上る。火光巾下に見ゆ。御小納戸御目見等罷出」、1707年8月5日「白林寺杉の木をむしる」のごとくであった。家屋そのものにも落雷し、武家屋敷4カ所、町屋7カ所、そして寺2カ所が直撃を受けた。

その他、武家地では屋敷境の塀へ2カ所、町屋では壁、塀、土蔵、酢桶に各1カ所、空き地に3カ所、寺町・社地では堀、空き地に落ちたと記されていた。農村での4カ所は、前津村の田、春日井郡林村の鹿小屋と込野村・味鋺村の民家であった（1713年［正徳3］1月13日）。

こうした事例から、落雷による大量死は1件もなく、総死者数においても地震、火事、暴風雨に比してはるかに少なかった。ところが日記記載27年間において「雷」記載日が「火事」の435日についで348日と多かったのは、閃光と雷音のすさまじさに加えて、武家地、民屋を問わず、さらに家屋、樹木、空き地の区別無く身近な至るところで数多く落雷したことによると考えられる。そうした場所で「寺へ雷落て、坊主の妻を撃殺す」「雷声清須より西に霹靂あって、婆一人を打殺す」「民家鍋の中へ落。民一人耳つぶると云々」という過激な記述にあるような落雷現場を見てきたからであると思う。

『青窓紀聞』によると1819年6月15日に「夜大雨ニテ大雷」、26日にも「夜五時北より大雷鳴数か所へ落申し」とあり、1824年6月13日に「雷風雨きびしく六時ころ古渡西入普請雷火あり烏森辺へも落つ」と落雷記載されていた。

◉火事

『愛知県災害誌』によると、名古屋市域で初出の火災は1660年（万治3）の大火であった。次のように記載されている。

名古屋片端筋、伏見町かど（一説によれば桑名町南西かどともいう）から出火した。火災の原因は左義長（一名どんともいう）の火の燃え移りによる。このころは干天続きで、またこの日は北西の風が強く、火はまたたくうちに広がった。出火の時刻は14日16時ごろで翌15日6時ごろまで燃えつづき、城下町はほとんど全焼、開府以来の大火となった。その類焼区域は西は

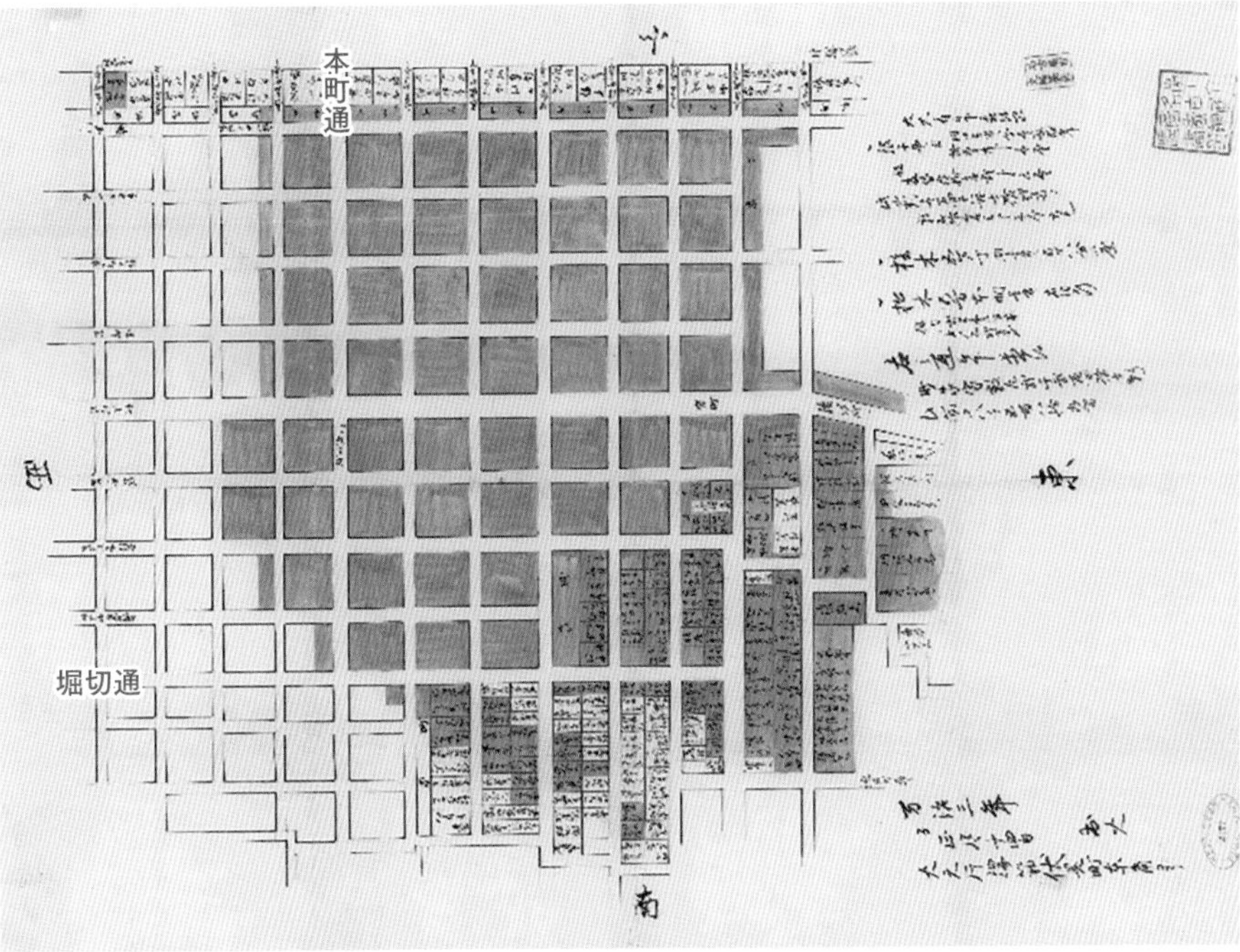

図２「名古屋大火図」1660年（万治3）名古屋市鶴舞中央図書館蔵

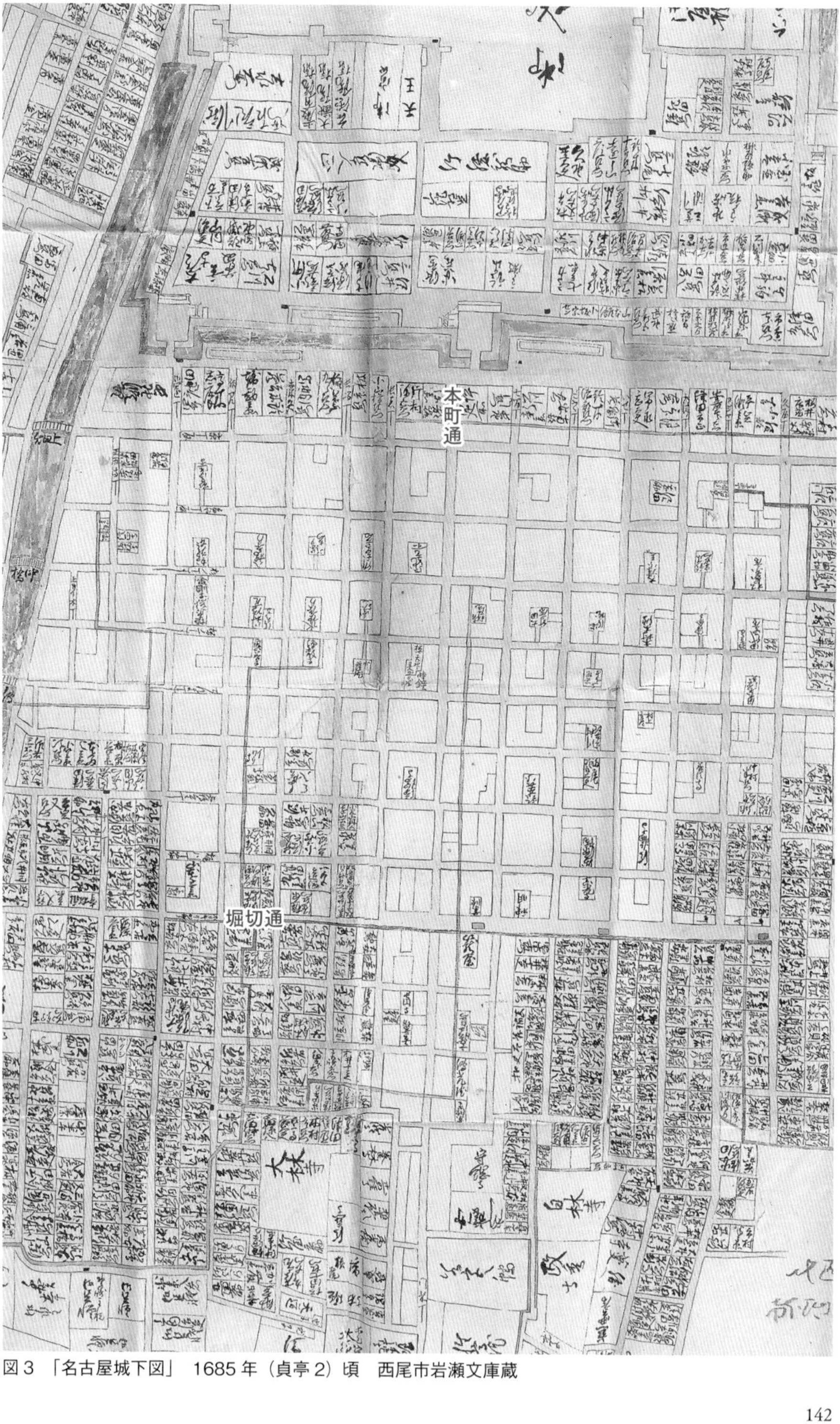

図3 「名古屋城下図」 1685年（貞享2）頃 西尾市岩瀬文庫蔵

長者町西側から島田町まで、東は武平町西側から駿河町七曲りまで、南は堀切筋すなわち広小路を越えて小林辺に及んだ。焼失家屋は侍屋敷120軒、町屋2247軒、寺院・神社30、会所26、奉公人屋敷433軒で、死者も男女合わせて16人であった。この大火を一般に万治の大火という。その際の火災図が残っており（図2）、オレンジ色の部分が丸焼けになった名古屋城下である。

この火事を契機に防火対策を考えた都市造りが始まった。25年後の1685年（貞享2）頃の名古屋城下図（図3）を見てみよう。図1の堀切通が、南北に走る本町通の1本西の長者町通から東方へ道幅を拡幅されていることがわかる。名前が広小路と改められた。道路が拡幅されただけでなく通りの南に沿って用水路も併設された。こうした防火用水が城下に何本か設置され排水路の機能も持ち堀川へと流された。

快適に整備された名古屋城下町において、以後、火災はなくなったかというと、残念ながら毎年のように起こった。『愛知県災害誌』には幕末までに56年で68日分の記載があった。このうち焼失家屋数が明記されていたのが39日で、100軒未満が15日、500軒未満が12日、1000軒未満が5日であった。ここでは、1000軒以上被災があった7日分の出火元、被災状況を挙げておこう。

①1660年（万治3）前述の通り2856軒焼失。

②1700年（元禄13）名古屋の西部に大火。火元は橋詰町円頓寺と中橋裏日雇人宅の両説。町奉行所に属するもの53町726軒、国奉行に属するもの131町923軒、合計1649軒に達した。ほかに、諸屋敷、21寺、12社を焼き、民家に至っては1万8983軒の多数に上った。

③1724年（享保9）禰宜町より出火。東は伏見町、南は広井、北は片端、西は納屋町。焼失民家5758軒、寺社18カ所

④1758年（宝暦8）4時中橋裏から出火。延べ5㎞が焼けた。

⑤1777年（安永6）23時頃、横九十軒町裏店（萱町）から出火。代官町・平田町を焼いた。

⑥1782年（天明2）10時白壁町から出火。類焼家屋1万3000軒。うち、侍屋敷107軒、寺社21、古井村の農家54戸、死者38人。

⑦1825年（文政8）飴屋町裏から出火、現在の下前津町富士見町付近、1400軒焼失。

この中で、②の1700年の火事の後、4間（約7m）に拡幅された円頓寺南の四間《しけ》道《みち》と屋根神様は現在でも名古

図4　四間道

図５　屋根神様

屋の歴史散策地になっているのでその写真を載せておこう。四間道は堀川から西2本目の道路で、その東側には石垣の上に建てられた防火対策用の土蔵が並んでいる（図4）。西側の民家には屋根神様が残っており（図5）、熱田神宮、津島神社と共に火よけの秋葉神社が祀られている。所有者の伊藤新平さんにお聞きしたら、毎月1日と15日がお参りの日で、その日が雨になると3神社の提灯が濡れて困るから洗濯物入れのビニールをかぶせるとのこと（図6）。雨の日にここに立てば、防火とともに防水の心も学べる屋根神様であった。

図６　雨除けされた屋根神様の３神社

江戸時代を通して、火事が多発していたことは上述の通りであるが、太平の世と言われていた18世紀前半（元禄－享保時代）でもこれほどすさまじき火災が頻発していたのかとの驚きを『鸚鵡籠中記』によってみてみよう。

火事記載は27年間で435日もある。地震記載の209の倍以上、雷記載の348日に比しても相当多い。もっともそのうち39件は「虚」であったので、実際に火災のあったのは396日ということになり、さらに95件は尾張地区以外の火災ニュースの転記であるから、実際に尾張での火災日は300日強となる。1年平均すれば尾張地区で毎年11回火災が発生していたことになる。特に多かったのは1700年（元禄13）で年間40日の火事（「虚」は7件、「尾張以外」は0件）が記されていた。最も少なかったのが1710年（正徳7）の7件であった。

この中で、元禄時代（1688－1704）に火事発生の場所が特定されていたところを図示してみたのが図7である。この図によると上級武士の居住地である名古屋城南の三の丸地区では少なかったが、その他の地区では至る所で発生しており、特に中央の町屋地区に多かった。

次に尾張地区での死亡記事を拾い上げてみた。老人、子どもの犠牲者が目立つのは現在と同じであるが、参勤交代で夫が不在中での女性の焼死とか、鉄砲の筒薬、塩硝場での火災は江戸期ならではの事故であろう。

・火が出て老婆が歩けず焼死（1692・2・26）
・母親がしばし外に出た間に

図7　『鸚鵡籠中記』による元禄時代の火事発生地
作成：溝口常俊

火炉《いろり》で寝かせておいた1歳4カ月の子の布団に火が付き死なせた（1692・12・7）
・幼児が井戸に落ちて死亡（1696・1・30）
・鹿小屋に落雷し死者が出た（1697・7・2）
・御用人宅で女1人焼死（1700・3・7）
・鉄砲の筒薬に九歳児が火をつけ死亡（1705・6・20）
・萱葉池塩硝場で人足が薬を調合中に発火し死亡（1706・9・4）
・舅姑及び女房の弟十六斗を殺し、家に火を付、己れも其中に腹をつき自害（1712・11・22）
・夫が江戸で奉公中極貧生活の中で母と妹が焼死（1715・1・24）

さて、火事にはデマが付きもので、そのデマが日記では「虚」と書かれていた。435件の総火事記載日中、38件もの「虚」の火事があったことは、筆者の文左衛門がいかに野次馬根性丸出しで、火事と聞けばすっ飛んでいったことがわかる。そのデマ元を次に探って見ることにしたい。そのほとんどについては「虚也」、「虚談也」、「虚説也」、「虚歟」としか書かれていなかったが、「街市駭而虚也。或ハ云深井丸於テ陶ヲ焼ク煙也（1697・9・1）」、「暮前火事と云。虚歟。志水の爆竹音を聞て云歟（170

図８　桜天神社

1・1・14)」、それに「夕日赤して雲に映ずるを見て（1701・8・26)」という3件によって陶器を焼く煙、爆竹音、夕日を火事と間違えたことがわかる。

もっとも、文左衛門だけが野次馬だったのではない。「虚也」の前に「火事ありとて騒ぐ」が付けられていることから、住民も皆、火の気には敏感であったようだ。実際に年平均11件もの火事が町屋、武家屋敷、農村の至る所で発生していたわけで、住民は火事に対する恐怖心を持ち合わせており、それゆえに過剰に反応したのだと思う。ちょっとした煙で騒ぐ。とにかく騒ぐ。こうした火事場虚騒ぎこそが、大火事に至るのをふせいだのではなかろうか。尾張地区において火事発生件数の割には死者が少なかったのも納得できる。

『鸚鵡籠中記』記載の元禄4年から享保2年までの27年間分の「火事」記載件数を月別に数えたら、火事は冬場に多いという常識はあたっていた。月平均発生数の平均が36・3件であったのに対し、12月60件、1月59件、2月56件、3月58件と冬場に多かった。木造の家に住み、火を焚く。そこに北西の季節風「伊吹降ろし」が吹く。そして燃えた。

江戸時代の火災現場に立つことはできないが、桜通の桜天神社に出かけて再建された時の鐘をみて当時の火災に思いを巡らすことはできる（図8）。桜天神は、織田信長の父信秀が北野天満宮から菅原道真の木像を勧請して那古野城に奉ったのが始まりで、1538年（天文7）に現在地に移った。名古屋城築城の際に加藤清正がここの桜の大樹をみて茶会をしたが、この大樹は1660年（万治3）の大火で焼失。1661年（寛文元）尾張藩二代目藩主徳川光友の命で鐘楼ができたが、1763年（宝暦13）の火災で焼失してしまった。

●風水害

『愛知県災害誌』には現名古屋市域で88日分の風水害記録が書かれていた。その初出が1610年（慶長15）6月12日で、「庄内川が氾濫して、流域の被害は甚だしかった。こののち庄内川の治水工事が計画され、慶長19年にかけて護岸工事が行われた」との説明があった。ここで登場する河川名とその登場回数を数えてみたら次のようであった。

圧倒的に多かったのが庄内川で28回、以下、矢田川8回、新川・五条川・天白川が3回、堀川・山崎川・八田川が2回、境川・大幸川・日光川・大高川・合瀬川が1回であった。その他として高潮の被害を受けた熱田の海岸堤防が6回破堤していた。

では、これら河川のどこが破堤したのか。庄内川についてみると、28回中、ただ出水、氾濫とのみ記されていたのが8回であったが、判明した中で多かったのが右岸破堤で13回、左岸が4回、両岸が4回であった。庄内川は名古屋城下町の北部を東から西へ、そして90度向きを変えて西部を北から南へと流れている。したがって明らかに左岸側の城下町が氾濫から守られていることがわかる。これには尾張藩の土木戦略もあって庄内川の左岸堤防を右岸よりも若干高く築いたいわゆる「御囲禍堤（わざわいおかこいつつみ）」によるところが大きかったと思われる。

　右岸側に小田井村があり、そこ出身の人足に藩命で右岸側の堤防を切って水を流す工事が言い渡されたが、働くふりをしながら、怠けていたので、こうした怠け者のことを「小田井人足」と呼ばれるようになった。彼らにとって、熱心に仕事をしたら自分の村が水没してしまうから、力を入れるわけにはいかない。災害対策として弱者を切り捨てていいのか、という現代にも通じる大問題である。

　さて、江戸時代を振り返ってみて、その年の風水害が名前を付けて語られる年が4回あった。①「小寅の洪水」1674年（延宝2）寅年8月16日：庄内川右岸が破堤し、木曽川の洪水で美濃・尾張の沿川地方は大水害となった。②「天和以来の暴風雨」1714年（正徳4）8月8日：庄内川が大出水し、味鋺堤が破堤して、氾濫した。伊勢湾沿岸に高潮がおこり、海部郡愛知郡の新田が堤防を破堤した。尾張・三河とも家屋の倒壊、流失、死者、田畑の被害は甚大で、天和以来の暴風雨といわれる。こののち稲はみのらず、飢饉となる。③「宝暦の洪水」1757年（宝暦7）4、5月：尾張・三河では2月中頃から雨がしばしば降り、麦作は不作となる。4月27日から5月5日ごろまでは、連日降りつづき、なかでも3、4日は大洪水をこうむった。庄内川、右岸の味鋺、比良、大野木、土器野などで破堤。八田川、御林付近、五条川筋の法界橋付近で破堤。矢田川：3日上条・志段味、4日印場等数カ所で破堤。名古屋城下は、対岸の破堤で無事だったが、藩は救助舟をだし、食糧を贈ったという。尾張での罹災村数786村、堤防決壊1361カ所、家屋倒壊5857軒、橋流失390カ所。④「明和の洪水」1767年（明和4）7月10－12日：12日夜、庄内川は右岸の比良・大野木、土器野、松原（現新川町）などで破堤し氾濫し、味鋺・如意など一部がドロ海となる（宝暦の洪水と同様）。矢田川は猪子石で破堤し、名古屋市の巾下門前まで、氾濫。名古屋の北東部から西部にかけて低地全部が浸水。（長母寺北で山くずれ）。名古屋城西の道路上で水深1・5m余になり、数日間船で往来したという。このため、大幸川の開削工事がおこなわれた。名古屋南部は天白川の氾濫で、鳴海あたりまで浸水し、家屋の水害が大きかった。東海道上の水深は

図９　庄内川と矢田川の合流点

1・8m。藩は舟を出して救助に努め、小屋を建てて、避難民の救済にあたった。尾張の被害：堤防決壊348カ所、田畑砂入2639ha、田畑不作高9万313石、流失家屋1516軒。死者2154人、死馬82頭。

こうした洪水歴でもわかるように庄内川と矢田川の氾濫が多かったので、その合流地

図10　洗堰緑地

点に出かけてみた。図9の写真は庄内川橋から東方の上流部を眺めたもので、左が庄内川で右が矢田川である。庄内川の堤防を1kmほど上流に行ったところが天明飢饉時の1707年に造られた洗堰で、庄内川出水の時に新川に流しだす役割をしていた。図10の写真は洗堰緑地で右端から中央に伸びるのが庄内川の堤防で、その奥にかかっているのが新川中橋である。緑地以外は大野木町の民家が堤防下に密集しており（図11）、今でも洗堰から水が流されたら2階までも水没するのではないかと心配する。

さて、『鸚鵡籠中記』の1714年（正徳4）8月8日の出だしに「蒸日雲乾へ行。時々雨降。午半過より暮迄之内、雨不降。雲乾へ走り、暮より漸々風烈。時々雨も飛。亥前より弥烈。漸大風揺家、沖の鳴音大臼雷の如く、勢甚強。三四十年無之大風也。子半より和し、寅前鎮。昼よりスメ・コン・嘉吉・予、文四へ行。予蔵の南の瓦四五十枚吹落し、其外塀倒れ、かややねをまくり、板やねを吹ぬく」とあり、何人かの武家屋敷の被害状況を記した後に江戸、大坂、水戸、

図11　洗堰近くの庄内川右岸の住宅地

紀州の惨状にもふれられているので、この日の暴風雨が全国的であったことがわかる。

名古屋地区での風水害による死者については、次に示すように、海難事故、塀が倒れての犠牲者、それに子どもが行方不明になるという事故が記されていた。

1694年7月17日：熱田の海で猟師1人死亡。そのほ

か其外難破して辛うじて命をとりとめた者が多かった。死骸捜索のため多数の人が3日間海に潜ったが、発見できなかった。鮑取りも1人亡くなった。

1695年2月10日：雨が降っていたが辰半刻（午前8時頃）より晴れだした。申半刻（午後4時頃）より曇り、暴風が吹きだし、台風のごとく所々で屋根を吹上、垣を倒す。鍛冶屋町下松村善右衛門懸の塀が倒れ、歩行人が1人亡くなった。

1715年2月12日：6日の夜、雨が強く降った。遠山所左の足軽男子11歳が行方不明になった。翌日もわからないので、川並へ番に行っていた父を呼返す。9日の朝、建中寺の北にきょろりとして立っていたのを連れ帰った。たわけのようになっていたが、晩方より正気になった。子細はわからないままであった。6日の夜の大雨に、きるもの少しもぬれなかった。其夜、本重町辺にても9歳ばかりの子見えず。翌7日の晩、堀川ばたにて見付け、連れ帰る。

風水害の記録は梅雨から台風のシーズンの夏季4カ月（旧暦5～8月）に集中しているが、その他の月においても油断してはいけないことがわかる。

◉名古屋市16区で江戸時代の災害地に立つ

2016年に名古屋市防災危機管理局の企画で、過去の災害を身近に知っていただくために、名古屋市の全16区に呼びかけ、各区の担当者が自らの区の歴史災害の調査をおこなった。明治時代の濃尾地震と戦後の伊勢湾台風についての報告が多かったが、ここでは江戸時代の災害について言及されていた具体例をとりあげ、一部加筆するとともに、現地に訪れ撮影した現在の写真を加えて紹介しておきたい。

①千種区　治水のため江戸時代に築かれた「横堤」：氾濫を繰り返した香流川に堤防が築かれ、汁谷交差点の南北に今も残っている。

②東区　洪水で流れの変わった矢田川：長母寺（矢田3丁目）のある場所は、かつて守山城址から続く台地の先端で、矢田川はこの南側を流れていた。しかし、1767年（明和4）に起こった「亥年の洪水」により、矢田川は陸地を突き破り、裏山を分断して長母寺の北側を流れるようになった。

③北区　御冥加自普請《ごみょうがじぶしん》：1783年（天明3）秋、大雨により庄内川が氾濫、堤防が決壊しかけたが、藩主宗睦《むねちか》が熱田神宮へ祈願した所晴天になった。これに感謝した住民により浚渫と築堤がおこなわれた（北区は1784年に成願寺で工事）。高力猿猴庵《こうりきえんこうあん》著の「金明禄」に「成願寺の後ろ川堤を取払ひて大川に成、諸人群集し土砂を運ぶ。数万の人、一組づつ」とある。

④西区　1700年（元禄13）の大火：元禄13年の大火では1600余りが焼失した。そのような火災の被害を

抑えるため、堀川の中橋から五条橋までの通りの東側に石段の上に土蔵を建て、延焼を防ぐ防火壁の機能を持たせることを推奨したことから、現在の四間道地区のような土蔵造りの並ぶ街並みが形成された。その際、道幅を4間（約7m）に拡張したことが、四間道と呼ばれる由来の一つとされている（図4）。

⑤西区　1779年（安永8）の洪水と新川開削：味鋺・大野木・比良の堤防が決壊し、小牧や五条川のあたりまで、一面海のような様相になった。1779年（安永8）から数年間は、度々洪水が発生し、多大な被害が発生したため、尾張藩にそれまでにない規模の治水工事である新川開削を決意させた。それまで庄内川に流れ込んでいた合瀬川や大山川を五条川などに合流させ、伊勢湾まで約20kmにおよぶ川を掘ろうとした。また、庄内川右岸堤を一部低くし、洗堰とし、庄内川増水時には庄内川を分流し、洗堰を通して新川に流れるようにした。

⑥瑞穂区　かつて存在した「精進川」と水害：新堀川の左岸にはかつて「精進川」という川があった。川幅が狭く流域が屈曲していたため、大雨が降れば、川の氾濫による道路や田畑の浸水などの被害がたびたび発生していた。この東部の熱田台地上に高田村があり、村社八剱社に立ち寄ってみたら由緒書きの石板に「洪水排除計画を熱田大神に遥拝祈願した聖地でありました」と記されていた。低湿地の村々にとっては避難の場所にもなるし、ありがたい神社であった（図12、13）。

図12　高田村の八剱神社

図13　石板由緒書の末尾に洪水排除祈願の「聖地」とある

⑦中川区　河道の変遷：1768年（明和5）、庄内川の付け替えにより、前田村から下之一色村付近の川道が変更。1787年（天明7）、新川の開削工事が完成。

⑧港区　干拓の変遷：東・西福田1640年、熱田1647年、藤高前1822年など新田の干拓年が記載。

⑨守山区　守山区にも輪中があった：輪中と聞いて、守山区をイメージすることはなかなかできないと思うが、有名な木曽三川下流の他に、守山区にも「瀬古村輪中」と呼ば

れた輪中があった。低湿地帯で、庄内川と矢田川に挟まれた瀬古地区では古くから、大雨が降るたびに堤防が決壊し、長期間の浸水に苦しんだ。その対策として、集落を堤防で囲む「輪中」をつくり、集落を守ってきた。現在ではほとんどが姿を消してしまったが、一部に当時の面影が残ってる。

⑩緑区　大火と地震：1656年（明暦2）鳴海の大火で宿場が全焼し、瑞泉寺殿堂も類焼焼失。1767年（明和4）天白川の氾濫で大高と鳴海に洪水が発生し、込高で死者が5人発生。1784年（天明4）有松村で大火災が起こり全村焼失。1811年（文化8）鳴海宿の扇屋から出火「鳴海宿大火」で本陣・脇本陣ほか問屋場など117

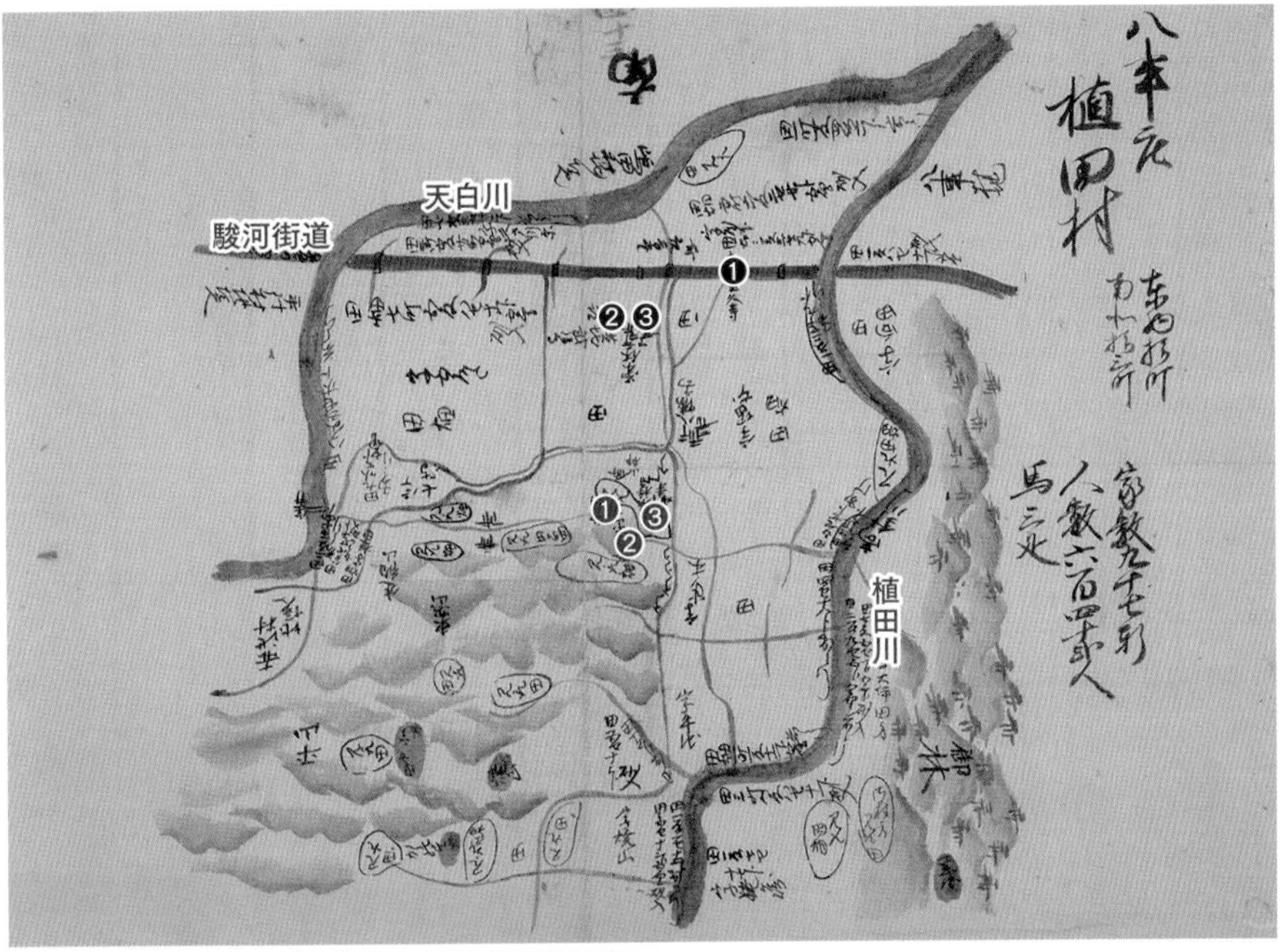

図14　「植田村村絵図」　寛政頃　愛知県図書館蔵
❶全久寺、❷栄久寺、❸泉称寺で3寺院の移転前にあった場所。赤丸数字は移転後の場所。

6軒が焼失。1853年（嘉永6）四日市に大地震があり瑞泉寺堂宇大破し修理。1854年（安政元）鳴海宿内の旅篭屋も地震で破損。天白川破堤。

⑪天白区　寺院の移動：植田村では天白川と植田川の合流する場所に集落の中心があり、1767年（明和4）の大洪水で、家が流され田畑まで失う被害が発生した。この洪水を契機として、村全体が山麓・山腹へ大移動をした。駿河街道にあった泉称寺はそれ以前の1734年に、全久寺は1792年に、栄久寺は1806年に、山麓へと移転した。図14は泉称寺移転後の寛政年間の植田村村絵図。絵図の南部には「砂入」地が多数記されていることから、当時

図15　泉称寺裏山から天白川、植田川合流地方面の眺め

その地が洪水の常襲地であったことがわかる。

泉称寺の裏山に登り、天白川と植田川の合流地点の低湿地を眺めたが、高層ビルが立ち並び、かつての砂入り地風景は見られなかった（図15）。

⑫中区　避難場所：宝永、安政の大地震名が挙げられ、今後の災害対策の避難場所として22の小中学校の位置図が示されている。

⑬中村区　湿地地名：泥深い湿地であったのが泥江《ひじえ》、昔湿地帯であったのが日比津、大水が出ると水が引かず深い川のようになっていたのが深川。

⑭昭和区　液状化地名：江戸時代の村絵図にため池があった長池町、広見池の池端にあたる池端町、広見池の水が南へ流れ滝となっていた滝子通、精進川の氾濫により押し出された土砂で、辺り一面が白く見えた白金。

⑮熱田区　熱田社内無事なり：『鸚鵡籠中記』によると、宝永4年の大地震の際、「熱田海等、甚だ潮甚高く、進退不常。新屋川等迄潮来る」につづいて「熱田社内無事也」とあり、避難場所となる熱田神宮が区内にあり、心強い。

⑯南区　あゆち潟：南区の西側の低地について、『万葉集』で「年魚市潟 潮干にけらし 知多の浦に 朝漕ぐ舟も 沖に寄る見ゆ」とうたわれ、愛知県名の語源となった。中世末に塩田となり、江戸時代になると新田開発が進んだ。

⑰名東区　近年の風水害被害：「名古屋市の東部に位置し、地盤も強く、海から離れており、海抜も44ｍ（区役所の位置）と高く、地震に伴う津波の心配はありません」としつつも、1983年の台風10号によるがけ崩れ、鉄砲水、濁流被害、2000年の東海豪雨による香流川左岸堤防崩壊をあげ、災害に対する備えの必要性を説いている。

名古屋市で災害史を振り返ってみると、市の西部、南部地域は沖積低地と新田地帯にあり地震にも風水害にも弱かった。それに対して洪積台地上にある中部、東部の地域は自然災害と無縁であったかというと、確かに大河川の氾濫はなく、地震にも強く津波に流されることもなかったが、小河川や池の決壊は多く、何にもまして火災の発生がなくなることはなかった。

地震・雷・火事・風水害は今後もなくなることはなく、同じ場所で発生することが多いので、過去の被災事例を頭に入れて、速やかに避難することを心がけていきたい。

参考文献

＊自治体発行の市町村史や『尾張名所図会』など、名古屋関連の基本的な歴史的史料は省いた。

愛知県神社庁編『愛知縣神社名鑑』愛知県神社庁、1992年
熱田区制五十周年記念誌編集部会編『名古屋市熱田区誌』1987年
熱田区役所『熱田の歴史風土を語る碑・ひと・地名』1990年
熱田神宮宮庁編『熱田神宮史料　地誌編』2015年
石田泰弘編著『街道今昔 佐屋路をゆく』風媒社、2019年
市江政之『石造物寄進の生涯―伊藤萬藏』ブックショップマイタウン、2011年
伊藤正博ほか『堀川―歴史と文化の探索』あるむ、2014年
宇佐美義雄『豊国神社誌』1986年
NHK「ブラタモリ」制作班『ブラタモリ7　京都（嵐山・伏見）志摩　伊勢（伊勢神宮・お伊勢参り）』KADOKAWA、2017年
NHK「ブラタモリ」制作班『ブラタモリ15　名古屋　岐阜　彦根』KADOKAWA、2018年
皇学館大学史料編纂所『神宮御師資料―内宮篇―』皇學館大學出版部、1980年
後藤報恩会『南山寿荘』昭和美術館、1979年
児玉幸多 校訂『東海道宿村大概帳』近世交通史料集4、吉川弘文館、1970年
清須越400年事業ネットワーク編著『清須越』2011年
熊田博『良い食品には物語がある』風媒社、2019年
新修名古屋市史民俗部会『下之一色地区民俗調査報告』1998年
遠山佳治「江戸時代、尾張における伊勢御師の状況について」『愛知大学綜合郷土研究所紀要』39、1993年
千枝大志「(第二章第一節) 数からみた近世宗教都市」『伊勢市史』第3巻 近世編、2013年
千枝大志「中世後期の貨幣と流通」『岩波講座日本歴史』第8巻 中世3、岩波書店、2014年
千枝大志「〔史料寸考〕『名古屋東御坊御大法会之図』について」『同朋大学佛教文化研究所報』2020年
同朋大学仏教文化研究所編『空間にみる名古屋の寺院と城下町のカタチ』2019年

徳川黎明会編『尾張国町村絵図』国書刊行会、1988年
徳川美術館編『豪商のたしなみ—岡谷コレクション』徳川美術館、2012年
内藤昌ほか『日本名城集成名古屋城』小学館、1985年
名古屋地方気象台監修『愛知県災害誌』愛知県、1970年
名古屋市『名古屋市史』風俗編、1915年
名古屋市教育委員会『四間道と有松』1981年
名古屋市計画局『なごやの町名』1992年
名古屋市建設局編『名古屋都市計画史』名古屋都市センター、1999年
名古屋市博物館『尾張の鋳物師』1983年
名古屋市博物館『蓬左文庫名古屋市移管五〇周年 特別展「尾張徳川家の絵図—大名がいだいた世界観」』2000年
名古屋市博物館『大にぎわい 城下町名古屋』2007年
名古屋市博物館『開府四〇〇年記念特別展　名古屋四〇〇年のあゆみ』2010年
名古屋市蓬左文庫『東寺町の成立と変遷』名古屋文化遺産活用実行委員会、2017年
名古屋市防災危機管理局編『過去の災害から学ぶ名古屋—あなたの街が教えてくれること』2017年
名古屋市役所編『名古屋城史』1959年
名古屋城下町調査実行委員会『名古屋城下町復元プロジェクト報告書』2007年
名古屋鉄道株式会社社史編纂委員会編『名古屋鉄道社史』1961年
名古屋鉄道広報宣伝部 編さん『名古屋鉄道百年史』1994年
名古屋文化遺産活用実行委員会『東寺町の成立と変遷』2017年
名古屋別院史編纂委員会『名古屋別院史』通史編、真宗大谷派名古屋別院、1990年
名古屋別院史編纂委員会『名古屋別院史』史料編・別冊、真宗大谷派名古屋別院、1990年
奈倉道治『診療の隙間に』中日出版社、2005年
林英夫監修『愛知県の地名』平凡社、1981年
曲田浩和「明和・安永期の尾州廻船内海船と大坂—熱田講・極印講との関係を中心に—」『知多半島の歴史と現在』20、2016年
水谷盛光『実説 名古屋城青松葉事件—尾張徳川家お家騒動』名古屋城振興協会、1981年
水野孝一／粟田益生／冨永和良／水谷栄太郎／小宅一夫／山田和正『秘められた名古屋』風媒社、2015年

溝口常俊編『古地図で楽しむなごや今昔』風媒社、２０１４年
溝口常俊監修『明治・大正・昭和　名古屋地図さんぽ』風媒社、２０１４年
溝口常俊編『古地図で楽しむ尾張』風媒社、２０１７年
三渡俊一郎『熱田区の歴史』愛知県郷土資料刊行会、２００６年
守山郷土史研究会『守山区の歴史』愛知県郷土資料刊行会、１９９２年
横地清『中村区の歴史』愛知県郷土資料刊行会、１９８３年
山田寂雀『中川区の歴史』愛知県郷土資料刊行会、１９８２年
山田正浩「愛知県公文書館所蔵の「明治十七年地籍図・地籍帳」について」『愛知県史研究』12、２００８年
山村亜希「絵図で読み解く中近世の港町熱田」『大学的愛知ガイド―こだわりの歩き方』昭和堂、２０１４年
頼富本宏「仏教思想から見た四国遍路の意義」『毎日新聞創刊一三〇周年記念 四国霊場八十八ヶ所 空海と遍路文化展』毎日新聞社、２００２年

おわりに

本文とともにtopic、columnを合わせて、名古屋の江戸歩きを楽しんでいただけたでしょうか。

編者自身の新発見をいくつか箇条書きしてむすびとしたい。

私はこの本の主人公を尾張徳川家二代藩主の光友としたい。光友は初代の義直、七代目の宗春の陰に隠れてほとんど知られていなかったが、冨永和良さんのtopicでわかるように、建中寺や徳川園など、多くの寺社や施設をつくり現在まで「江戸」を目に見える形で残してくれているからである。

古地図をみると三の丸地区に尾張藩上級武士の成瀬家と竹腰家がならんで大きく描かれている。この両家が仲良く尾張徳川家を支えてきたのだなと思っていたが、幕末にとんでもない事件が起きる。青松葉事件である。佐幕派の竹腰家側14名が勤王派の成瀬家側に斬首された。その首塚を小松史生子さんは写真をのせておどろおどろしく描いている。

古地図を自分の手で撮影し分析してみようという気にさせてくれるのが日比野洋文さんのスマートフォンでの古地図撮影技術である。こんなに綺麗に撮影できるとは！

紀行文を残した100人分の旅人一覧表(p42,43)、明治18年の替地町土地所有者の一覧表(p88,89)、蓬ヶ島新四国八十八札所の一覧(p115)、江戸創業の食・文化に関する名古屋の主な老舗48店一覧(p131)などの一覧表により、名古屋の江戸歩きが一層楽しくなる。

塩村耕さんによって紹介された、豊臣秀吉の小田原攻めに参戦し命を落とした18歳の若武者の33

年忌に母の悲しみがひらがなでつづられた裁断橋銘文拓本や、18歳で夭折した尾張藩最後の16代藩主義宜に侍医として心を砕いて仕えてきた大田常庵の日記にも心を打たれる。また随所で、執筆者どうしが打ち合わせたわけではないが、お地蔵さんが取り上げられている。

ふり返れば、優しさがあった「名古屋の江戸歩き」本であった。

執筆者各位とアドバイスしてくださった風媒社の林桂吾氏に篤く感謝します。

溝口常俊

［著者紹介］（50音順）

川口 淳（かわぐち・あつし）同朋大学仏教文化研究所所員

小松史生子（こまつ・しょうこ）金城学院大学教授

櫻井芳昭（さくらい・よしあき）春日井郷土史研究会会長

塩村 耕（しおむら・こう）名古屋大学人文学研究科教授

杉野尚夫（すぎの・ひさお）OASIS都市研究所代表

千枝大志（ちえだ・だいし）同朋大学仏教文化研究所所員

冨永和良（とみなが・かずよし）NPO法人地域産業政策研究センター理事長

中川剛マックス（なかがわ・つよし・まっくす）同朋大学仏教文化研究所客員研究員

西村健太郎（にしむら・けんたろう）中京大学文学部古文書室学芸員

日比野洋文（ひびの・ひろふみ）同朋大学仏教文化研究所客員研究員

山田和正（やまだ・かずまさ）名古屋工業大学特任教授および国立長寿医療研究センター産学官連携推進室長兼プロジェクトマネージャー（名古屋歴史まちづくり市民推進員）

＊本書に掲載した古地図の文字表記の中に差別的表現が含まれているものがありますが、歴史的・学術的資料でもありますので、原資料のまま掲載しています。ご理解いただければ幸いです。

［編著者紹介］
溝口常俊（みぞぐち・つねとし）
1948 年、名古屋市生まれ。1979 年、名古屋大学大学院文学研究科博士課程単位取得退学。現在、名古屋大学名誉教授。専門は歴史地理学、地域環境史、南アジア地域論。博士（文学）
主な著書・論文に『日本近世・近代の畑作地域史研究』（名古屋大学出版会、2002 年）、『歴史と環境—歴史地理学の可能性を探る』（編著、花書院、2012 年）、『古地図で楽しむなごや今昔』（編著、風媒社、2014 年）、『明治・大正・昭和　名古屋地図さんぽ』（監修、2015 年）、『古地図で楽しむ尾張』（編著、風媒社、2017 年）、溝口常俊「文久 4 年（1864）宗門改帳にみる北内田村の家族構成」『重要文化財馬場家住宅研究センター報告 2016』（名古屋大学、2017 年）などがある。

装幀／三矢千穂

＊カバー図版／表：葛飾北斎「富嶽三十六景」のうち「尾州不二見原」
　　　　　　　裏：歌川広重「東海道五十三次」のうち「宮　熱田神事」

名古屋《なごや》の江戸《えど》を歩《ある》く

2021 年 3 月 25 日　第 1 刷発行　（定価はカバーに表示してあります）

編著者　溝口 常俊

発行者　山口 章

発行所　名古屋市中区大須 1 丁目 16 番 29 号
電話 052-218-7808　FAX052-218-7709
http://www.fubaisha.com/
風媒社

乱丁・落丁本はお取り替えいたします。　＊印刷・製本／シナノパブリッシングプレス
ISBN978-4-8331-0195-0

日下英之 監修

街道今昔 美濃路をゆく

かつてもいまも伊吹山と共にある美濃路。大名や朝鮮通信使、象も通った街道の知られざる逸話や川と渡船の歴史をひもとく。より深く街道ウオーキングを楽しむために！古写真の今昔対照、一里塚・支線も紹介。

一六〇〇円＋税

石田泰弘 編著

街道今昔 佐屋路をゆく

東海道佐屋廻りとして、江戸時代、多くの旅人でにぎわった佐屋路と津島街道を訪ねてみよう。街道から少し離れた名所・旧跡も取り上げ、読み物としても楽しめるウオーキングガイド。

一六〇〇円＋税

伊藤厚史

名古屋市歴史文化基本構想で読み解く

再発見！なごやの歴史と文化

「知る」「伝える」「活かす」をキーワードに名古屋市がまとめた歴史文化基本構想をベースに市内の文化・歴史遺産を訪ね歩くガイドブック。思わぬところで古代や江戸・明治の痕跡に出会えるかも。

一六〇〇円＋税